高等职业教育电子商务“校企合作”系列教材

跨境电子商务实务

（第2版）

刘春光　文　鹏　主　编
谢风琪　曾娟晖　许诗诗　副主编
方玲玉　主　审

電子工業出版社
Publishing House of Electronics Industry
北京•BEIJING

内 容 简 介

作为跨境电子商务初学者和入职者的启蒙课程用书，本书以跨境电子商务业务流程为主线，以典型的跨境电子商务平台为案例，围绕跨境电子商务相关岗位的知识、能力和素质，科学地设计了跨境电子商务导引、跨境物流与支付、跨境电子商务店铺的开设、跨境电子商务店铺运营与管理、跨境电子商务店铺订单管理与客服5个模块，以及一系列与之配套的案例导入、任务导入等环节，将知识目标和能力目标充分结合，强调实践能力的培养。

本书结构严谨、内容丰富、通俗易懂、操作性强，是专门针对高职、高专院校的电子商务、国际贸易、国际商务、市场营销等财经类专业开发的工学结合教材，也可以作为跨境电子商务企业营销与贸易类岗位员工的培训教材，以及跨境电子商务创业者的自学用书。

图书在版编目（CIP）数据

跨境电子商务实务 / 刘春光，文鹏主编. —2版. —北京：电子工业出版社，2021.2（2026.1重印）

ISBN 978-7-121-37717-4

Ⅰ. ①跨… Ⅱ. ①刘… ②文… Ⅲ. ①电子商务－高等学校－教材 Ⅳ. ①F713.36

中国版本图书馆CIP数据核字（2019）第237652号

责任编辑：贾瑞敏　　特约编辑：田学清
印　　刷：固安县铭成印刷有限公司
装　　订：固安县铭成印刷有限公司
出版发行：电子工业出版社
　　　　　北京市海淀区万寿路173信箱　　邮编：100036
开　　本：787×1092　1/16　印张：15　字数：384千字
版　　次：2016年8月第1版
　　　　　2021年2月第2版
印　　次：2026年1月第6次印刷
定　　价：47.00元

凡所购买电子工业出版社图书有缺损问题，请向购买书店调换。若书店售缺，请与本社发行部联系，联系及邮购电话：（010）88254888，88258888。

质量投诉请发邮件至zlts@phei.com.cn，盗版侵权举报请发邮件到dbqq@phei.com.cn。

本书咨询联系方式：（010）88254019，jrm@phei.com.cn。

前言

在这风云变幻、竞争激烈且极具颠覆性的大商业时代，跨境电子商务以星火燎原之势发展起来，逐渐改变了传统外贸的模式和固有的商业格局。传统外贸“集装箱”式的大额交易模式正逐渐被小批量、多批次的“碎片化”进出口贸易模式取代，推动了以在线交易为核心、便捷物流配送为优势的跨境电子商务的发展。随着传统外贸企业的由盛转衰，许多外贸企业开始寻求新的出路，于是跨境电子商务渐渐成为传统外贸企业关注的焦点，这使跨境电子商务人才的市场需求剧增。然而，高职、高专院校却很难培养出大量符合市场需要的高素质、技能型跨境电子商务人才，其中的原因之一就是培养跨境电子商务人才的相关教材极度缺乏。

本书是专为高职、高专院校的电子商务、国际贸易、国际商务等专业调整人才培养方案、实施专业转型而开发的，主要涉及跨境电子商务导引、跨境物流与支付、跨境电子商务店铺的开设、跨境电子商务店铺运营与管理、跨境电子商务店铺订单管理与客服 5 个模块。本书旨在帮助读者了解全球跨境电子商务的宏观环境及发展趋势，熟悉典型的第三方跨境电子商务平台的特点，认知跨境电子商务岗位的任职要求，熟悉第三方跨境电子商务平台的分类、盈利模式及典型代表，熟悉跨境支付的流程和第三方支付平台，能设计跨境物流方案和合理选择跨境物流方式，能深入调研国外市场，能开设跨境电子商务店铺、全面了解目标消费者的市场需求并正确选品、设置跨境产品的价格、独立完成产品的发布，能基于后台数据的分析制定跨境电子商务店铺的优化方案，能运用合适的方法和方式进行营销推广，能妥善处理订单等。

本书第 1 版自 2016 年 8 月出版以来，受到了全国高职、高专院校广大师生及跨境电子商务企业员工的好评。为适应跨境电子商务行业飞速发展的需要，并落实《国家职业教育改革实施方案》中提出的促进产教融合、校企“双元”育人，坚持知行合一、工学结合，建设校企“双元”合作开发的教材，编者联合 3 家企业对本书进行了修订。

本书修订后由 5 个模块构成，整体结构设计科学、体系完整、业务流程清晰，知识点明确、操作实践性强，同时具有以下 3 个鲜明特色。

第一，紧扣行业发展动态。围绕全球速卖通、亚马逊和 Wish 三大典型的跨境电子商务平台的新知识、新技术和新方法，以跨境电子商务业务流程为主线，科学地设计了集知识与能力目标、案例导入、任务导入、小思考、相关链接、知识闯关、技能实训于一体的内容。本书图表丰富，易学易教，通过让学生带着任务学习，以技能训练强化知识，理论与实践结合，注重知识的及时更新与拓展，进一步激发学生学习的兴趣，拓宽学生的视野。

第二，彰显职业教育特色。本书符合国家高等职业教育电子商务、国际贸易、国际商务专业教学标准的要求，注重知识传授与技术技能培训并重，贯彻了“教、学、做”一体化、理实合一、育训结合的职教特色。以学生为主体，以培养职业能力为核心目标，以真实任务为载体，融“教、学、做”于一体。

第三，突出校企“双元”育人。将内容设计与职业标准、职业能力需求紧密结合，根据跨境电子商务相关岗位的知识、能力和素质要求，围绕全球速卖通、亚马逊和 Wish 三大典型跨境电子商务平台的业务流程，设计多个先易后难、循序渐进、“有趣、有用、有挑战性”的任务，将跨境电子商务的基本原理内化于案例、任务和技能实训中，让学生在实践中提升发现问题、分析问题和解决问题的能力。技能实训作品采用表格化设计，将操作流程表格化，突出学生作品的显性化。同时，技能实训设计能够方便校企双方对接产教融合项目，实施工学结合的人才培养模式，实现校企“双元”育人。

本书由长沙民政职业技术学院的刘春光、文鹏担任主编，谢风琪、曾娟晖、许诗诗担任副主编，五人共同完成全书的编写工作。具体编写分工如下：刘春光编写模块一和模块四，谢风琪编写模块二，曾娟晖编写模块三，许诗诗编写模块五，文鹏提供全书的案例和素材。方玲玉教授担任主审，为教材的框架搭建、单元设计、技能实训提出了宝贵的意见。同时，还要感谢贾瑞敏编辑为本书的审读、封面设计和润色付出的辛勤劳动。

在编写过程中，编者参考了众多的书籍和有关网站的资料，在此一并向相关作者表示诚挚的谢意。

由于编写时间和编者水平有限，书中疏漏之处在所难免，恳请各位读者批评指正。

刘春光

目　录

模块一

跨境电子商务导引

知识目标

- 了解跨境电子商务的定义、特征和国内外的发展情况。
- 掌握跨境电子商务和传统外贸的联系和区别。
- 熟悉海关对跨境电子商务企业的监管模式和具体方式。
- 了解跨境电子商务企业的组织结构和岗位要求。
- 了解跨境 C2C、B2C、B2B 电子商务典型平台的运作情况。

能力目标

- 能运用现有的跨境电子商务政策分析问题，为外贸企业决策提供依据。
- 能够通过平台注册体验及网络调研，为制造业企业选择跨境 B2B 电商平台提供依据。
- 能根据跨境电子商务企业岗位要求，合理制定自己的职业规划。

案例导入　跨境电子商务打开外贸转型之门

2013 年，我国成功超越美国成为全球最大的货物贸易国家，但受到全球经济放缓的影响，我国外贸增速显著下滑，连续两年增速在个位数徘徊，传统外贸企业遇到前所未有的困境。

尽管我国出口贸易增速逐渐趋缓，但跨境电子商务却发展强劲。据我国商务部发布的统计数据显示，2011 年，我国跨境电子商务小额出口业务的总体规模超过 100 亿美元，虽仅占 2011 年全国出口总额的 0.5%，但同比增速超过 100%。2012 年，我国跨境电子商务进出口交易总额为 2.3 万亿元，同比增长 32.0%，2013 年，我国跨境电子商务交易规模达 3.1 万亿元，增长率为 31.3%，占进出口贸易总额的 12.1%，其增速远远高于外贸增速。跨境电子商务已经成为我国外贸产业中的一匹“黑马”，但仍面临诸多挑战，需要各项法规“护航”，才能占领这一未来竞争市场的制高点。基于跨境电子商务在交易方式、货物运输、支付结算等方面与传统贸易差异较大，国务院办公厅转发商务部等部门《关于实施支持跨境电子商务零售出口有关政策的意见》（简称《意见》），明确出台检验、收结汇、税收等6项政策，扶持B2C跨境零售电商，并于2013年10月1日起，在全国有条件的地区实施。

跨境电子商务不仅冲破了国家间的障碍，使国际贸易走向无国界贸易，同时也引起了世界经济贸易的巨大变革。对企业来说，跨境电子商务构建的开放、多维、立体的多边经贸合作模式，极大地拓宽了其进入国际市场的路径，大大促进了多边资源的优化配置与企业间的互利共赢；对消费者来说，跨境电子商务使他们更加容易获取其他国家的信息并买到物美价廉的商品。

【案例思考】

（1）传统的外贸企业是采用何种渠道开发国外客户的？

（2）跨境电子商务给传统的外贸企业带来了哪些机遇和挑战？

第一节　认识跨境电子商务

【任务导入】

深圳玖希贸易有限公司创建于2005年，主营蓝牙耳机、蓝牙音箱和蓝牙鼠标等3C电子产品出口，自主研发产品，生产基地在东莞，主要通过展会开发客户，产品远销欧美地区。但因国内生产成本增加、利润空间缩小，海外采购商的采购从展会转向在线平台。自2014年以来，公司的利润和业务持续下滑，于是，公司决定向电子商务模式转型，并借此机会拓展更广阔的海外市场。假如你是深圳玖希贸易有限公司的总经理，在开启跨境电子商务之旅前，你必须解决下面几个任务，跨境电子商务是什么？有哪些特点？相关政策如何？公司适合什么样的跨境电子商务平台？

一、跨境电子商务定义

跨境电子商务（Cross-border Electronic Commerce）的定义有广义和狭义之分。从狭义上看，跨境电子商务实际上基本等同于跨境零售，是指分属不同关境的交易主体，借助计算机网络达成交易、进行支付结算，通过跨境物流送达商品、完成交易的一种商业活动。从严格意义上说，随着跨境电子商务的发展，跨境零售中也会含有一部分碎片化的小额批发。从广义上看，跨境电子商务基本等同于外贸电商，是指分属不同关境的交易主体，通过电子商务的手段将传统进出口贸易中的展示、洽谈和成交环节电子化，并通过跨境物流送达商品、完成交易的一种国际商业活动，是电子商务在进出口贸易中的应用，是传统国际贸易流程的电子化、数字化和网络化。广义上的跨境电子商务涉及许多方面的活动，包括货物的电子贸易、在线数据传递、电子资金划拨、电子货运单证等。

对企业来说，跨境电子商务的出现为企业进入国际市场提供了便利、创造了更多的贸易机会，因此，开展跨境电子商务已成为越来越多的企业，尤其是广大中小企业深度开拓国际市场的新途径。对消费者来说，跨境电子商务的出现也为各国消费者能够“穿越时空”、直接购买海外物美价廉的商品提供了便利。

二、跨境电子商务的特征

跨境电子商务是基于网络发展起来的，网络空间独特的价值标准和行为模式深刻地影响着跨境电子商务，使其不同于传统的贸易方式而呈现出自己的特点。

（一）交易渠道变短

传统的国际贸易主要由一国的进/出口商通过另一国的出/进口商集中进/出口大批量货物，然后通过境内流通企业经过多级分销，最后送达有进/出口需求的企业或者消费者手中，通常进出口环节多、时间长、成本高。而跨境电子商务可以通过电子商务交易与服务平台，实现多国企业之间、企业与最终消费者之间的直接交易，进出口环节少、时间短、成本低、效率高。跨境电子商务出口企业直接和国外消费者接触有利于企业了解市场，树立企业自己的品牌。将传统贸易渠道与跨境电子商务贸易渠道进行比较，如图 1-1 所示。

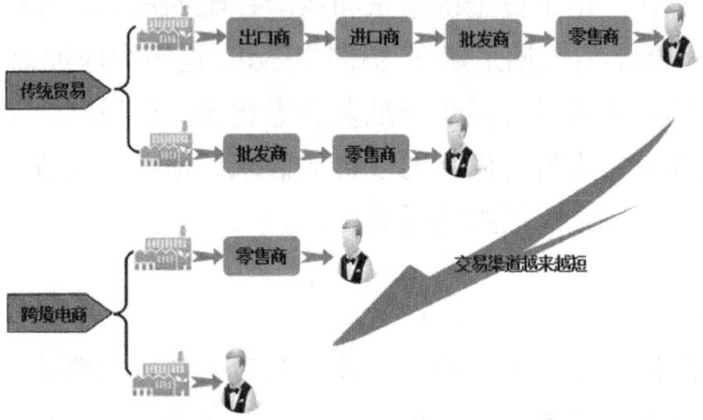

图 1-1 传统贸易渠道与跨境电子商务贸易渠道比较

（二）业务流程简化

传统的国际贸易进出口环节中一般要涉及报价、订货、付款、备货、包装、报检、通关、装船、办理保险、国际运输、制单结汇等，同时还要考虑安全性及风险控制等方面。

从跨境电子商务企业出口的业务流程来看，有的生产商、制造商或个人卖家将商品在跨境电子商务企业的平台上在线展示，在商品被选购、下单并完成支付后，跨境电子商务企业或个人卖家将商品交付给物流企业进行投递，经过两次海关通关商检（出口报关、报检和进口报关、报检）后，最终送达企业或消费者手中；也有的跨境电子商务企业直接与第三方综合服务平台合作，让第三方综合服务平台代办物流、通关商检等业务，从而完成整个跨境电子商务交易的过程。跨境电子商务在一定情况下能够减少一些业务流程，并还能够减少一些中间费用的支出。随着在线支付工具和跨境物流渠道的不断完善，跨境电子商务绕开传统国际贸易中诸多中间环节，并为跨境电子商务企业创造了丰厚的利润空间，如图 1-2 所示。

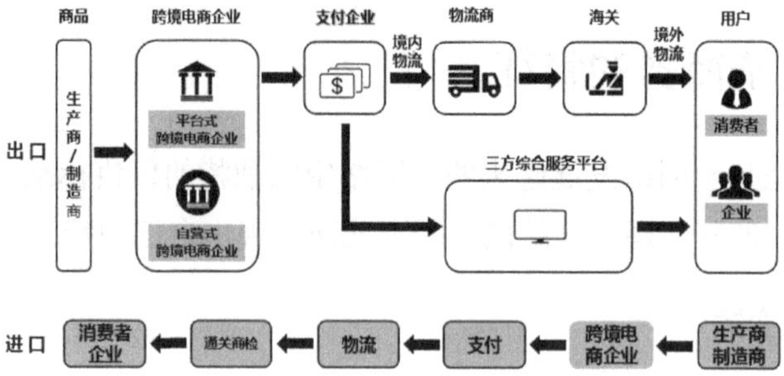

图 1-2　跨境电子商务业务流程

（三）交易订单碎片化

全球经济危机成为跨境电子商务发展的催化剂。源于 2008 年的全球金融危机和我国国内以生产过剩为特征的经济危机，使得全球经济陷入低速增长。外需紧缩对外贸企业出口造成严重冲击，传统跨境贸易形式——“集装箱”式的大额交易正逐渐被小批量、多批次、快速发货的外贸订单取代。出于资金链紧张和风险控制的压力，传统贸易进口商纷纷将大额采购分割为中小额采购、将长期采购变为短期采购。这极大地推动了以在线交易为核心、便捷及时服务为优势的电子商务跨境小额批发及零售业务的发展。另外，小单化、碎片化的贸易方式也源于欧美消费人群对商品的性价比需求，他们不再满足于去沃尔玛等大型超市进行采购，而更乐于在线上购买生活所需。

小思考 1-1：

以 CIF（贸易术语）为例，传统的外贸业务流程主要包括哪些环节？与传统的外贸业务流程相比，跨境电子商务业务流程简化了哪些环节？

三、跨境电子商务市场分类

（一）以产业终端用户类型分类

1. 跨境电子商务 B2B 市场

跨境电子商务 B2B（Business to Business）市场所面对的最终客户为企业或集团客户，提供企业、产品、服务等相关信息。在跨境电子商务市场中，企业级市场始终处于主导地位。代表企业有敦煌网、中国制造网、阿里巴巴国际站、环球资源网等。

2. 跨境电子商务 B2C 市场

跨境电子商务 B2C（Business to Customer)市场所面对的最终客户为个人消费者，针对最终客户，以网上零售的方式，将产品售卖给个人消费者。C 类跨境电子商务市场在不同垂直类目商品销售上也有所不同，如 FocalPrice 主营 3C 数码电子产品，兰亭集势则在婚纱销售上占有优势。C 类跨境电子商务市场正在逐渐发展，且在中国整体跨境电子商务市场交易规模中的占比不断升高。在未来，C 类跨境电子商务市场将会迎来大规模增长。代表企业有全球速卖通、DX、兰亭集势、米兰网、大龙网、FocalPrice、亚马逊等。

3. 跨境电子商务 C2C 市场

跨境电子商务 C2C（Customer to Customer)市场是由个人卖家通过第三方跨境电子商务平台发布产品和服务售卖信息、价格等内容，个人买方进行筛选，最终通过第三方跨境电子商务平台达成交易、进行支付结算，并通过跨境物流送达商品、完成交易的一种国际商业活动。代表企业有淘宝全球购、eBay 等。

（二）以服务类型分类

1. 信息服务平台

信息服务平台主要是为境内外会员商户提供网络营销平台，传递供应商或采购商等商家的商品或服务信息，促成双方完成交易。代表企业有阿里巴巴国际站、环球资源网、中国制造网等。

2. 在线交易平台

在线交易平台不仅提供企业、产品、服务等多方面信息展示，并且可以让交易双方通过平台线上完成搜索、咨询、对比、下单、支付、物流、评价等全购物链环节。在线交易平台模式正在逐渐成为跨境电子商务中的主流模式。代表企业有敦煌网、全球速卖通、DX、FocalPrice、米兰网、大龙网等。

（三）以平台运营方分类

1. 第三方开放平台

平台型跨境电子商务企业作为第三方开放平台，通过线上搭建商城，并整合物流、支付、运营等服务资源，吸引商家入驻，为其提供跨境电子商务交易服务。同时，第三方开放平台以收取商家佣金及增值服务佣金作为主要盈利模式。其中的代表有全球速卖通、敦煌网、环球资源网、阿里巴巴国际站等。

2. 自营型平台

自营型电子商务企业通过线上搭建平台，整合供应商资源，以较低的进价采购商品，然后以较高的售价出售商品。自营型平台主要以赚取商品差价作为盈利模式。代表企业有兰亭集势、米兰网、大龙网、FocalPrice 等。

跨境电子商务
市场分类

四、典型第三方跨境电子商务平台

（一）C2C 平台

eBay 在线交易平台是 C2C 平台的典型代表，于 1995 年 9 月 4 日由皮埃尔·奥米迪亚创立于加利福尼亚州圣荷西。它是全球领先的线上拍卖及购物网站，拥有约 3 亿名活跃用户，遍布全球 190 多个国家。借助强大的平台优势、安全快捷的支付解决方案及完善的增值服务，自从 2007 年以来，数以万计的中国企业和个人用户通过 eBay 在线交易平台和 PayPal 支付将产品销往全球 200 多个国家和地区。目前，eBay 在全球的独立站点及门户网站主要分布在美国、英国、澳大利亚、德国、法国、中国、阿根廷、丹麦、爱尔兰、菲律宾、中国台湾、芬兰、意大利、波兰、泰国、奥地利、韩国、葡萄牙、土耳其、比利时、马来西亚、俄罗斯、巴西、希腊、墨西哥、新加坡、越南、加拿大、中国香港、荷兰、西班牙、匈牙利、新西兰、瑞典、捷克、印度、挪威和瑞士等国家和地区。

eBay 对入驻其平台进行跨境电子商务贸易的商家收取两项费用，一项是刊登费，即针对商家在 eBay 上刊登物品所收取的费用；另一项是成交费，即当商家的物品成功售出时，eBay 按一定比例收取的成交费和佣金。

（二）B2C 平台

1. 亚马逊

亚马逊由杰夫·贝佐斯（Jeff Bezos）于 1995 年创立，是美国最大的一家网络电子商务公司，位于华盛顿州的西雅图。它是网络上最早开始经营电子商务的公司之一，亚马逊一开始只经营网络上的书籍销售业务，后来发展到涉及全新、翻新及二手商品，如图书、影视、音乐和游戏、数码下载、电子和电脑、家居园艺用品、玩具、婴幼儿用品、食品、服饰、鞋类和珠宝、健康和个人护理用品、体育及户外用品、玩具、汽车及工业产品等类目。

亚马逊提供成熟的卖家平台系统和当地仓储物流服务（Fulfillment By Amazon，亚马逊物流）。亚马逊卖家平台系统能够帮卖家轻松上传商品信息，管理订单和库存。同时，亚马逊拥有成熟的仓储物流系统，卖家只需将商品发送到当地的亚马逊运营中心，亚马逊就会为卖家储存和配送商品。亚马逊账号类型分为个人账户和专业账户。“专业”和“个人”并不等同于公司和个人，不论公司还是个人身份，都可以开立这两种账户。这两种账户的开店费用是不一样的，专业账户的费用为月租金加销售佣金；个人账户的费用为按件收费加销售佣金。具体来说，在亚马逊开店的卖家涉及佣金、FBA 物流配送费、营销推广费和其他服务费等。亚马逊对不同类目收取佣金的佣金率也不相同。

2. 全球速卖通

全球速卖通（Aliexpress）是阿里巴巴旗下面向全球市场打造的在线交易平台，被广大卖家称为国际版“淘宝”。全球速卖通于 2010 年 4 月上线，目前已经覆盖 220 多个国家和地区的海外买家，每天海外买家的流量已经超过 2 亿。全球速卖通覆盖 3C、服装、家居、饰品等 30 个一级行业类目；其中优势行业类目主要有服装/服饰配饰、手机通信、鞋包、美容健康、珠宝手表、消费电子、电脑网络、家居、汽车摩托车配件、灯具等。全球速卖通卖家费用主要包括服务年费、营销推广费和其他增值服务费。服务年费针对不同的大类收费标准不同，佣金率为 5%～8%，不同类目的佣金率也不同。店铺类型有 3 种，分别为官方店、专卖店和专营店。不同的店铺类型在开店企业资质、单店铺可申请品牌数量、平台允许的店铺数、需提供的材料、店铺名称均有不同的要求。

全球速卖通介绍

Wish 介绍

（三）B2B 平台

1. 阿里巴巴国际站

阿里巴巴国际站成立于 1999 年 6 月，是阿里巴巴集团最早创立的业务，是目前全球领先的跨境 B2B 电子商务平台，服务于全世界数以千万计的采购商和供应商，其发展历程如表 1-1 所示。阿里巴巴国际站专注于服务全球中、小、微企业，在这个平台上，买卖双方可以在线更高效地找到适合的交易对象，并更快、更安心地达成交易；此外，阿里巴巴国际站这个外贸综合服务平台提供的一站式通关、退税、物流等服务，让外贸企业在出口流通环节也变得更加便利和顺畅。

表 1-1　阿里巴巴国际站发展历程

时　间	事　件
1999 年 6 月	阿里巴巴集团成立
2000 年 10 月	推出“中国供应商”会员服务
2001 年 8 月	推出“国际诚信通”会员服务
2002 年 7 月	推出“关键词竞价排名”服务
2003 年 10 月	推出交流软件“贸易通”
2007 年 4 月	推出“中国供应商”会员服务
2008 年 3 月	推出低门槛会员服务
2009 年 7 月	推出“国际 Gold Supplier”会员服务；推出“全球速卖通”批发平台

续表

时　间	事　件
2010 年 11 月	收购国内一站式出口服务商一达通
2012 年 6 月	阿里巴巴网络有限公司正式从香港联交所退市
2014 年 9 月	阿里巴巴登录纽交所，以每股美国存托股 68 美元的发行价，成为美国融资额最大的 IPO
2015 年 3 月	推出信用保障服务
2019 年 7 月	推出可使用人民币交易的信用保障订单

2. 敦煌网

敦煌网由卓越网创始人及首任 CEO 王树彤女士创办，于 2004 年正式上线。敦煌网是典型的“小额 B2B 平台”，主要涉及小额外贸、网货中心、全球支付系统 DHpay、跨境电子商务移动平台等多项业务和服务。敦煌网自 2004 年上线以来的发展历程如表 1-2 所示。截至 2019 年，敦煌网累计拥有 200 万家注册供应商，在线产品数量超过 2 200 万件，累计注册买家超过 2 100 万人，覆盖全球 222 个国家和地区，拥有 200 多条物流专线，以及 17 个海外仓。

敦煌网卖家费用主要包括平台使用费、佣金、营销推广费和其他增值服务费。平台使用费收费标准分为一年有效 999 元、半年有效 598 元、一个季度有效 299 元。佣金根据不同类目采用阶梯佣金制度，在买卖双方交易成功后收取。单笔订单金额大于或等于 1 000 美元，平台佣金率为 0.5%～1.5%；单笔订单金额达到 300 美元但小于 1 000 美元，平台佣金率为 4.0%～6.0%；单笔订单金额小于 300 美元，平台佣金率为 8.5%～19.5%。

敦煌网介绍

表 1-2　敦煌网发展历程

时　间	事　件
2004 年	卓越网创始人及首任 CEO 王树彤女士创办敦煌网
2005 年	敦煌网 B2B 在线交易平台正式上线，平台第一笔订单成交
2006 年	获得第一笔融资，4 月单笔交易额突破 10 000 美元
2007 年	成为 PayPal 亚太地区最大的客户、全球第六大客户，成为 Google 中国市场的重要战略伙伴
2008 年	DHgate2.0 版上线、12 月，敦煌网入选德勤高科技高成长企业 50 强，排名第七
2009 年	与 UPS 结成业务合作伙伴，UPS 服务嵌入敦煌网平台
2010 年	启动敦煌动力营行动，培养和孵化超过 20 万网商，获得华平投资集团近两亿元的投资，与中国建设银行合作，共同推出“建行敦煌 e 保通”在线小额贷款服务
2011 年	在北京、深圳、杭州同时发布敦煌一站通全新业务
2012 年	入选“中关村新锐企业百强”
2013 年	“义务全球网货中心”正式上线
2014 年	开通在线发货服务，俄语平台上线
2015 年	签署中国—土耳其跨境电商合作备忘录；G20 峰会期间，中国—土耳其“数字丝绸之路”跨境电子商务综合服务平台项目签约
2016 年	签署中国—秘鲁跨境电商合作备忘录
2018 年	敦煌网土耳其商品专页上线

五、跨境电子商务的发展

（一）我国跨境电子商务发展的政策环境

跨境电子商务的快速发展对平台、物流、支付结算、海关商检等方面提出了新的要求。在此背景下，自 2012 年以来，国务院办公厅、商务部、中华人民共和国国家发展和改革委员会（简称国家发展改革委）、海关总署、质检总局、外管局、财政部及税务总局共出台了多份相关政策文件，来鼓励和规范跨境电子商务行业的发展，如表 1-3 所示。

表 1-3　我国跨境电子商务政策概览

发布时间	法律法规	主要内容	发文单位
2012 年 3 月	《商务部关于利用电子商务平台开展对外贸易的若干意见》（商电发〔2012〕74 号）	要求各级商务主管部门积极推动解决跨境电子商务中的通关、退税等政策性问题	商务部
2012 年 5 月	《国家发改委办公厅关于组织开展国家电子商务示范城市电子商务试点专项的通知》发改办商技〔2012〕1137 号	确定由海关总署组织有关示范城市开展跨境贸易电子商务服务试点工作	国家发展改革委
2013 年 2 月	《国家外汇管理局综合关于开展支付机构跨境电子商务外汇支付业务试点的通知》（汇综发〔2013〕5 号）	确定在上海、浙江、深圳、北京、重庆等进行跨境电子商务外汇业务试点	国家外汇管理局（简称外管局）
2013 年 7 月	《国务院办公厅关于促进进出口稳增长、调结构的若干意见》（国办发〔2013〕83 号）	要求完善出口跨境电子商务政策，抓紧在有条件的地方先行试点	国务院办公厅
2013 年 8 月	《国务院办公厅转发商务部等部门关于实施支持跨境电子商务零售出口有关政策的意见》（国办发〔2013〕89 号）	提出了支持跨境电子商务零售出口的七条政策	国务院办公厅（转发）
2013 年 11 月	《关于支持跨境电子商务零售出口的指导意见》	提出了支持跨境电子商务零售出口的六条指导意见	质检总局
2013 年 12 月	《财政部　国家税务总局关于跨境电子商务零售出口税收政策的通知》（财税〔2013〕96 号）	提出了支持跨境电子商务零售出口的出口退税政策	财政部、国家税务总局
2014 年 1 月	《海关总署关于增列海关监管方式代码的公告》（海关总署公告〔2014〕12 号）	增列海关监管方式代码“9610”，全称为“跨境贸易电子商务”	海关总署
2014 年 3 月	《海关总署关于跨境贸易电子商务服务试点网购保税进口模式有关问题的通知》（署释函〔2014〕59 号）	明确了网购保税进口模式中的商品范围、购买金额/数量、征税、企业管理等问题	海关总署
2014 年 5 月	《国务院办公厅关于支持外贸稳定增长的若干意见》（国办发〔2014〕19 号）	要求各相关部门出台跨境电子商务贸易便利化措施	国务院办公厅
2014 年 6 月	《关于支持外贸增长的若干措施》	支持以跨境电子商务为代表的新型贸易平台发展	海关总署

续表

发布时间	法律法规	主要内容	发文单位
2014年7月	《海关总署关于跨境贸易电子商务进出境货物、物品有关监管事宜的公告》（海关总署公告〔2014〕56号）	明确了跨境电子商务进出境货物、物品的海关监管流程	海关总署
2014年7月	《海关总署关于增列海关监管方式代码的公告》（海关总署公告〔2014〕57号）	增列海关监管方式代码“1210”，全称为“保税跨境贸易电子商务”	海关总署
2015年1月	《国家外汇管理局关于开展支付机构跨境外汇支付业务试点的通知》（汇发〔2015〕7号）	取代之前的“5号文”，将试点范围扩张至全国	外管局
2016年1月	《国务院关于同意在天津等12个城市设立跨境电子商务综合试验区的批复》（国函〔2016〕17号）	在天津市、上海市、重庆市、合肥市、郑州市、广州市、成都市、大连市、宁波市、青岛市、深圳市、苏州市等12个城市设立跨境电子商务综合试验区，名称分别为中国（城市名）跨境电子商务综合试验区	国务院
2019年12月	《国务院关于同意在石家庄等24个城市设立跨境电子商务综合试验区的批复》（国函〔2019〕137号）	在石家庄市、太原市、赤峰市、抚顺市、珲春市、绥芬河市、徐州市、南通市、温州市、绍兴市、芜湖市、福州市、泉州市、赣州市、济南市、烟台市、洛阳市、黄石市、岳阳市、汕头市、佛山市、泸州市、海东市、银川市等24个城市设立跨境电子商务综合试验区，名称分别为中国（城市名）跨境电子商务综合试验区	国务院
2020年1月	《商务部　发展改革委　财政部关于扩大跨境电商零售进口试点的通知》（商财发〔2020〕15号）	商务部等部门进一步扩大跨境电商零售进口试点范围	商务部、发展改革委、财政部、海关总署、税务总局、市场监管总局

从这些文件中可以看出，我国非常支持跨境出口与进口，并且在跨境支付、海关监管、商检、出口退税等方面已具备良好的跨境电子商务政策环境。

（二）我国跨境电子商务发展概况

商务部数据显示，2012年，我国跨境电子商务进出口交易总额为2.3万亿元，同比增长32.0%，其中，跨境在线零售的增速超过150.0%，占当年外贸进出口总额的比重超过9.6%。2013年，我国跨境电子商务交易规模达3.1万亿元，增长率为31.3%，占进出口总额的12.1%。2014年，我国跨境电子商务交易规模为4.2万亿元，增长率为35.5%，占进出口贸易总额的15.9%。我国跨境电子商务的发展速度，年增速维持在30%左右，远超过外贸增速，跨境电子商务在对外贸易中的地位愈显重要。2008—2015年我国进出口贸易及跨境电子商务交易规模如图1-3所示。

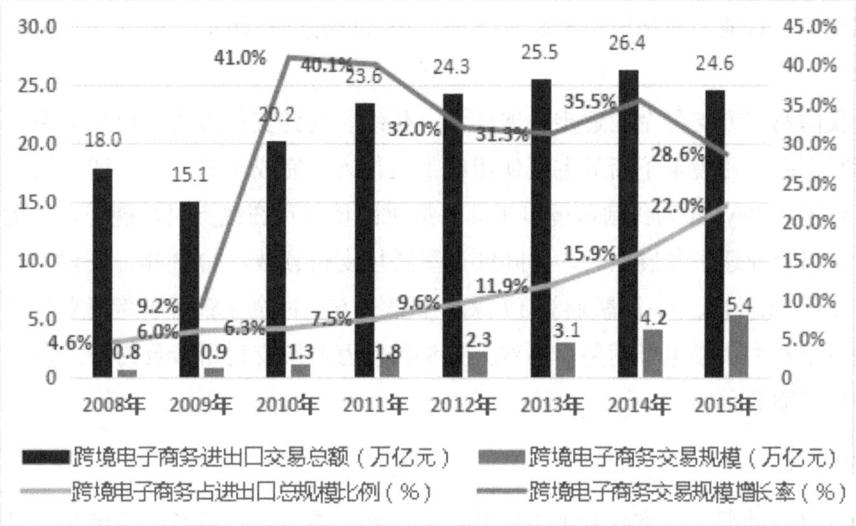

图 1-3 2008—2015 年我国进出口贸易及跨境电子商务交易规模

我国跨境电子商务的发展主要呈现出如下特点。

（1）从市场格局来看，外贸 B2C 等增势迅猛，但外贸 B2B 仍占主导地位。近年来，我国跨境网络零售增势迅猛，兰亭集势、唯品会等企业纷纷建立起独立的 B2C 网站，大量外贸企业利用全球速卖通、敦煌网等第三方跨境电子商务平台开展零售业务，大量出口服装、饰品、小家电、数码产品等日用消费品，实现在线交易。同时，“海淘”等跨境电子商务进口模式快速发展，但由于这部分跨境电子商务的销售对象主要为个人客户，整体交易规模相对有限，对跨境电子商务交易额的贡献率不大。外贸 B2B 企业主要依托阿里巴巴、环球资源、中国制造网等电商平台进行信息展示、在线营销和线下交易，交易规模超过跨境电子商务总交易额的 90%。大多数 B2B 贸易订单的金额较大，受支付、安全、习惯等各方面因素的制约，无法实现在线交易。在线全流程的 B2B 交易是否为未来的发展趋势，仍存在较大争议。

（2）跨境电子商务进口快速增长，但出口规模远大于进口规模。近年来，我国的跨境电子商务进口快速增长，涌现出一批活跃的进口 B2C 电商平台，“海淘”、海外代购等购物方式流行，化妆品、护肤品、奢侈品、新潮服装、电子消费品、食品和保健品等进口量增长迅猛。但随着中国的世界工厂地位不断加强，跨境电子商务的出口规模远大于进口规模，尤其是外贸 B2B 主要以出口为主。随着我国跨境电子商务政策、制度、环境的逐步完善，在电子商务服务企业的带动下，跨境电子商务将进一步发挥“中国制造”的产品优势，促进“中国制造”向“中国营销”和“中国创造”加速转变。

（3）跨境电子商务的发展带动了跨境物流服务的快速发展。例如，在跨境电子商务的带动下，近年来我国跨境包裹数量持续快速增长。据海关统计，2012 年我国海关监管的邮快件总量达到 3.5 亿件，同比增长 23.4%，其中，70%～80%的邮快件运输是通过电子商务的方式实现的。目前，在跨境电子商务领域，银行转账、信用卡、第三方支付等多种支付方式并存。

（4）我国第三方支付企业逐步发展壮大。传统贸易的支付方式主要是信用卡、银行转账，如西联汇款。跨境电子商务主要使用线上支付方式完成交易，除全球应用最广泛的跨境交易支付工具 PayPal 为我国跨境电子商务提供跨境外币在线支付功能外，一批优秀的本土第三方支付企业逐步发展壮大，并陆续进军跨境支付领域。2013 年，支付宝、财付通、银联电子支付、汇付天下、通融通等 17 家本土第三方支付企业获得了跨境支付业务试点资格，可通过银行为小额电子商务交易双方提供跨境互联网支付所涉及的外汇资金集中收付和相关结售汇服务。

小思考 1-2：

"互联网+外贸"能有效打破渠道垄断，节约交易成本，缩短交易时间，开拓营销渠道，为我国企业创建品牌、提升品牌的知名度提供了有效途径，尤其是给一些"小而美"的小企业创造了新的发展空间。很多人觉得跨境电子商务将颠覆传统的贸易渠道，你觉得呢？说说你的理由。

相关链接 1-1：中国跨境电子商务发展的 3 个时代

1999 年，阿里巴巴等企业实现用互联网连接中国供应商与海外买家后，中国对外出口贸易就实现了互联网化。在此之后，中国跨境电子商务发展共经历了 3 个时代，如图 1-4 所示，实现了从信息服务到在线交易、全产业链服务的跨境电子商务产业转型。

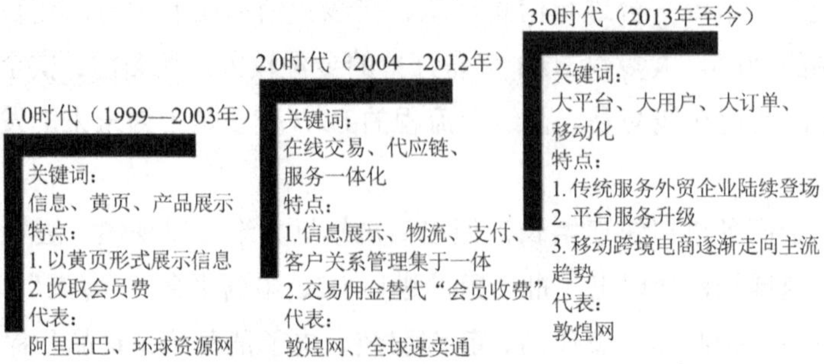

图 1-4　中国跨境电子商务发展的 3 个时代

1. 跨境电子商务 1.0 时代（1999—2003 年）

跨境电子商务 1.0 时代的主要商业模式是网上展示、线下交易的外贸信息服务模式。跨境电子商务 1.0 时代的第三方平台主要的功能是为企业信息及产品提供网络展示平台，并不在网络上涉及任何交易环节。此时的盈利模式主要是向进行信息展示的企业收取会员费（如年服务费）。跨境电子商务 1.0 时代的发展过程中，逐渐衍生出竞价推广、咨询服务等为供应商提供一条龙的信息流增值服务。

在跨境电子商务 1.0 时代中，阿里巴巴国际站平台及环球资源网为典型代表平台。其中，阿里巴巴成立于 1999 年，以网络信息服务为主，线下会议交易为辅，是我国最大的外贸信息黄页平台之一。环球资源网成立于 1971 年，前身为 Asian Source，是亚洲较早的贸易市场资讯提供者，并于 2000 年 4 月 28 日在纳斯达克证券交易所上市，股权代码为 GSOL。

在此期间还出现了中国制造网、韩国 EC21 网、Kellysearch 等大量以供需信息交易为主的跨境电子商务平台。跨境电子商务 1.0 时代，我国企业虽然通过互联网解决了我国贸易信息面向世界买家的难题，但是依然无法完成在线交易，对于外贸电商产业链的整合也仅完成了信息流整合环节。

2. 跨境电子商务 2.0 时代（2004—2012 年）

2004 年，随着敦煌网的上线，跨境电子商务 2.0 时代来临。在这个阶段，跨境电子商务平台开始摆脱纯信息黄页展示的模式，将线下交易、支付、物流等流程实现电子化，逐步成为在线交易平台。

相较于跨境电子商务 1.0 时代，跨境电子商务 2.0 时代更能体现电子商务的本质。在这个阶段，我国跨境电子商务企业借助于电子商务平台，通过服务、资源整合有效打通上下游供应链，建立起 B2B（平台对企业小额交易）平台模式，以及 B2C（平台对用户）平台模式。在跨境电子商务 2.0 时代，B2B 平台模式为跨境电子商务主流模式，通过直接对接中小企业商户实现产业链的进一步缩短，提升商品销售利润空间。2011 年敦煌网宣布实现盈利，2012 年持续盈利。

在跨境电子商务 2.0 时代，第三方平台实现了营收的多元化，同时实现后向收费模式，将“会员收费”改以收取交易佣金为主，即按成交效果来收取佣金。同时，还通过平台上营销推广、支付服务、物流服务等获得增值收益。

3. 跨境电子商务 3.0 时代（2013 年至今）

2013 年是我国跨境电子商务转型的重要一年，跨境电子商务全产业链都出现了商业模式方面的变化。随着跨境电子商务的转型，跨境电子商务 3.0“大时代”随之到来。

首先，跨境电子商务 3.0 时代具有大型工厂上线、B 类买家成规模、中大额订单比例提升、大型服务商加入和移动用户量爆发 5 方面特征。与此同时，在跨境电子商务 3.0 时代，服务全面升级，平台承载能力更强，全产业链服务在线化。在跨境电子商务 3.0 时代，用户群体由“草根”创业向工厂、外贸公司转变，且具有极强的生产设计管理能力。平台销售产品由网商、二手货源向一手货源好产品转变。此阶段的主要卖家群体正处于从传统外贸业务向跨境电子商务业务艰难转型期，生产模式由大生产线向柔性制造转变，对运营和产业链配套服务需求较高。另一方面，此阶段的主要平台模式也由 C2C、B2C 向 B2B、M2B 转变，批发商买家的中大额交易成为平台主要订单。

跨境电子商务行业可以快速发展到3.0阶段，主要得益于如下几个方面。

首先，得益于中央及各地政府的高度重视。在中央及各地政府大力推动的同时，跨境电子商务行业的规范和优惠政策也相继出台，如《关于跨境贸易电子商务进出境货物、物品有关监管事宜的公告》（海关总署公告〔2014〕56号）、《关于进一步促进电子商务健康快速发展有关工作的通知》（发改办高技〔2013〕894号）、《关于促进电子商务健康快速发展有关工作的通知》（发改办高技〔2012〕226号）、《关于开展国家电子商务示范城市创建工作的指导意见》（发改高技〔2011〕463号）等，在规范跨境电子商务行业市场的同时，也让跨境电子商务企业开展跨境电子商务业务得到了保障。

其次，在海外市场，B2B在线采购已占据半壁江山。有相关数据指出，在美国，B2B在线交易额是B2C交易额的2.5倍。在采购商方面，59%的采购商以在线采购为主，27%的采购商月平均在线采购额达5 000美元，50%的供货商努力让买家从线下转移到线上，提升利润和竞争力。

最后，移动电商的快速发展也加速了跨境电子商务3.0时代的到来。2013年，智能手机用户占全球人口的22%，首次超过PC用户所占比例，智能手机达14亿台。同时，亚马逊公布，2013年圣诞购物季使用移动终端进行购物的用户占比达50%。美国比价网站PriceGrabber调查数据显示，2013年感恩节购物季，40%的消费者会在进商场前进行网上比价，50%的消费者表示在商场中会使用智能手机进行网上比价。

移动电商的快速发展得益于大屏智能手机和Wi-Fi网络环境的改善，使用户移动购物体验获得较大的提升，用户移动购物习惯逐渐形成。另一方面，电商企业在移动终端的积极推广和价格战促销等活动都进一步促进移动购物市场交易规模大幅增长，方便、快捷的移动跨境电子商务也为传统规模型外贸企业带来了新的商机。

（资料来源：http://www.cifnews.com/Article/11604）

（三）全球跨境电子商务发展概况

2012年，全球跨境电子商务市场规模超过1万亿美元，同比增长约21%。从区域上看，欧洲地区成为全球最大的跨境电子商务市场。欧洲电子商务市场规模达到4 126亿美元，占全球电子商务市场的35.1%；北美地区电子商务市场规模达到3 895亿美元，占全球电子商务市场的33.1%；亚太地区电子商务市场是全球增长最快的第三大电子商务市场，总交易额达到3 016亿美元，占全球电子商务市场的25.7%。

全球跨境电子商务的发展呈现出如下趋势。

（1）发展中国家跨境电子商务占本国电子商务比例高于发达国家。亚洲和大洋洲地区在全球跨境电子商务出口中的比例从25.5%增长到32.9%，进口比例从15%增长到23.9%。此外，发达国家、亚洲和大洋洲在跨境电子商务方面呈现贸易顺差，而在拉丁美洲、加勒比海地区和过渡型经济体的跨境电子商务中进口明显多于出口，呈现贸易逆差。

发达国家跨境电子商务在电子商务中所占的比例相对一般。欧洲的电子商务贸易仍以本土市场为主。2012 年，欧盟 28 个国家的 16%企业的电子商务贸易主要在本土市场发生，欧盟范围内的跨境电子商务仅占 7%。以丹麦为例，丹麦是欧洲电子商务领域名列前茅的国家，30%的企业涉及电子商务，但是这些企业中仅有 10%将商品销售给了其他欧盟国家的消费者。在加拿大，80%的电子商务发生在本土，与美国的跨境电子商务占 15%，与其他国家的跨境电子商务占 5%。日本 2014 年跨境电子商务仅占其 B2C 电子商务总额的 18%。

发展中国家 B2C 和 C2C 跨境电子商务比发达国家所占份额要大得多。在亚洲，印度和新加坡 2013 年跨境电子商务占电子商务总额的一半以上。在拉丁美洲，哥伦比亚、巴拉圭、委内瑞拉的跨境电子商务在电子商务总额中也占了很大比例。

（2）美国、中国和英国是跨境网上购物最主要的目的国。2018 年，全球零售电商销售额为 28 420 亿美元，同比 2017 年增长 23.4%；全球 B2C 跨境电子商务交易额突破 6 500 亿美元，同比 2017 年增长 27.5%；中国跨境电子商务交易规模达到 9.1 万亿元，用户规模超 1 亿名。

（3）跨境网上购物以实物为主。尽管跨境网上购物消费者来自不同的国家，但是网上购物偏好却十分相似。67%的全球购物者每月开支的 10%为网上支出。更重要的是，57%的全球消费者一半以上的网上购物是实物而非音乐、飞机票等数字产品。服装是目前最受欢迎的网购商品，其次是图书、消费电子产品、化妆品、鞋类、电器和计算机硬件。北美地区的视频游戏比其他地区销售得多，而亚太地区的食物消费比其他地区多。

相关链接 1-2：中国成为俄罗斯跨境电子商务主导力量

俄罗斯的电子商务行业起步相对较晚，但发展很快。网络产业研究机构“东西数字新闻”发布的研究报告称，俄罗斯跨国“商对客”市场规模已增至 50 亿美元。去年淘宝“双 11”购物节，俄罗斯的“亲们”也首次加入了这场狂欢。在各国全球速卖通用户中，俄罗斯用户表现最为踊跃，一天内就下了 200 多万个订单。阿里巴巴俄罗斯销售经理扎瓦茨基告诉本报记者，2014 年，俄罗斯广袤领土上东南西北四端都有人在阿里巴巴旗下的全球速卖通上下单。

据“开放统计”公司调查，目前俄罗斯约有 300 万个国外电商网站和 117 万个本土电商网站。网上交易量最大的商品是电子产品、图书和服装鞋帽。另外，本土电商网站上建材和家具交易量也比较大。

俄罗斯用户热衷于网购的首要原因是价格优势。大学生米沙说，一双耐克运动鞋从美国订货再寄过来，仍然比直接去专卖店买省钱。大学老师伊丽娜曾经在中国工作 4 年，在这期间她学会了网购。回到家乡之后，年过半百的她也成了网购潮人。伊丽娜介绍，中国商品的性价比让她非常满意，她最喜欢购买的是衣服、饰品和箱包。俄罗斯商店虽然很多，但每家商店的商品数量和选择范围都不是很大。网购可以足不出户，按意愿搜索商品，不至于跑半天也找不到一件中意的。

在国内外电商企业抢占俄罗斯市场的竞争中，中国电商企业表现喜人。2014 年俄罗斯跨国电商最大的亮点就是中国企业成为主导力量，阿里巴巴、易贝和亚马逊三大购物平台 2014 年完成的所有订单中有近 70%从中国发货。中国电商业界也普遍将俄罗斯视为最有前景的海外市场。俄速通国际物流公司总经理于航认为，2015 年将有超过 1 亿个包裹从中国发往俄罗斯。

根据特恩斯市场研究公司的数据可知，2014 年 8 月，全球速卖通跻身最受俄罗斯人欢迎的十大网站之一，远远超过了其他同类网站。在俄罗斯最大的社交网站上，全球速卖通的公共账号已拥有粉丝 150 多万人。俄罗斯买家也和中国买家一样喜欢上传“买家秀”图片，还喜欢在社交网站上“晒”自己淘到的宝贝，互相推荐好的卖家。“爱淘”论坛俄罗斯用户已经达到几十万人。扎瓦茨基说，由于女性用户更喜欢上网晒美照，造成了全球速卖通主要卖衣服的错觉，实际上该网站订购量最大的商品是智能手机、平板电脑和汽车用品。

京东进驻俄罗斯第十一天时，俄罗斯“比价网”刊登报告称，这期间京东的日平均访问量达到 8 万人次，平均每天有 1 000 笔交易，将成为全球速卖通的有力竞争对手。“比价网”分析师彼得罗夫斯基认为，5 年内京东有望占领 20%的俄罗斯电商市场。

随网购涌入的小型包裹也引起了俄罗斯官方的关注。俄财政部规定，自 2014 年 7 月下旬起，对价值 150 欧元以上或 10kg 以上的入境包裹收取其价值 30%的关税，对包裹内容也要严加检查。虽然新规在业界引起不少怨言，但王昆表示，要把贸易做大做强，必须遵守当地法律，照章纳税。俄罗斯物流从业者赛宁说，中国商家有时看俄方订货多，就会送一些赠品，但俄罗斯海关扫描到包装里有报关单上没有的物品就会开箱检查，这一下就要多费几天时间，从而导致“好心办了坏事”。俄罗斯远程贸易协会主席伊万诺夫对本报记者表示，俄中网络贸易发展还需要进一步熟悉法律规范，一些中国个体卖家不了解规定，在包裹价值一栏写“0 美元”，这对海关人员来说就非常可疑。现在，随着两国海关加大联合培训力度，这种情况已经少了许多。

俄罗斯的大型搜索引擎 Yandex 公司中国市场经理格罗尼穆斯告诉本报记者，中国电商企业在拓展俄罗斯市场时，在语言和物流上还有巨大的提升空间。全球速卖通网页上自动生成的混乱翻译已经惹来不少争议。京东和大龙网首页俄文规范，具体商品介绍却只有英文。扎瓦茨基透露，阿里巴巴正在努力开发更好的翻译软件，方便买家和卖家沟通。

记者所住小区的管理员埃莉亚喜欢喝茶，她早就听说从全球速卖通上能直接购买中国商品，但是价格为 3 000 卢布的几小盒茶叶运到俄罗斯要支付 2 000 多卢布的运费，这就超出了她的承受范围。京东的页面上虽然常有卖家包邮的优惠，但是估算的到货时间最多可达 60 天，这让部分买家望而却步。俄罗斯地广人稀，能够提供覆盖全国的快速、优质的服务的物流服务公司并不多，价格更是居高不下。在相对发达的莫斯科和圣彼得堡，买家尚且可以选择快递公司送货上门或就近自提。在其他地区，电商企业常常需要依托俄罗斯邮政送货。

为了解决物流瓶颈，中国电商企业各显神通，争取与多方扩大合作。中国格林伍德国际贸易中心和黑龙江俄速通物流公司合作建立的首个在俄大型公共服务海外仓已经启用，日处理订单约 1 万件，能让网购用户收货时间缩短到 2～7 天，退换货和售后服务也能大大提升买家的购物体验。2014 年 11 月，哈尔滨和叶卡捷琳堡之间也开通了货运专机。俄罗斯中国总商会会长、莫斯科格林伍德国际贸易中心负责人蔡桂茹告诉记者，建立海外仓、边境仓和设立分公司进行本土化运营，将是促进物流、通关畅通的努力方向。

（资料来源：http://mt.sohu.com/20150731/n417952922.shtml）

第二节　跨境电子商务海关监管政策

【任务导入】

跨境电子商务的业务涉及不同关境的交易主体，商品的交易往往要跨越不同的国家，不同国家对进出口产品都有相关的通关政策。假如你是深圳玖希贸易有限公司的总经理，在开启跨境电子商务之旅前，你必须解决如下的任务，跨境电子商务通关监管模式、监管方式是什么？对跨境电子商务企业有哪些要求？

一、跨境电子商务通关监管模式

跨境电子商务通关监管模式

为了探索适合跨境电子商务发展的政策和监管措施，目前海关提出了一般出口、保税出口、直邮进口和保税进口 4 种新型通关监管模式。

（一）一般出口模式

通过线上信息平台进行试点企业备案、商品备案及全程信息管理，允许试点企业凭交易或物流清单先申报放行，月度汇总填写出口货物报关单向海关申报，凭汇总的月度出口报关单办理退税、结汇手续。海关根据企业管理类别实施分类通关。

（二）保税出口模式

保税出口又称为特殊区域出口，采用“整进、散出、汇总申报”的模式。整进是指整批出口货物填写备案清单或出口货物报关单向海关申报进入园区。散出是指个人网购后填写清单向海关申报并由电商企业提供税款担保，海关先凭清单分批分散出园区。汇总申报就是定期将清单汇总后，填写出口货物报关单向海关申报，个人网购商品涉及许可证管理的可免许可证。

（三）直邮进口模式

直邮进口模式指符合条件的电子商务平台与海关联网，境内消费者跨境网购后，电子订单、支付凭证、电子运单等信息由企业实时传输给海关，商品通过海关跨境电子商务专门的监管场所入境，按照个人邮寄物品征税。

（四）保税进口模式

电子商务企业提前集中采购，通过批量运输的方式将货物运送至海关特殊监管区域备货，消费者下单后，商品可直接从监管区仓库报关报检后发货，后续环节与国内电子商务购物类似。

相关链接 1-3：海关总署关于跨境贸易电子商务服务试点网购保税进口模式

为加大跨境电子商务网购保税进口模式试点力度，统一管理要求和验放标准，摸索总结试点经验，总署对上海、杭州、宁波、郑州、广州、重庆试点城市报送的网购保税进口商品及购买金额限制等问题进行了研究。现就有关问题明确如下。

一、关于试点商品范围

试点商品应为个人生活消费品，国家禁止和限制进口物品除外，按具体禁限物品目录《海关总署令第 43 号（中华人民共和国禁止、限制进出境物品表）》执行。

二、关于购买金额和数量

试点网购商品以“个人自用、合理数量”为原则，参照《海关总署公告 2010 年第 43 号（关于调整进出境个人邮递物品管理措施有关事宜）》的要求，每次限值为 1 000 元人民币，超出规定限值的，应按照货物规定办理通关手续。但单次购买仅有一件商品且不可分割的，虽超出规定限值，经海关审核确属个人自用的，可以参照个人物品规定办理通关手续。

三、关于征税问题

以电子订单的实际销售价格作为完税价格，参照行邮税税率计征税款。应征进口税税额在人民币 50 元（含 50 元）以下的，海关予以免征。

四、关于企业管理

参与试点的电商、物流等企业须在境内注册，并按照现行海关管理规定进行企业注册登记，开展相关业务，并能实现与海关等管理部门的信息系统互联互通。

五、海关统计

试点网购商品从境外进入海关特殊监管区域或保税监管场所运往境内区外时，实施海关单项统计。

（资料来源：中华人民共和国海关总署）

二、跨境电子商务通关监管方式

进出口货物监管方式是指以国际贸易中进出口货物的交易方式为基础，结合海关对进出口货物的征税、统计及监管条件综合设定的海关对进出口货物的管理方式。为了促进跨境贸易电子商务零售进出口业务发展、方便企业通关、规范海关管理、实施海关统计，海关增列了如下两种监管方式。

（一）“9610”监管方式

“9610”监管方式的代码为“9610”，全称为跨境贸易电子商务，简称电子商务。该监管方式适用于境内个人或电子商务企业通过电子商务交易平台实现交易，并采用“清单核放、汇总申报”模式办理通关手续的电子商务零售进出口商品，但通过海关特殊监管区域或保税监管场所一线的电子商务零售进出口商品除外。

以“9610”监管方式开展电子商务零售进出口业务的电子商务企业、监管场所经营企业、支付企业和物流企业应当按照规定向海关备案，并通过电子商务通关服务平台实时向电子商务通关管理平台传送交易、支付、仓储和物流等数据。

（二）“1210”监管方式

“1210”监管方式的代码为“1210”，全称为保税跨境贸易电子商务，简称保税电商。该监管方式适用于境内个人或电子商务企业在经海关认可的电子商务平台实现跨境交易，并通过海关特殊监管区域或保税监管场所进出的电子商务零售进出境商品（海关特殊监管区域、保税监管场所与境内区外（场所外）之间通过电子商务平台交易的零售进出口商品不适用该监管方式）。“1210”监管方式适用于进口时仅限经批准开展跨境贸易电子商务进口试点的海关特殊监管区域和保税物流中心（B 型）。

以“1210”监管方式开展跨境贸易电子商务零售进出口业务的电子商务企业、海关特殊监管区域或保税监管场所内跨境贸易电子商务经营企业、支付企业和物流企业应当按照规定向海关备案，并通过电子商务平台实时向海关传送交易、支付、仓储和物流等数据。

三、跨境电子商务通关监管要求

电子商务企业或个人通过经海关认可并且与海关联网的电子商务交易平台实现跨境交易进出境货物、物品的，按如下要求接受海关监管。

（一）企业注册登记及备案管理

开展电子商务业务的企业，如需向海关办理报关业务，应按照海关对报关单位注册登记管理的相关规定，在海关办理注册登记。上述企业需要变更注册登记信息、注销的，应按照注册登记管理的相关规定办理。开展电子商务业务的海关监管场所经营人应建立完善的电子仓储管理系统，将电子仓储管理系统的底账数据通过电子商务通关服务平台与海关联网对接。电子商务交易平台应将平台交易电子底账数据通过电子商务通关服务平台与海关联网对接。电子商务企业、支付企业、物流企业应将电子商务进出境货物、物品交易原始数据通过电子商务通关服务平台与海关联网对接。电子商务企业应将电子商务进出境货物、物品信息提前向海关备案，货物、物品信息应包括海关认可的货物 10 位海关商品编码及物品 8 位税号。

（二）电子商务进出境货物、物品通关管理

电子商务企业或个人、支付企业、物流企业应在电子商务进出境货物、物品申报前，分别向海关提交订单、支付、物流等信息。电子商务企业或其代理人应在运载电子商务进境货物的运输工具申报进境之日起 14 日内，电子商务出境货物运抵海关监管场所后、装货 24 小时前，按照已向海关发送的订单、支付、物流等信息，如实填制《货物清单》，逐票办理货物通关手续。个人进出境物品，应由本人或其代理人如实填制《物品清单》，逐票办理物品通关手续。除特殊情况外，《货物清单》《物品清单》《进出口货物报关单》应采取通关无纸化作业方式进行申报。

相关链接 1-4：全国首个跨境电子商务园区电商、快递和海关一起办公

2012 年 8 月，杭州、上海、郑州、重庆、宁波等正式获批全国首批跨境贸易电子商务服务试点城市。杭州的试点项目之一——中国（杭州）跨境贸易电子商务产业园于 2013 年 7 月开园。位于杭州下城区的中国（杭州）跨境贸易电子商务产业园内，直接面对国外企业消费者的跨境贸易每天都在进行着。距离沪杭甬高速公路、杭浦高速公路、绕城高速、德胜快速路入口仅 5 分钟车程；距离东站枢纽 3 千米；距离武林商圈约 15 分钟车程，一路驱车进入中国（杭州）跨境贸易电子商务产业园，第一印象就是极其便利的交通。

进入大门，就看到在办公楼前的空地上，大卡车正在装运货物，一楼的大厅内，顺丰的业务员正在整理包裹，一片忙忙碌碌的景象。杭州创梦谷电子商务有限公司是 2013 年 3 月率先入驻产业园区的孵化企业。走进这家公司的办公区，大开间内一张张办公桌前，员工正忙碌地在电脑上操作。作为跨境电子商务服务提供商，它帮助企业从原来的批量生产，到现在的面对海外消费者，实现了从代工厂到电商卖家的转型。目前，创梦谷正在帮助转型企业在国际电商平台 eBay、亚马逊上进行营销。后期，他们还将在 Facebook、Twitter 等社区网站上，针对产品品牌进行营销。

入驻园区，和在外面选址办公，有什么区别？在这里很多政策是真正落地的，如小包退税流程的完善，让企业受益匪浅。另外，以前出口一单货，需要跑海关、质监等十几个部门，非常烦琐。入驻园区后，快速通关、规范结汇和退税等问题都能迎刃而解。产业链

的完整性，对电商企业来说也是至关重要的。

自2011年以来，杭州全市跨境贸易电子商务不仅年增长率达到200%，而且阿里巴巴、eBay等大型电商平台上涌现出多家年进出口额在1亿元以上的领军企业。同时，与之相配的物流和跨境支付平台也在此集聚。

法华凯旋（北京）科技有限公司才入驻产业园，主要从事服装类、化妆品等女性用品的出口。总经理李波菲告诉记者："我们进驻杭州的产业园，其实是为自己埋一粒种子。"他解释道，电子商务其实是可以异地运营的，公司之所以选择杭州作为一个点，主要原因是想离公司的供应链更近些。他举例说，在北京，像凡客、京东、当当等很多大型电商，北京总部只是一个总指挥部，而运营地则分布在各地。"电商线下是一个生态圈，它需要将整个体系建立起来，而杭州的产业园在公共仓、海关服务、快递商等整个产业链上都是比较务实的，这也是当初我们选择这里的原因。而入驻后，也让我们各大企业摆脱了之前各自为战的状况，开始抱团发展。所以身处其中，对于这个产业园未来的发展，我们肯定持乐观的态度。"

这块我国唯一的跨境电子商务试验田，可以实施与一般贸易出口方式截然不同的政策：变海关的"集中申报"为"分送集报"。园区将在海关总署的统一部署下，利用信息化手段实现园区内海关、国检、国税、外管、电商企业、物流企业等之间的流程优化，特别是通过"定期申报"的业务模式，大大降低跨境电子商务企业货品通关成本，实现电商企业出口货物申报、海关申报监管，以及物流企业物流跟踪的全流程查询和监管，真正实现园区内现场通关。

"我们园区独有的政策，是针对如何增强跨境贸易电子商务企业的国际竞争力，促进企业做大做强而制定的。"该负责人表示，这些政策能够有力推动中小企业采用小额贸易方式，扩大商品出口。同时，可以辐射带动杭州市及周边城市电子产品、服装/服饰配饰、日用百货、化妆品、运动器材，以及跨国物流、跨境支付等相关行业的发展，推动产业转型升级，助推浙江外向型经济发展。

（资料来源：浙江在线——今日早报）

第三节　跨境电子商务职业认知

【任务导入】

深圳玖希贸易有限公司准备招聘跨境电子商务相关岗位的员工。假如你是国际贸易或电子商务专业大三的学生，刚好面临毕业实习找工作，深圳玖希贸易有限公司月底来校园招聘，为了找到在该公司适合自己的岗位，你需要提前了解跨境电子商务企业的组织结构、岗位类别、岗位职责和岗位要求。

跨境电子商务岗位及任职要求

一、跨境电子商务岗位

（一）跨境电子商务企业组织结构

跨境电子商务企业一般设有产品部、销售部、客服部、采购及物流部、技术部、网站运营部和人力资源部，根据企业规模组织结构会稍有不同，如图 1-5 所示。

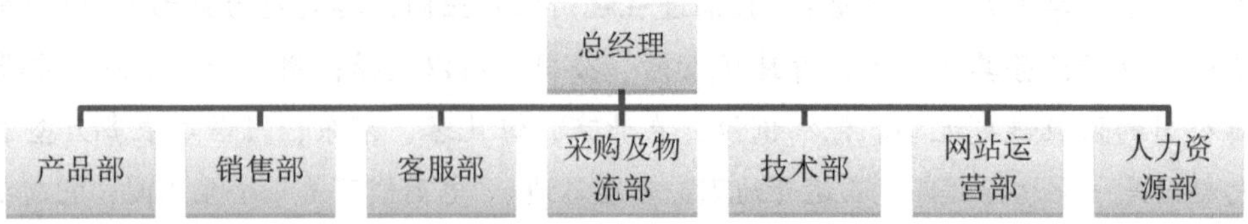

图 1-5　一般跨境电子商务企业的组织结构

1．产品部的主要职能

分析各个种类的产品，确定网站主推产品名录，预测产品的销售额；与采购部协商确定采购量，并根据销售情况不断调整；根据传统渠道价格、竞争对手价格、采购成本等各种因素确定网站产品的销售价格；分析网站各种产品的销售情况，将产品分为若干等级，寻找并确定畅销品的品种。

2．销售部的主要职能

负责产品在网站的陈列展示，确定推广过程中的策略，确定搜索引擎关键词和描述，负责促销活动的设计与执行。

3．客服部的主要职能

负责客服的运营及客服质量的管理，核心是客服运营，主要指在线客服的咨询，包括产品咨询、订单处理、售后服务、客户主动咨询等。

4．采购及物流部的主要职能

确定采购名单，根据名单筛选供应商，争取最低采购价格；选择物流运营商；管理仓库；负责订单商品的包装、运输、配送等。

5．技术部的主要职能

负责网站建设和系统开发。其主要包括 B2C 网站的架构和技术开发；客户管理系统、采购和仓储系统、订单管理系统等的策划、实施和调整；服务器和网络运营商的选择与管理等。

（二）跨境电子商务岗位设置

一般跨境电子商务企业会设置产品专员、销售专员、客服专员、采购专员等岗位，统称为跨境电子商务运营团队，其中高级管理人员称为跨境电子商务运营经理。而在规模较小的企业或者传统外贸企业的电商部门，可能一人多岗，这时统称为跨境电子商务操作专员或运营员。如果按照跨境电子商务 B2B 公司和 B2C 公司来分类，岗位主要分为技术类岗位和业务类岗位。

1. B2B 公司主要岗位设置

岗位 A：建站与后台维护，包括网站框架搭建（搭建主页面和自定义、滚动页面和增加的栏目）、后台功能维护（熟悉产品上传、使用数据管家等）、关键词设置（熟悉客户习惯搜索词、提炼关键词、在后台验证关键词的热搜度等）、图片处理（橱窗图片处理、产品效果呈现等）、产品描述（描述产品特征、功能、技术、价格、竞争优势等）。

岗位 B：询盘转换订单，包括分析（客户信息、询盘内容）、判断（客户目的、用意、对价格的态度）、策划（活动策划、促使询盘早日转换成订单）、回复询盘（得到客户的回信，从沟通中建立信任）。

岗位 C：订单的操作与单证，包括样品的确认、运输方式的确认、付款方式的确认、交货时间的确认、交货地点的确认、后期客户跟进和服务。

岗位 D：生产安排、跟单管理，包括核对生产前的原材料、跟踪生产过程及每个时间段进度、确保产品技术和质量要求、包装出运。

2. B2C 公司主要岗位设置

初级岗位：客户服务、视觉设计、网络推广、跨境物流和报关员。

中级岗位：市场运营管理、采购与供应链管理和国际结算管理。

高级岗位：职业经理人。

二、跨境电子商务职业要求

（一）跨境电子商务职业能力要求

（1）市场分析能力。收集、分析市场状况及竞争对手状况，制订销售计划。

（2）市场策划能力。策划促销活动、市场推广方案。

（3）外语沟通能力。运用外语与国外客户沟通、处理订单问题。

（4）计算机运用能力。使用软件上传产品信息、处理图片。

（二）跨境电子商务职业的知识要求

（1）市场营销知识。熟悉市场分析、市场策略、市场营销组合等相关知识。

（2）电子商务知识。熟悉电商平台规则、网络营销等相关知识。

（3）物流管理知识。熟悉发货流程、仓库管理、采购管理等相关知识。

（4）国际贸易知识。熟悉外贸流程、商检、海关等相关知识。

（5）商品知识。熟悉主要商品的规格、性能、用途等，以及商品编码。

（三）跨境电子商务职业的职业素养

（1）良好的职业道德。遵纪守法、恪守信用、不售假货或伪劣商品，不侵犯知识产权。

（2）吃苦耐劳的精神。脚踏实地、埋头苦干、任劳任怨。

（3）服务客户的精神。客户至上，积极主动为客户提供优质服务。

第四节　本模块小结

随着电子信息技术和经济全球化的深入发展，跨境电子商务在国际贸易中的地位和重要作用日益凸现，跨境电子商务已广泛渗透到全球经济和生活的各个领域。如今，随时、随地、方便、快捷地满足地球村中每一位居民的个性化需求的梦想不再遥远。通过本模块的学习，可以得出如下 3 个基本结论。

1．互联网+外贸的结合，催生了蓬勃兴起的跨境电子商务

借助互联网、现代物流与支付等信息经济基础设施，以网络方式进行交易和服务的跨境贸易活动就是跨境电子商务。跨境电子商务推动了传统外贸商业活动各环节的网络化、数据化和透明化，具有面向全球、流通迅速、成本低廉等诸多优势。发展跨境电子商务对扩大国际市场份额、转变外贸发展方式、重塑国际贸易规则来说具有重要而深远的意义。当前，中国制造产业正处在转型升级的关键时期，跨境电子商务不仅可以优化产业链、扩展中小企业发展空间、增加就业，还具有重塑国际产业链、提升品牌竞争力、健全全球贸易新秩序等作用。

2．跨境电子商务是传统渠道的补充而不是颠覆

我国跨境电子商务的发展解决了小企业找外贸订单难的问题。通过跨境电子商务平台，实现了小订单与小需求的完美对接，相比传统贸易方式极大地节约了成交成本。跨境电子商务打破了国际贸易的格局，创造了外贸新的增长点，每个外贸企业都无法忽视或回避它所带来的机遇和挑战，它正逐渐改变着传统外贸模式和固有的商业格局。但我们应清醒地意识到，跨境电子商务是传统渠道的补充而不是颠覆，外贸企业在发展时应该两者兼顾。这就对将来从事外贸的人才要求更高。

3．跨境电子商务的政策环境逐渐成熟，但还存在诸多痛点

跨境电子商务迅猛崛起，也越来越受到政府的重视。近年来，商务部、海关总署等部

门出台了一系列扶持政策，这无疑将进一步助推跨境电子商务的爆发式发展。尽管如此，作为将来要入职的跨境电子商务的新力军，也要清醒地认识到现今监管制度、海关壁垒、物流障碍、交易信用方面还存在诸多痛点。

知识闯关

一、选择题

1．和传统外贸相比，跨境电子商务呈现的主要特征是（　　）。

A．交易渠道变短　B．业务流程简化　C．交易订单碎片化　D．无纸化

2．跨境电子商务通关出口监管模式有（　　）。

A．一般出口　B．保税出口　C．直购进口　D．保税进口

3．2014 年 1 月，海关总署增列海关监管方式代码为（　　），适用于境内个人或电子商务企业通过电子商务交易平台实现交易，并采用“清单核放、汇总申报”模式办理通关手续的电子商务零售进出口商品。

A. 1210　B. 1220　C. 9610　D. 9620

4．电子商务出境货物运抵海关监管场所后、装货（　　）前，按照已向海关发送的订单、支付、物流等信息，如实填制《货物清单》，逐票办理货物通关手续。

A. 4 小时　B. 12 小时　C. 24 小时　D. 3 天

5．以下哪个有关跨境电子商务的政策文件被称为“外贸国六条”？（　　）

A．《关于促进外贸稳定增长的若干意见》

B．《关于实施支持跨境电子商务零售出口有关政策的意见》

C．《关于促进进出口稳增长、调结构的若干意见》

D．《关于跨境贸易电子商务进出境货物、物品有关监管事宜的公告》

6．（　　）在整个跨境电子商务中的比重最大，约占整个电子商务出口的 90%；虽只占跨境电子商务总量的 10%左右，却是增长最为迅速的部分的是（　　）。

A．B2B　B2C　B．B2C　B2B　C．B2B　C2C　D．B2C　C2C

7．站在国家层面考虑为什么要做跨境电子商务？（　　）

A．有利于传统外贸企业转型升级

B．缩短了对外贸易的中间环节

C．为小微企业提供了新的机会

D．促进产业结构升级

E．有利于中国制造应对全球贸易新格局

8．跨境电子商务呈现以下哪些发展趋势？（　　）

A．产业生态更为完善，各环节协同发展

B．产品品类和销售市场更加多元化
C．B2C 占比提升，B2B 和 B2C 协同发展
D．移动终端成为跨境电子商务发展的重要推动力

9．在阿里巴巴平台做外贸需要做哪几件事？（　　）
A．增加曝光量让客户找到你　　B．提升点击量让客户了解你
C．增加询盘量让客户爱上你　　D．增加订单量把客户取回家

10．关于阿里巴巴国际站上发布产品，如下描述正确的是（　　）。
A．产品类目要选择准确　　B．产品名称必须包含买家搜索词
C．简要描述相当于产品广告语　　D．以上都不对

二、判断题

1．一般我们所说的跨境电子商务是指广义的跨境电子商务，不仅包含 B2B，还包括 B2C 部分，不仅包括跨境电子商务 B2B 中通过跨境交易平台实现线上成交的部分，还包括跨境电子商务 B2B 中通过互联网渠道线上进行交易，撮合线下实现成交的部分。（　　）

2．跨境电子商务交易环节复杂（生产商—贸易商—进口商—批发商—零售商—消费者），涉及的中间商众多。（　　）

3．跨境电子商务需要有很强的政策、规则敏感性，要及时了解国际贸易体系、规则，进出口管制、关税细则、政策的变化，对进出口形势也要有更深入的了解和分析能力。（　　）

4．海关监管方式代码“1210”，全称为跨境贸易电子商务，简称电子商务。（　　）

5．海关总署颁布的《关于支持跨境电子商务零售出口的指导意见》中明确了跨境电子商务进出境货物、物品的海关监管流程。（　　）

三、案例分析

深圳网易盛世科技：由传统外贸向跨境电子商务的华丽转身

深圳网易盛世科技于 2006 年开始涉足传统外贸，主营报警器、车载摄像头、倒车雷达、GPS 定位导航等安防和汽配产品。2008 年金融危机时，公司业务严重下滑，由于电商市场火热，于是开通了淘宝店铺，后又决定转型跨境电子商务，2010 年下半年入驻敦煌网，1 个月后关闭了淘宝店铺，如表 1-4 所示。

表 1-4　深圳网易盛世科技公司跨境之路信息

主 营 产 品	报警器、网络摄像机等安防产品
目标市场销售比例	北美 40%、西欧 50%、澳洲 10%
入驻平台销售比例	敦煌网 70%、全球速卖通 30%
月销售额	50 万美元

续表

主 营 产 品	报警器、网络摄像机等安防产品
毛利润率	30%～40%
面临的问题	跨境电子商务人才缺失、新兴市场物流问题
未来规划	将跨境电子商务部门独立成子公司，建立针对单一国家的B2C，进军高端产品市场

深圳网易盛世科技总经理李春辉表示，受金融危机的影响，国际采购形式转变是促使公司转型的重要原因。在经济形势不景气的情况下，采购商减少了单次采购的数量，不再像以前一样一次采购几个集装箱的货物，而是更倾向于采用小批量、高频次的采购方式，而跨境电子商务恰恰擅长应对这种采购形式。

“金融危机越来越严重的时候，采购商都不愿意把钱压在库存上，而希望资金周转速度更快、效率更高。为了求快，他们甚至不惜采用空运。”李春辉表示。

在转型初期，上游供应商并不认同深圳网易盛世科技的思路，很多时候也不支持。但近两年来，随着深圳网易盛世科技采购量的持续增加，其转型慢慢得到了上游供应商的认同和支持。“现在他们经常会向我们打听市场上哪些产品卖得好。能够接触到终端消费者，是我们最大的优势。现在顾客的反馈经由我们传达给厂家，厂家再对产品做出调整。”

深圳网易盛世科技从传统外贸向跨境电子商务转型，实现了华丽的转身，他们获得的最大实惠是利润率的提升。目前，他们的利润率已经从5%上升到了接近40%，远远超过了行业平均水平。

深圳网易盛世科技成功的诀窍是注重细节，他们认为细节上的服务往往是留住客户的最关键的要素。除个人买家外，还会有很多国外电商平台的卖家在深圳网易盛世科技的店铺进货，有时候这些客户会让他们直接将商品寄给国外的终端消费者。对于这部分客户的订单，深圳网易盛世科技会挑出来单独处理。

在处理这些订单时，他们首先会以卖家的名义给收件人写一封感谢信夹在包裹中，然后再附带上一份小礼物。其次深圳网易盛世科技不会在这部分包裹的内外包装上标注关于自己公司的任何标志和信息，以防消费者发现商品并非来自本国的电商平台上的卖家。他们的这些做法，赢得了海外电商平台卖家的信任，很多海外卖家跟他们建立了稳固的合作关系。因为对服务细节的追求，深圳网易盛世科技的客户忠诚度非常高。目前，深圳网易盛世科技跨境电子商务平台上仅占整体25%的老客户却贡献了70%的营业额。

现在，跨境电子商务对深圳网易盛世科技营业额的贡献率越来越高，深圳网易盛世科技的电子商务团队人数，也由2012年春节前的7人发展到了现在的19人，而此时公司传统的外贸部门也只有十几个人。目前，深圳网易盛世科技长期占据着敦煌网安防品类排名第一的位置，店铺的重复购买率接近30%，月销售达到50万美元。李春辉表示，公司对跨境电子商务业务的发展很有信心，未来，公司无论是在员工方面还是在资金方面，都会持续加大对电商业务的投入。除入驻第三方跨境电子商务平台外，网易盛世还计划针对重要市场的单一国家建立垂直B2C网站。

此外，在深圳网易盛世科技跨境电子商务业务板块，目前来自巴西、俄罗斯、印度等新兴市场的订单数量持续快速增长。从销售数据上看，2013年以来，来自巴西订单的月增长幅度达到20%，巴西市场的销售额已能占到电商整体销售额的30%。未来，深圳网易盛世科技将考虑在巴西、俄罗斯等重要市场设置海外分支机构，有步骤地推进本土化经营。

（资料来源：翁晋阳，Mark，管鹏，文丹枫. 再战跨境电子商务[M]. 北京：人民邮电出版社，2015.）

问题：

1. 深圳网易盛世科技由传统外贸向跨境电子商务转型后利润由5%上升到接近40%，具体原因是什么？

2. 结合案例分析传统外贸与跨境电子商务的区别和联系。传统外贸企业向跨境电子商务转型会有哪些挑战和风险？

技能实训

技能实训1-1：本地区传统外贸模式向跨境电子商务模式转型情况调研

为了了解你所在地区的本地区传统外贸模式向跨境电子商务模式转型的情况，请通过网络搜索或实地访谈6家中小外贸企业，收集相关信息进行分析整理，并将调研结果填入表1-5中。

表1-5　本地区传统外贸模式向跨境电子商务模式转型情况调研

调研时间：　　　　　　　　　　　　　　　　　　学号/姓名：

序　号	企业名称	企业概况	主营产品	目标市场	客户获取渠道	客户类型	支付方式
1							
2							
3							
4							
5							
6							
调研结论							

技能实训1-2：跨境电子商务类就业岗位分布状况调查

跨境电子商务在我国各地区的发展极不平衡，这使得各地对跨境电子商务类人才的需求差异巨大。请以下列调查表为线索，对“前程无忧网”“智联招聘”“58同城”这三大人才招聘网上发布的跨境电子商务类招聘职位情况进行调研，并进行必要的分析和归纳，从而得出调研结论，将结果填入表1-6中。

表 1-6　我国主要地区电子商务类就业岗位分布情况调查

调研时间：　　　　　　　　　　　　学号/姓名：

调查范围		业务岗	技术岗	管理岗	上岗要求
前程无忧网	深圳				
	杭州				
	宁波				
	你所在省会城市				
	你所在地区				
智联招聘	广州				
	东莞				
	深圳				
	杭州				
	宁波				
	你所在省会城市				
	你所在地区				
58 同城	广州				
	东莞				
	深圳				
	杭州				
	宁波				
	你所在省会城市				
	你所在地区				
调研结论					

模块二

跨境物流与支付

知识目标

- 熟悉主要的跨境物流渠道。
- 掌握跨境物流运费的计算方法。
- 熟悉主流的第三方国际支付平台的特点。
- 了解跨境物流与跨境支付的风险与防范。

能力目标

- 能根据物流运价表计算运费；能根据产品特点、寄送时效性和运费经济性选择合适的物流渠道。
- 能够规避物流风险和支付风险。

案例导入　国内众多快递巨头纷纷借船出海提供跨境物流服务

在跨境电子商务高速发展的背景下，海外市场已经成了快递公司的必争之地。2017 年 9 月 27 日，顺丰控股与 UPS 成立合资公司，推出联合品牌的全新产品——“SF-UPS 直运+”，该产品是中国出口至美国航线服务的经济型国际快递。

具体来看，顺丰负责国内快件揽收业务，货物抵达目的地美国后，由 UPS 提供快速清关服务，并完成“最后一公里”派送。UPS 总部设在美国亚特兰大，为全球领先的物流公司，业务网点遍布全球 220 多个国家和地区。目前，UPS 国际业务方面涉及美国、俄罗斯、加拿大、日本、韩国、印度、巴西、墨西哥、智利等 53 个国家，国际小包业务覆盖全球 225 个国家及地区。

除此以外，韵达股份公司在 2017 年将加速海外网点布局，推进主要国家海外仓设立工作，完善跨境物流供应链管理，丰富国际业务产品线。申通快递亦与波兰邮政签订合作协议，法国邮政和 DPD 集团到访申通集团并达成初步战略合作意向。圆通速递则在 2017 年

5 月收购先达国际物流控股有限公司 61.87%的股份。先达国际物流控股有限公司的主要优势在于海外网络布局、干线运输能力和关务能力，对先达国际股权的收购，正是圆通速递抢占海外物流市场的表现。

（资料来源：http://www.cea.org.cn/content/details_26_13943.html）

【案例思考】

（1）e 邮宝引起争议的原因是什么？

（2）跨境物流的主要渠道有哪些？各有什么特点？

第一节　跨境物流

【任务导入】

深圳玖希贸易有限公司的跨境电子商务操作专员 Jenny 主管的全球速卖通店铺最近收到来自英国客户的订单，Jenny 依照订单马上准备货物，并联系物流公司发货。面对众多的物流渠道，Jenny 需要根据物流费用、产品的特点和客户的要求选择合适的跨境物流渠道。

在跨境电子商务业务中，交易双方分处不同国家或地区，卖家获取订单后选择何种物流方式才能将交易商品安全、高效地交付给买家，成为跨境电子商务卖家需要考虑的核心问题之一。

主要的跨境物流渠道

一、主要的跨境物流渠道

目前，跨境物流主要有 4 种渠道：邮政物流、商业快递、专线物流和海外仓储。

（一）邮政物流

邮政网络基本覆盖全球，包括各国及中国香港邮政局的邮政航空大包、小包，以及中国邮政速递物流分公司的 EMS、e 邮宝等。

1. 中国邮政小包

中国邮政小包（China Post Air Mail），即中国邮政国际小包，俗称“航空小包”“中邮小包”“空邮小包”，以及其他以收寄地市局命名的小包，如“北京小包”“上海小包”等，是通过邮政空邮服务寄往国外的小邮包，可寄达全球 220 多个国家和地区各个邮政网点。需要注意的是，中国邮政小包限重 2kg，发往沙特阿拉伯的中国邮政小包重量不能超过 1kg，体积限制按货物区分。其中，非圆筒货物：长+宽+高≤90cm、单边长度≤60cm、长度≥14cm、宽度≥9cm，圆筒形货物：直径的两倍+长度≤104cm、单边长度≤90cm、直径的两倍+长度

≥17cm、长度≥10cm。

根据能否提供邮包的实时状态，中国邮政小包又分为中国邮政平邮小包（China Post Ordinary Small Packet Plus）和中国邮政挂号小包（China Post Registered Air Mail）。中国邮政平邮小包只能通过面单条码以电话查询的形式查询邮包在国内的状态，而中国邮政挂号小包则能提供物流跟踪条码，每单需加挂号费 8 元，可以实时跟踪邮包在大部分目的国家的实时状态。由于价格便宜、投寄方便，中国邮政小包是当前中国跨境电子商务卖家首选的小包主要物流方式。中国邮政小包的主要优势与劣势如表 2-1 所示。

表 2-1　中国邮政小包的主要优势与劣势

优　势	劣　势
（1）能邮寄的物品较多，属于民用包裹，不是商业快递； （2）清关能力强，在海关操作方面比快递简单，能享用“绿色通道”； （3）运费比较便宜，部分国家运达时间并不长，性价比相对较高	（1）运送的时间总体比较长； （2）限制重量为 2kg，沙特阿拉伯限重仅 1kg； （3）有许多国家不支持全程跟踪，且在邮政官方网站上也只能跟踪国内部分邮包，国外部分不能实现全程跟踪

卖家需要借助第三方平台或登录寄达国的查询网站进行跟踪，查询上不太方便。另外，采用中国邮政小包发货时需要注意海关对个人邮递物品的“自用合理数量”和限值规定。

2. 中国邮政大包

中国邮政大包（China Post Air Parcel），即中国邮政航空大包，俗称“航空大包”或“中邮大包”。中国邮政大包除航空大包外，还包括水陆运输的大包，本书仅指航空大包。中国邮政大包可以寄送到全球200多个国家和地区，并能在网上对邮包进行跟踪查询。中国邮政大包的优势与劣势如表2-2所示。

表 2-2　中国邮政大包的优势与劣势

优　势	劣　势
（1）中国邮政大包的运单简单，操作方便； （2）中国邮政大包可通达全球大部分国家和地区，且清关能力强； （3）价格比 EMS 低，与商业快递相比有绝对的价格优势	（1）妥投速度慢； （2）部分国家有限重要求，一般不超过 10kg，最重也只能是 30kg

3. EMS

EMS（Express Mail Service），即特快专递邮件业务，是中国邮政速递物流与各国（地区）邮政合作开办的中国内地与其他国家、中国港澳台地区间寄递特快专递邮件的一项服务。EMS 与其他商业快递最根本的区别在于它在各国（地区）邮政、海关、航空等部门均享有优先处理权。在 EMS 专属网站上可以查询资费、货物体积和重量限制及快件的收寄、跟踪信息。EMS 的优势与劣势如表 2-3 所示。

表 2-3 EMS 的优势与劣势

优 势	劣 势
（1）价格比较合理，无燃油附加费及偏远附加费； （2）清关能力很强，有优先通关权，且不用提供商业发票就可以清关； （3）货物不计体积，适合发体积大、重量小的货物； （4）寄往南美国家及俄罗斯等国家有绝对优势	（1）与商业快递相比，速度偏慢； （2）不能一票多件，大货价格偏高； （3）查询网站信息滞后，一旦出现问题，只能做书面查询

4. e 邮宝

e 邮宝（ePacket），即 EUB，隶属 EMS 业务线，是中国邮政速递物流旗下的国际电子商务业务，是中国邮政为适应国际电子商务寄递市场的需要，为中国跨境电子商务卖家量身定制的一款全新经济型邮递产品。截至 2019 年 7 月，国际 e 邮宝开通运往的目的国和地区为美国、俄罗斯、乌克兰、新西兰、日本、越南、西班牙、泰国、以色列、英国、中国香港、法国、澳大利亚、德国、瑞典、挪威、加拿大、韩国、新加坡、马来西亚、土耳其、奥地利、比利时、瑞士、丹麦、匈牙利、意大利、卢森堡、荷兰、波兰、希腊、芬兰、爱尔兰、葡萄牙、墨西哥、沙特阿拉伯、巴西。国际 e 邮宝无须挂号，限重在 2kg 以内，其资费和跟踪查询可登录中国邮政官方网站。

5. 其他国家或地区的邮政小包

邮政小包是使用较多的一种国际物流渠道，依托万国邮政联盟网点覆盖全球，与万国邮政联盟在重量、体积、禁限寄物品要求等方面均存在很多的共同点。然而不同国家和地区的邮政所提供的邮政小包服务存在差别，主要体现在不同区域会有不同的价格和时效标准，对于承运物品的限制也不同。

（1）香港邮政小包。香港邮政小包的时效中等，价格适中，运费不分片区，全球统一，计算容易；处理速度快、上网速度快。

（2）新加坡邮政小包。新加坡邮政小包价格适中，服务质量高于邮政小包的一般水平，并且是目前常见的手机、平板等含锂电池商品的运输渠道；适合运到柬埔寨等国家。

（3）瑞士邮政小包。欧洲线路时效较快，但价格较高，欧洲通关能力强。

还有很多不同地区的邮政小包，这里不再一一介绍。总之，在使用邮政小包运输时，跨境电子商务卖家要与多个物流渠道的货运代理公司建立联系，一方面确保尽快了解各类渠道的最新消息，根据最新信息使用多个渠道组合，如中邮小包爆仓，则换中国香港小包；中国香港小包爆仓，则换新加坡小包；新加坡小包爆仓，则换其他小包等。另一方面，因不同小包有其最适合的产品及运往国家，跨境电子商务卖家一定要灵活运用最新的物流资讯，选择适合产品运输的最佳物流渠道。

相关链接 2-1：万国邮政联盟

万国邮政联盟（Universal Postal Union，UPU），简称“万国邮联”或“邮联”，是商定国际邮政事务的政府间国际组织。其总部设在瑞士首都伯尔尼，前身是 1874 年 10 月 9 日成立的“邮政总联盟”，1878 年改为“万国邮政联盟”，每年的 10 月 9 日被定为“世界邮政日”。目前，万国邮政联盟已有 192 个成员国，包括不是独立国家的荷兰属地荷属安的列斯群岛和英国管制下的海外领地。而最新加入的成员是 2011 年 10 月 4 日加入的南苏丹。

短短一个半世纪里，世界邮政事业有了飞速的发展。据万国邮联的统计，目前全世界邮政每年投递国内信函 4 130 亿封、国际信函 86 亿封、邮包 34 亿件，平均每天投递国内信函 11 亿封、国际信函 2 400 万封、邮包 1 000 万件。全世界共设有邮局 77 万个、邮政信箱 300 万个、邮政职工总数 590 万人。全球邮政成为世界上分布最广的一个传递网络。

随着社会、经济和科学技术的不断发展，用户对邮政服务的要求越来越高，传统邮政面临着互联网、电子邮件等新一代通信方式的挑战。面临挑战的同时，邮政也迎来了新的发展机遇，各国邮政部门正积极采取措施，努力适应环境变化，不断开发新的服务项目和产品，同时改善邮政服务的时效和质量，吸引顾客，开拓市场。

（二）商业快递

1. DHL

DHL 总部位于德国，是全球快递、洲际运输和航空货运的领导者，也是位居前列的海运和合同物流提供商，为客户提供从文件到供应链管理的全系列的物流解决方案。DHL 的服务网络遍及全球 220 多个国家和地区，向 120 000 多个目的地的客户提供服务。

（1）时效与追踪查询。DHL 派送时效为 3～7 个工作日（不包括清关，托收情况除外），可全程追踪信息，并可以查到签收时间和签收人。

（2）体积和重量限制。大部分国家的包裹要求为单件包裹的重量不超过 70kg，单件包裹的最长边不超过 1.2m。但是部分国家的要求不同，具体以 DHL 官方网站公布为准。

（3）运费。资费标准详见 DHL 官方网站。DHL 的体积重量（kg）计算公式为长（cm）×宽（cm）×高（cm）/5 000，如果货物的体积重量大于实际重量，则按体积重量计算。

（4）优劣势。DHL 的优势：送达时间短，一般 2～4 个工作日可送达；小件寄送到西欧、北美有优势，可送达国家网点比较多；查询网站更新及时，遇到问题解决速度快。DHL 的劣势：发重量轻的货物价格较贵，适合发重量为 21～100kg 之间的货物；对托运物品的限制比较严格；货物描述需要填写实际品名和数量，不接受礼物或样品申报。

2. TNT

TNT 总部设于荷兰，是全球领先的快递服务供应商之一，为企业和个人客户提供全方位的快递服务，在欧洲、南美、亚太和中东地区拥有航空和公路运输网络。

（1）时效与追踪查询。全程时效一般为3～7个工作日，一般货物在发货次日便可实现网上追踪信息查询。

（2）体积和重量限制。单件包裹重量不能超过70kg，三条边长度分别不能超过2.40m、1.50m、1.20m。

（3）运费。TNT快递运费包括基本运费和燃油附加费两部分。其中，燃油附加费每个月都会发生变动，以TNT网站公布的数据为准。TNT快递运费要考虑货物的体积重量，体积重量（kg）计算公式为长（cm）×宽（cm）×高（cm）/5 000。货物的体积重量若大于实际重量，则按体积重量计算。

（4）优劣势。TNT的优势：通关能力强，提供报关代理服务；速度快，可在2～4个工作日内通至全球，特别是在西欧，大概共需3个工作日；网络比较全，查询网站信息更新快，遇到问题响应及时；纺织品类大货到西欧、澳大利亚、新西兰有优势。TNT的劣势：价格相对较高；需要考虑货物的体积重量；对所运货物限制比较多；收偏远附加费。

3. FedEx

联邦快递（Federal Express，FedEx）成立于1973年4月，其亚太区总部设在中国香港，同时在上海、东京、新加坡均设有区域性总部。FedEx分为中国联邦快递优先型服务（FedEx IP）和中国联邦快递经济型服务（FedEx IE）。

（1）时效与跟踪查询。FedEx IP服务派送时效为2～5个工作日（此时效为快件上网至收件人收到此快件的时间），FedEx IE服务的派送时效比FedEx IP长，一般为4～7个工作日。

（2）体积和重量限制。单件包裹的最长边不能超过274cm，最长边与其他两边的长度的两倍之和不能超过330cm；对于一票多件包裹（其中每件都不超过68kg），单票的总重量不能超过300kg，若超过300kg则需提前预约；单件包裹或者一票多件包裹中某件包裹有超过68kg的，也需要提前预约。

（3）运费。联邦快递的运费标准以官网公布为准。货物的体积重量（kg）计算公式为长（cm）×宽（cm）×高（cm）/5 000。货物体积重量若大于实际重量，则按体积重量计算。

（4）优劣势。FedEx的优势：清关能力强；时效快，一般3～7个工作日可送达；适宜运送21kg及以上的大件，从中国到南美洲的价格较有竞争力；网站信息更新快，网络覆盖面全，查询响应快。FedEx的劣势：价格较高；需要考虑产品体积重量；对物品限制比较严格。

4. UPS

美国联合包裹运送服务公司（United Parcel Service，UPS）成立于1907年，全球总部在美国亚特兰大市，是大型的快递承运商与包裹递送公司，同时也是专业的运输、物流、资本与电子商务服务的提供者。

大部分UPS的货代公司均可提供4种快递服务，包括UPS Worldwide Express Plus（全球特快加急，资费最高）、UPS Worldwide Express（全球特快）、UPS Worldwide Saver（全球速快）和 UPS Worldwide Expedited（全球快捷，蓝单、最慢、资费最低）。

（1）时效与跟踪查询。UPS 派送参考时间为 3～7 个工作日，若遇到海关查车等因素，则以海关放行时间为准。

（2）体积和重量限制。UPS 国际快递小型包裹一般不递送超过重量和尺寸标准的包裹，若 UPS 国际快递接受该类货件，将对每个包裹收取超重超长附加费 378 元人民币（每个包裹最多收取一次超重超长费）。体积和重量标准：每个包裹最大长度为 270cm，每个包裹最大尺寸=长度+周长=330cm，周长=2×（高度+宽度）；每个包裹的最大重量为 70kg。

（3）运费。资费标准以 UPS 官方公布为准。一票多件货物的总计费重量根据运单内每个包裹的实际重量和体积重量较大者计算，并且不足 0.5kg 按照 0.5kg 计算，超出 0.5kg 不足 1kg 的计 1kg。每票货物的计费重量为每件包裹的计费重量之和。

（4）优劣势。UPS 的优势：速度快、服务好，一般 2～4 个工作日可送达，特别是美国、加拿大、英国、日本等，适合发快件；查询网站信息更新快，遇到问题解决及时。UPS 的劣势：运费较贵；适合发 6～21kg，或者 100kg 以上的货物；计算体积重；对托运物品的限制比较严格。

5. SF Express

顺丰速运（SF Express），简称顺丰，于 1993 年成立，总部设在我国深圳市，是一家主要经营国内、国际快递及相关业务的服务性企业。自成立以来，SF Express 始终专注于服务质量的提升，不断满足市场的需求，在我国很多地区建立了庞大的信息采集、市场开发、物流配送、快件收派等业务机构和服务网络。同时，SF Express 还积极拓展国际件服务，目前已开通美国、日本、新加坡、韩国、马来西亚、泰国、越南、澳大利亚、俄罗斯及蒙古国等国的快递服务。

（1）时效与跟踪查询。SF Express 派送时效以其官网公布时效为准，快件派送后可在官网查询。

（2）体积和重量限制。对于体积大、重量轻的货物，SF Express 参考的是国际航空运输协会（IATA）的规定，根据体积重量和实际重量中较大的一种收费。体积重量（kg）的计算公式为长（cm）×宽（cm）×高（cm）/6 000。

（3）运费。运费标准以 SF Express 官网公布的信息为准。SF Express 对于 20kg 以下的快件，以 0.5kg 为计算单位，不足 0.5kg 者，小数位部分会进位到下一个 0.5kg。20kg 以上的快件，以 1kg 为计算单位，不足 1kg 者，小数位部分会进位到下一个 1kg。

（4）优劣势。SF Express 的优势是国内服务网点分布广、服务队伍庞大；价格有一定的竞争优势。SF Express 的劣势是开通的国家线路较少、卖家可选的国家少。

相关链接 2-2：常见的跨境电子商务物流渠道一览表（见表 2-4）

表 2-4　常见的跨境电子商务物流渠道一览表

<table>
<tr><th>国际物流渠道</th><th>特　点</th><th>运费计算方式</th><th>运费</th><th>时效</th><th>网上货运查询</th><th>适用产品</th></tr>
<tr><td>Hong Kong Post（中国香港邮政航空包裹）</td><td rowspan="2">通过中国香港邮政或中国邮政将货物发往国外。到达买家所在国家之后，通过当地的邮政系统送达买家手中</td><td rowspan="2">只考虑产品包装后的实重</td><td rowspan="2">便宜</td><td rowspan="2">7～14 天</td><td rowspan="2">需挂号才可以查询；出境后许多目的国无法跟踪</td><td rowspan="2">对运费成本较敏感，对货运时间要求不高，货物价格较低、体积较大的，货物价值在 100 美元以下的产品</td></tr>
<tr><td>China Post（中国邮政航空包裹）</td></tr>
<tr><td>SF Express</td><td>1993 年成立，总部在我国深圳市，是一家主要经营国内、国际快递及相关业务的服务性企业。目前开通国际快递业务的国家及地区有限</td><td>若快件体积重量大于实重，则按体积重量计算运费</td><td>一般</td><td>2～3 天</td><td>可查询</td><td>发往韩国、新加坡的产品</td></tr>
<tr><td>EMS</td><td>全球只有 60 多个国家可以直达，主要强项在东南亚和欧洲。出关能力较强，通关能力较弱</td><td>只计算产品包装后的实重</td><td>一般</td><td>5～8 天</td><td>官方网站可查询</td><td>对货运时间要求不高、货物体积较大、注重运费成本的产品</td></tr>
<tr><td>UPS</td><td>1907 年成立，总部在美国亚特兰大市，是世界上最大的快递公司。强项在美洲路线和日本路线</td><td rowspan="4">实重和体积按较高者计算运费</td><td rowspan="4">贵</td><td rowspan="4">2～5 天</td><td rowspan="4">官方网站可查询，信息准确</td><td rowspan="4">货物价格较高，对货运时间有要求，追求质量和服务的产品</td></tr>
<tr><td>DHL</td><td>总部在德国，是欧洲最大的快递公司，在欧洲、西亚和中东有绝对优势</td></tr>
<tr><td>FedEx</td><td>总部在美国田纳西州孟菲斯市，在东南亚有价格和速度优势，在美国和加拿大也较有优势</td></tr>
<tr><td>TNT</td><td>总部在荷兰，是荷兰最大的快递公司，在西欧国家具有较强的清关能力</td></tr>
</table>

（三）专线物流

跨境专线物流是指针对指定国家的一种专线递送方式，一般通过航空包舱的方式运输到国外，再通过合作公司进行目的国的派送。

按照服务对象的不同，专线物流可以分为跨境电子商务平台企业专线物流和国际物流企业专线物流。其中，跨境电子商务平台企业专线物流是大型电商平台专门为电商平台内线上销售商品的中小型企业开发的物流项目，通过在国内设立仓库实现提供简单易行且成本较低的物流服务的目的。例如，敦煌网的“在线发货”e-ulink 专线物流服务就属于这一类型。而国际物流企业专线物流则是专门往返于某一国家或地区的物流运输线路，如专业从事中俄两国物流的 XRU（俄速通）。

专线物流的特点如下：第一，货物送达时间基本固定，如到欧洲英国、法国、德国需要 5～6 个工作日，到俄罗斯需要 15～20 个工作日；第二，其运费一般比商业快递低，能够集中大批量运送到某一特定国家或地区的货物，通过规模效应降低成本；第三，在时效上，专线物流比商业快递稍慢，但比邮政包裹快很多。常用的专线物流产品有美国专线、欧洲专线、澳洲专线、俄罗斯专线等，也有不少物流公司推出了中东专线、南美专线和南非专线等。下面介绍几种常见的专线物流产品。

1. Special Line-YW

Special Line-YW 即航空专线-燕文，俗称燕文专线，是北京燕文物流有限公司旗下的一项国际物流业务。线上燕文专线目前已开通南美专线和俄罗斯专线。

南美专线：通过调整航班资源一程直飞欧洲，再发挥欧洲到南美航班货量少的特点，可以实现快速中转，避免旺季爆仓，大大缩短投递时间。

俄罗斯专线：与俄罗斯合作伙伴实现系统内部互联，一单到底，全程无缝可视化跟踪。国内快速预分拣，快速通关，快速分拨派送，正常情况下俄罗斯全境派送时间不超过 25 天，人口达 50 万人以上城市的派送时间低于 17 天。

2. Russian Air

Russian Air 即中俄航空专线，是通过国内快递集货、航空干线直飞，在俄罗斯通过俄罗斯邮政或当地落地配送公司进行快速配送的物流专线的合称。目前中俄航空专线下已有 Ruston 专线。

Ruston 俗称俄速通，是由黑龙江俄速通国际物流有限公司提供的中俄航空小包专线服务，是针对跨境电子商务客户物流需求的小包航空专线服务，具备以下几个特点。

（1）递送范围广。Ruston 是联合俄罗斯邮政推出的服务商品，境外递送环节全权由俄罗斯邮政承接，因此递送范围覆盖俄罗斯全境。

（2）运送时效快。Ruston 开通了“哈尔滨—叶卡捷琳堡”中俄航空专线货运包机，大大提高了配送时效，使中俄跨境电子商务物流平均时间从过去的近两个月缩短到了 13 天。80%以上的包裹 25 天就可以送达。

（3）全程可追踪。Ruston 货物信息 48 小时内上网，货物全程可视化追踪。

3. Aramex

Aramex，创建于1982年，在国内也称“中东专线”，是发往中东地区的国际快递的重要渠道，强大的联盟网络覆盖全球。Aramex的总部位于迪拜，是中东地区的国际快递巨头，具有在中东地区清关速度快、时效快、覆盖面广、经济实惠的特点。Aramex的缺点是快递主要优势集中在中东地区，在别的国家或地区则不存在这些优势，区域性很强，对货物的限制性也较高。Aramex的优势如下。

全球十大国际物流公司

（1）运费优势：寄往中东、北非、南亚等国家，价格约为DHL的60%，具有显著优势。

（2）时效优势：包裹寄出后大部分在3～5天可以投递，大大缩短了世界各国间的商业距离。

（3）无偏远费用：抵达全球各国和地区都无须附加偏远费用。

（4）包裹可以在Aramex官网跟踪查询，信息实时更新，寄件人每时每刻都能跟踪包裹的最新动态。

（四）海外仓储

海外仓储简称海外仓，是指跨境电子商务企业按照一般的贸易方式，将商品批量出口到国外，并存储在境外仓库，通过跨境电子商务平台完成销售后，再将商品通过当地的快递物流渠道送达境外的消费者手中。这大大缩短了客户下单后等待和发货的时间，也有效降低了物流成本，还具有方便退换货的优点，为广大消费者提供了一种与在国内购物体验类似的便捷服务。

海外仓介绍

1. 海外仓的功能

（1）代收货款功能。由于跨境交易的风险较大，同时跨境交易的特殊性也会导致资金结算不便、不及时等问题出现，因此海外仓可以在合同规定的时限和佣金费率下，在收到货物的同时，提供代收货款的增值业务，从而有效规避跨境交易风险。

（2）拆包拼装功能。大部分跨境电子商务的订单数量相对较少、订单金额也相对较低，而订单频率较高，普遍具有距离长、数量少、批次多的特点。因此，为了有效提高运输的效率，节省资源，海外仓可将这些较零散的货物拼装为整箱合并运输，货物送达后，再由海外仓将整箱货物进行拆分。同时也可以根据客户的订单要求，为所处地域较集中的客户提供拼装服务，进行整箱运输或配送，从而提高运送效率，降低物流成本。

（3）保税功能。有些海外仓可以经海关批准成为保税仓库，这样其功能和用途范围会更为广泛，还可以简化海关通过流程和相关手续。同时，商家在保税海外仓还可进行中转贸易，以海外仓所在地为中转地，连接生产地和消费地。一些简单的加工、管理等增值服务在保税海外仓内也可以实现，这无疑可以大大丰富海外仓的功能，从而提升企业竞争力。

2. 海外仓的优势

（1）提升购物体验。海外仓直接从客户所在国本地发货，大大缩短了配送时间；使用本地物流，一般都能在线查询货物的配送状态，从而实现包裹的全程跟踪；海外仓的头程采用传统的外贸物流方式，按照正常的清关流程进口，大大降低了清关障碍；本地发货配送，减少了转运流程，从而大大减少破损，降低了丢包率；海外仓中存有各类商品存货，因此能轻松实现退换货。这些因素都会为买家带来良好的购物体验。

（2）降低物流费用。邮政大、小包和国际专线物流对运输物品的质量、体积及价值有一定限制，导致很多大件物品和贵重物品只能通过国际快递运送。海外仓的出现，不仅突破了物品质量、体积、价值的限制，而且其费用比国际快递便宜。

3. 海外仓的运作流程

（1）中国卖家通过一般贸易出口的方式（选择传统的国际海运、空运或者国际快递等）将货物批量发往海外仓。

（2）通过国际物流商的信息系统管理海外仓的货物。第一，买家在跨境电子商务平台下订单，卖家将订单信息发送给海外仓进行订单操作处理；第二，海外仓收到指令，按照卖家指示对货物进行包装、分拣、派送等操作；第三，海外仓扣除相关费用后，将货物发送至买家。

（3）及时更新信息。通过国际物流商的信息系统及时更新发货及库存信息，让卖家及时掌握情况。

目前，不少物流服务商都已经开通了海外仓服务。例如，出口易早在 2005 年就开始运营在美国、英国和澳大利亚的仓库，4PX 推出的订单宝（海外）也旨在为卖家提供英国、美国、德国、澳大利亚等国的海外仓储服务。各大跨境电子商务平台为了提升用户体验，也相继推出海外仓服务。例如，亚马逊通过自建仓储提供 FBA 服务，eBay 联合万邑通推出 Winit 美国海外仓。此外，也有的独立网站卖家联合物流商来开发海外仓。例如，大龙网与 XRU 在俄罗斯联合建设海外仓，极大地提升了跨境物流时效性。

目前，我国的海外仓建设主要有三种模式。第一种，自建模式，主要由大卖家自己在海外市场建设仓库，或者由规模比较大的、有自营海外仓的电商企业转型而来。这种模式便于物流管理，提高库存周转率，控制长期成本，树立品牌形象。第二种，与第三方合作的模式，主要是跨境电子商务企业与第三方公司合作（租用或合资建设），由外部公司提供海外仓储服务的建设模式。这种模式可以降低电商企业的运营风险和资产投入，第三方物流更具有专业性，解决了跨境电子商务企业的后顾之忧。第三种，“一站式”配套服务模式，主要是以海外仓为基础，为电商企业提供跨境物流整体解决方案服务的模式。客户在这种模式下有更好的服务体验，这种模式能为客户提供完善的跨境电子商务供应链，对跨境物流具有引领作用。

相关链接 2-3：你应该知道的虚拟海外仓流程与优势

跨境电子商务从 2014 年发展至今已经初具规模。跨境电子商务卖家目前主流的 B2C 到门发货模式有三种：直邮模式、传统海外仓模式和虚拟海外仓模式。直邮模式分为比较昂贵的快递模式，如 UPS 红蓝单，以及时效比较慢但是价格便宜的 e 邮宝。跨境电子商务卖家遇到的物流时效和费用问题，促使很多卖家选择使用海外仓。但是并非所有的卖家都适合使用传统海外仓。如果卖家是一个新手，店铺流量不稳定，或者 SKU（库存保有单位）种类较多，或者所售为季节性产品，那么千里迢迢备货到海外仓也存在一定风险和费用。

虚拟海外仓是传统海外仓的虚变模式，相较于传统海外仓模式，少了仓储费用，价格无限接近 e 邮宝，且服务质量高，有本地发货的优势。虚拟海外仓流程如下。

1. 平台物流渠道

（1）中国跨境电子商务卖家在中国批量打印尾程派送运单，并贴在每个小件的外箱上。

（2）卖家将这些小件统一打包成一个大包，用国际快递头程的解决方案运往目的地。

（3）国际快递负责境内清关，并将包裹运往目的地虚拟海外仓。

（4）虚拟海外仓接收包裹，将大包拆分，直接将包裹通过本土快递派送至消费者手上。

2. 自发本地物流

（1）卖家将这些小件逐一打包，然后打包成一个大包，用国际快递头程的解决方案运往目的地。

（2）国际快递负责境内清关，并将包裹运往目的地虚拟海外仓。

（3）虚拟海外仓接收包裹，将大包拆分，用本公司的仓库地址去申请运单号，批量打印尾程派送运单，并贴在每个小件的外包装上，将包裹通过本土快递派送至消费者手上。

虚拟海外仓的优势如下。

（1）网上显示货物的始发地为当地，实际货物是从中国直接发出的，时效可达到各平台的物流要求。

（2）节约采购和仓储成本费用，无须前期投入成本进行大批量采购货物放置在海外仓，也不会因为库存积压产生仓储费用。

（3）提高卖价，因为货物始发地显示为当地，客户可将产品的卖价提高，提升利润（目前选择此物流方式的大多数客户都是如此操作的）。

（4）减少不可控风险，如前期投入成本风险、海外滞销带来的风险、平台政策变动带来的风险。

（资料来源：https://waimaoquan.alibaba.com/bbs/read-htm-tid-3819896-fid-215.html）

二、跨境物流运费计算

（一）中国邮政小包运费计算

中邮小包的最低收费重量为50g，即首重为50g，如果包裹重量轻于50g，则按50g计算。运费计算公式如下：

中邮挂号小包运费=重量×单位价格×折扣率+挂号费

中邮平常小包运费=重量×单位价格×折扣率

【实例1】某跨境电子商务卖家发送一件货物到韩国，选择中邮小包。他从货代那里拿到的运费折扣率为8折，包裹的重量为0.6kg，长、宽、高分别为30cm、20cm、15cm，请判断此包裹能否用中邮小包投寄。如能投寄，该跨境电子商务卖家想按挂号小包投寄，请问需要支付多少运费？

第一步，判断此件货物是否符合中邮小包的投寄要求。该包裹的重量为0.6kg＜2kg，符合重量要求；长、宽、高之和为30cm+20cm+15cm=65cm＜90cm，最长边为30cm＜60cm，符合体积要求。因此，该包裹可以用中邮小包投寄。

第二步，计算运费。查看中邮小包运价表（挂号）（见表2-5），寄往韩国的中邮挂号小包运价是71.5元/kg。因此，该包裹的运费=重量×中邮挂号小包单位价格×折扣率+挂号费，即0.6×71.5×0.8+8=42.32（元）。

表2-5　中邮小包运价表（挂号）

资费区	寄往国家或地区	资费标准/元·kg^{-1}
1区	日本	62
2区	新加坡、印度、韩国、泰国、马来西亚、印度尼西亚	71.5
3区	奥地利、克罗地亚、保加利亚、斯洛伐克、匈牙利、瑞典、挪威、德国、荷兰、捷克、希腊、芬兰、比利时、爱尔兰、意大利、瑞士、波兰、葡萄牙、丹麦、澳大利亚、以色列	81
4区	新西兰、土耳其	85
5区	美国、加拿大、英国、西班牙、法国、俄罗斯、乌克兰、卢森堡、爱沙尼亚、立陶宛、罗马尼亚、白俄罗斯、斯洛文尼亚、马耳他、拉脱维亚、波黑、越南、菲律宾、巴基斯坦、哈萨克斯坦、塞浦路斯、朝鲜、蒙古、塔吉克斯坦、土库曼斯坦、乌兹别克斯坦、吉尔吉斯斯坦、斯里兰卡、巴勒斯坦、叙利亚、阿塞拜疆、亚美尼亚、阿曼、沙特阿拉伯、卡塔尔	90.5
6区	南非	105
7区	阿根廷、巴西、墨西哥	110
8区	老挝、孟加拉国、柬埔寨、缅甸、尼泊尔、文莱、不丹、马尔代夫、东帝汶、阿联酋、约旦、巴林、阿富汗、伊朗、科威特、也门、伊拉克、黎巴嫩、秘鲁、智利	120
9区	塞尔维亚、阿尔巴尼亚、冰岛、安道尔、法罗群岛、直布罗陀、列支敦士登、摩纳哥、黑山、马其顿、圣马力诺、梵蒂冈、摩尔多瓦、格鲁吉亚	147.5

续表

资费区	寄往国家或地区	资费标准/元·kg^{-1}
10区	斐济、美属萨摩亚、科科斯（基林）群岛、库克群岛、卡奔达、圣诞岛、新喀里多尼亚、密克罗尼西亚、南乔治亚岛和南桑德韦奇岛、赫德岛和麦克唐那岛、英属印度洋领土、基里巴斯、圣基茨和尼维斯联邦、马绍尔群岛、北马里亚纳、诺福克岛、瑙鲁、纽埃、法属波利尼西亚、巴布亚新几内亚、皮特凯恩群岛、所罗门群岛、斯瓦尔巴岛和扬马延岛、特里斯达库尼亚群岛、法属南部领土、托克劳、汤加、图瓦卢、美属太平洋各群岛、瓦努阿图、西萨摩亚、阿森松岛、加纳利群岛、亚速尔群岛和马德拉群岛、约翰斯敦岛、关岛、帕劳、瓦利斯和富图纳、埃及、苏丹、摩洛哥、吉布提、埃塞俄比亚、肯尼亚、突尼斯、布隆迪、乌干达、卢旺达、乍得、尼日利亚、布基纳法索、贝宁、喀麦隆、阿尔及利亚、加蓬、几内亚、马达加斯加、毛里塔尼亚、津巴布韦、安哥拉、中非、佛得角、西撒哈拉、厄立特里亚、冈比亚、赤道几内亚、几内亚比绍、科摩罗、利比里亚、莱索托、马拉维、莫桑比克、纳米比亚、尼日尔、留尼汪、塞舌尔、圣赫勒拿、圣多美和普林西比、斯威士兰、马约特、伊夫尼、赞比亚、利比亚、毛里求斯、马里、索马里、加纳、博茨瓦纳、刚果（金）、刚果（布）、坦桑尼亚、多哥、科特迪瓦、塞拉利昂、塞内加尔、委内瑞拉、古巴、厄瓜多尔、巴拿马、苏里南、哥伦比亚、安提瓜和巴布达、安圭拉、荷属安的列斯、阿鲁巴、巴巴多斯、百慕大、玻利维亚、巴哈马、伯利兹、哥斯达黎加、多米尼加、福克兰群岛（马尔维纳斯群岛）、格林纳达、法属圭亚那、瓜德罗普、危地马拉、圭亚那、洪都拉斯、海地、牙买加、开曼群岛、圣卢西亚、马提尼克、蒙特塞拉特、尼加拉瓜、圣皮埃尔和密克隆、波多黎各、巴拉圭、萨尔瓦多、特克斯和凯科斯群岛、特立尼达和多巴哥、乌拉圭、圣文森特和格林纳丁斯、英属维尔京群岛、美属维尔京群岛、复活岛、扎伊尔、格陵兰岛	176

小思考 2-1：

某跨境电子商务卖家寄一件货物到俄罗斯，选择中邮小包。该卖家从货代处能得到的运费折扣率为 8.5 折，包裹的重量为 1.2kg，长、宽、高分别为 35cm、25cm、15cm，此包裹能否用中邮小包投寄？如能投寄，该卖家想按挂号小包投寄，请问需要支付多少运费？

（二）中国邮政大包运费计算

中邮大包以首重为 1kg、续重为 1kg 的计费方式结算，续重不满 1kg 的按 1kg 计算。中邮大包的相关资费、货物体积和重量限制因运送物品的重量及目的国家的不同而有所不同，且单边不超过 100cm。运费计算公式如下：

中邮大包的运费=（首重运价+续重运价×续重重量）×折扣率+挂号费

【实例 2】某跨境电子商务卖家有一个包裹要运往日本，该包裹的重量是 2.7kg，体积为 50cm×30cm×15cm，请问包裹能否选择中邮小包寄送？如果选择中邮大包，且该商家从货代那里拿到的运费折扣率为 8 折，那么该包裹的运费应该是多少？

第一步，判断此包裹能否选择中邮小包。该包裹的重量为 2.7kg＞2kg，不符合中邮小包的重量要求，所以不能选择。

第二步，计算运费。中邮大包以首重为 1kg、续重为 1kg 的计费方式结算，续重不满 1kg 的按 1kg 计算。查看中邮大包运价表（见表 2-6）可知，到日本的运价，首重为 124.2 元/kg，续重为 29.6 元/kg，挂号费为 8 元/单。由于该包裹重量为 2.7kg，超出首重 1.7kg，根据规定计算运费时续重应为 2kg。因此，为该包裹的运费=（首重运价+续重运价×续重重量）×折扣率+挂号费，即（124.2+29.6×2）×0.8+8=154.72（元）。

表 2-6 中邮大包运价表

国家（地区）	航空 /元 · kg^{-1}	续重 /元 · kg^{-1}	SAL /元 · kg^{-1}	续重 /元 · kg^{-1}	海运 /元 · kg^{-1}	续重 /元 · kg^{-1}	限重 /元 · kg^{-1}
美国	158.5	95	104.6	51.1	83.5	20	30
英国	162.3	76.6	126.2	50.5	108.1	22.4	30
加拿大	137.7	72	99.2	45.7	86.2	22.7	30
澳大利亚	143.8	70	117.2	53.4	88.8	15	20
法国	185.3	68.3	149.1	42.1	131	14	30
意大利	159.3	71.2	121.2	43.1	99.8	11.7	20
德国	190.9	69.5	154.7	43.3	140.8	19.4	30
西班牙	166	72	126.1	42.1	无	无	20
奥地利	153.8	60.4	123.9	40.5	116.1	22.7	20
荷兰	158.9	68.5	122.8	42.4	104.7	14.3	20
新西兰	171.1	101.5	无	无	116.4	18.8	20
日本	124.2	29.6	110.9	26.3	108	13.4	30
波兰	139.4	56.1	117.8	44.5	无	无	15
爱尔兰	162.2	72.4	124.1	44.3	无	无	无
波利尼西亚	234	107.5	无	无	143.4	21.7	无
韩国	98.3	21.3	96	29	87.9	10.9	20
瑞典	184.9	57.6	161.8	44.5	152.8	25.5	20
瓜德罗普	229	107.3	155.7	48.7	无	无	20
瑞士	161	68.8	124.6	42.4	115.2	23	20
罗马尼亚	150.3	57.7	128.2	45.6	无	无	20
以色列	192.2	95.8	无	无	112.8	16.4	20
南非	210.2	117.1	无	无	110.9	17.8	20
丹麦	161.2	70.8	121.3	40.9	105.3	14.9	20
比利时	210.2	51.7	182.3	33.8	164.2	5.7	20
挪威	179.4	75.9	138	44.5	134.6	31.1	20
冰岛	179.8	83.4	140.5	54.1	无	无	20
马提尼克	229.7	108	155.7	48.7	无	无	20
赛普路斯	156.8	75.9	无	无	99.4	13.7	30
匈牙利	145.1	57	121.4	43.3	106.5	18.4	20
俄罗斯	170.2	59.3	144.9	44	无	无	20

续表

国家（地区）	航空 /元·kg^{-1}	续重 /元·kg^{-1}	SAL /元·kg^{-1}	续重 /元·kg^{-1}	海运 /元·kg^{-1}	续重 /元·kg^{-1}	限重 /元·kg^{-1}
中国香港	76.9	21	无	无	60.7	4.8	30
哥伦比亚	212.7	137.6	132.6	67.5	无	无	20
新加坡	91	35.1	无	无	66.8	10.9	40

注：表格中的 SAL 为中国邮政空运水陆路大包，是中国邮政国际包裹三种服务方式中的一种，可以寄达全球 200 多个国家和地区。

小思考 2-2：

某跨境电子商务卖家有一个包裹要运往新加坡，该包裹的重量为 1.85kg，体积为 56cm×26cm×18cm，请问包裹适合中邮小包还是中邮大包寄送？若该商家从货代那里拿到的运费折扣率为 8 折，那么该包裹的运费应该是多少？

（三）国际 e 邮宝运费计算

国际 e 邮宝单件最高限重为 2kg，单件的最大尺寸：长、宽、高之和不超过 90cm，最长一边不超过 60cm。圆卷邮件直径的两倍与长度之和不超过 104cm，单边长度不得超过 90cm。单件最小尺寸：单件邮件长度不小于 14cm，宽度不小于 11cm。圆卷邮件直径的两倍与长度之和不小于 17cm，单边长度不小于 11cm。运费计算公式如下：

国际 e 邮宝运费=单位运价×重量×折扣率+挂号费

【实例 3】某跨境电子商务卖家需要发一件货物到澳大利亚，货物的重量为 1.4kg，体积为 35cm×18cm×22cm，他从货代那里没有获得折扣率（全折）。请问该商家能否选择国际 e 邮宝方式寄送货物？如果可以，货物寄送到澳大利亚产生多少运费？

第一步，判断此包裹能否选择国际 e 邮宝。该包裹的体积为 35cm×18cm×22cm，长、宽、高之和为 35+18+22=75cm < 90cm，且最长一边为 35cm < 60cm，符合国际 e 邮宝的体积要求，所以能选择。

第二步，计算运费。查看国际 e 邮宝运价表（见表 2-7），货物到澳大利亚的单位运价为 60 元/kg，挂号费为 19 元/单。因此，该包裹国际 e 邮宝运费=单位运价×重量×折扣率+挂号费，即 60×1.4×1+19=103（元）。

表 2-7 国际 e 邮宝运价表（部分）

序号	路向	资费标准		起重	限重	备注
		元/件	元/kg	g	g	
1	爱尔兰	25	65	1	2 000	
2	奥地利	25	60	1	2 000	
3	澳大利亚	19	60	1	2 000	
4	比利时	25	60	1	2 000	

续表

序号	路　　向	资费标准		起重	限重	备　　注
		元/件	元/kg	g	g	
5	波兰	25	60	1	2 000	
6	丹麦	25	60	1	2 000	
7	德国	19	60	1	2 000	
8	俄罗斯	17	55	1	3 000	北京、上海、江苏、浙江、福建、广东、黑龙江、新疆乌鲁木齐
		18	55	1	2 000	其他地区
9	法国	19	60	1	2 000	
10	芬兰	25	65	1	2 000	
11	哈萨克斯坦	8	70	50	2 000	
12	韩国	20	40	1	2 000	
13	荷兰	25	60	1	2 000	
14	美国	15	65	50	2 000	全球速卖通（仅限线上发货总对总结算，不含线下结算；业务开办城市：北京、上海、广州、深圳、杭州）
		15	64	50	2 000	
		15	64	50	100	Wish 促销
		14	60	101	2 000	
15	英国	18	55	1	499	本次英国路向价格调整只涉及线下业务，不含总对总结算
		25	45	500	1 999	
		35	45	2 000	5 000	

小思考 2-3：

某跨境电子商务卖家需要发一件货物到英国，此货物的重量为 1.6kg，体积为 45cm×24cm×16cm，他从货代那里可以获得 8 折的运费折扣率。请判断该商家是否可以选择中邮小包挂号、中邮大包和国际 e 邮宝这 3 种方式寄送货物，并挑选出最优的方式。

（四）海外仓费用的构成

海外仓费用的构成主要包括头程费用、税金、处理费、仓储费，以及当地派送费。

海外仓费用的构成

1. 头程费用

头程费用是指卖家将货物从中国运送至海外仓目的国所产生的运费，分为空运费用和海运费用。

1）空运费用

空运可分为客机行李托运、普货空运和商业快递。通常空运费用包含运费、清关费、报关费和其他费用（如文档费、拖车费、送货费）。其中，运费按重量计算，有最低起运量限制（一般为 5kg 以上）；清关费按单票数量计算。

【实例 4】假设某跨境电子商务企业要寄送 5kg 货物至英国仓，按照表 2-8 中某物流服务商提供的将货物发送至英国的报价，计算该批货物的头程费用。

表 2-8　某物流服务商发货至英国报价（空运费用）

货物类型	项目		费用/元
客机行李托运（OBC）	运费		37.00
	4PX 代清关	清关费/票	300.00
		提货费/kg	2.00
	客户自有 VAT 税号清关	清关费/票	1 200.00
		提货费/kg	2.00
普货空运（Air Freight）	100kg 以内运费		31.00
	100kg 及以上运费		28.00
	4PX 代清关	清关费/票	300.00
		提货费/kg	2.00
	客户自有 VAT 税号清关	清关费/票	1 200.00
		提货费/kg	2.00

经查物流服务商的报价表，可以发现构成该批货物头程费用的为运费、清关费和提货费，即 37×5（运费）+300（清关费）+2×5（提货费）=495（元）（其他费用除外）。

2）海运费用

海运发货分为集装箱拼箱（Less than Container Load，LCL）和集装箱整箱（Full Container Load，FCL），如表 2-9 所示。

集装箱拼箱，一般用于装不满一整箱的小件货物。拼箱货物以实际体积计算运费，体积会分层计算，$1m^3$ 起运。

集装箱整箱，以集装箱数量计算运费，由发货人负责装箱、计数、机载并加铅封。

表 2-9　某物流服务商发货至英国报价（海运费用）

运输方式	立方区间	费用/元 · m^3	时效（工作日）
LCL	0～5 m^3	1 200	30 天
	5.01～10 m^3	1 200	
	10.01 m^3 以上	1 000	
FCL	20GP（普通货柜）	24 000	24～27 天
	40GP（普通货柜）	24 000	
	40HQ（高货柜）	36 000	

2. 税金

税金是指货物出口到某国，需要按照该国进口货物政策交纳的一系列费用。通常所称的关税主要指进口关税。有些国家不仅收取进口关税，还收取一些该国特定的费用。部分国家税金计算方式如表 2-10 所示。

表 2-10　部分国家税金计算方式

美　国	澳大利亚	英　国	俄罗斯
税金=关税 关税=货值×关税税率	税金=关税+GST 关税=货值×关税税率 GST=（运费+货值+关税）×10%	税金=关税+VAT 关税=货值×关税税率 VAT=（运费+货值+关税）×10%	税金=关税+VAT 关税=货值×关税税率 VAT=(运费+货值+关税)×20%

注：GST（Good and Service Tax）是商品及服务税；VAT（Value Added Tax）是增值税。

3. 处理费

处理费主要是指入库费、出库费和订单处理费。订单处理费是指买家对其产品下单后，由第三方人员对其订单拣货、打包而产生的费用。

4. 仓储费

仓储费是指商品储存在第三方物流服务商公司的仓库而产生的费用。

5. 当地派送费

当地派送费俗称二程派送费，也称尾程运费，是指买家对产品下单后，由仓库完成打包并配送至买家地址所产生的费用。各国物流公司的操作不尽相同。

三、跨境物流模式选择

跨境物流模式众多，跨境电子商务卖家不要一味地研究如何降低物流成本，而要更多地专注于产品，选择稳定的物流渠道。对跨境电子商务卖家来说，在跨境物流模式的选择上应考虑如下问题。

（1）根据所售产品的尺寸、安全性、通关便利性等来选择合适的物流模式。例如，大件产品（如家具）就不适合选择邮政报关模式，而更适合选择海外仓模式。

（2）对于运输速度要求高的产品，可以选择商业快递。在产品运输速度要求不高的情况下，卖家可以选择航空小包。

（3）在产品销售的淡旺季要灵活使用不同的物流模式。例如，在淡季时使用中邮小包降低物流成本，在旺季或者大型促销活动时期采用香港邮政、新加坡邮政或者比利时邮政来保证时效。

（4）卖家应与多个物流渠道的货运代理公司建立联系，以保证自己能尽快了解到各类渠道的最新信息，从而根据最新的信息进行多个渠道组合使用。

（5）卖家在产品销售前要向买家说明不同物流模式的特点，为买家提供多样化的物流选择，让买家根据实际需求来选择物流方式。

四、跨境物流风险与防范

在跨境物流运输途中，包裹遗失、破损、海关扣关及包裹退回的现象时有发生，跨境电子商务卖家应提前了解运输途中的各类风险并做好相应的防范措施。跨境物流风险主要分为国内风险和国际风险。

（一）国内风险

1．转运途中货物破损或丢失

转运途中货物破损或丢失有可能是如下原因造成的。一是某些货代为了追求更大的利润，选择更换偏远的渠道，导致货物上网的信息非常慢；二是由于物流线路较长，一些较远的城市容易出现车辆颠簸、转运碰撞等情况，造成货物破损或丢失；三是由于个别货运代理对高价值产品扣货，但这是极个别的现象，在平时的物流中不常见但确实发生过；四是由于物流操作人员不规范操作或暴力分拣。另外，中国香港出货的货品还要面临中国香港代理查货的风险。面对这些问题，商家要选择正规的货运代理公司，产品要严格包装好。

2．海关没收查验

商家在国内海关查验方面容易出现的问题如下。第一，我国坚决打击假冒产品，海关对假冒产品的查验十分严格；第二，禁止出口的产品是无法通过海关查验的；第三，冲关问题主要是指商业快递，有些商品需要商检，有些货代会建议商家虚报货值、货量较大商品的品名和价格冲关，在这种情况下，一旦被海关查出，货物将会被退回，情节严重的将被罚款。因此，商家要遵纪守法，按海关规定出口，尽量避免出现上述问题，在出口前了解并准备好需要的出口清单材料，如商检证明、报关文书等。

（二）国际风险

1．未通过航空安检

众所周知，危害航班干扰信号的产品、易燃易爆产品、涉嫌假冒伪劣的产品都无法通过航空安检。因此，如果商家运输货物中有危险品，则要做好危险品证明，并在航空公司备案；如果有电池类产品，则要做好 MSDS 证明；避免出口、运输涉嫌假冒伪劣的产品。

2．转运途中的风险

航空包裹在到达目的国前要经过很多次中转，因此在这个过程中容易出现很多问题。

例如，国际物流中转过程中的包裹丢失、恶劣天气导致的包裹投递延迟、分拣人员暴力分拣、中转拆包导致的外包转破损等都是在转运途中较容易出现的问题。如果货物中有易碎物品，那么商家要多贴易碎品标签，在发货前多垫泡沫、气泡袋、打木架或木箱，以加固好自己的产品，保证产品安全；在货物货值较高的情况下，建议商家购买保险；面对时效要求高的货物，商家要注意选择物流方式，慎用邮政大、小包。

3．清关问题

关税过高导致买家不愿清关、买家所在的国家限制进口某产品、侵权产品被海关查扣、申报价值与实际不符、货物需要退回或当地弃件及销毁等，都是比较常见的清关问题。

为了避免出现这些问题，商家要了解产品在目的国海关的清关要求，尽量避免涉嫌侵权仿牌产品，尽量如实申报产品价值，如果遇到客人要求低申报的特殊情况，要保留好证据。申报品名要尽量详细，避免只写“礼品”“配件”等。需要注意的是，商业快递邮寄到巴西，一定要写上收件人 VAT 税号，电子产品邮寄到欧洲尤其是意大利、西班牙，一般需要 CE 证书，而西班牙、葡萄牙、波兰、乌克兰、意大利、俄罗斯、巴西、以色列这 8 个国家不能弃件或销毁。

总之，跨境电子商务卖家要了解不同国家的物流环境，特别是不同国家物流“软环境”的差异，提前做好风险防范，从而选择适合该国的跨境物流运输方式。

第二节 跨境支付

【任务导入】

深圳玖希贸易有限公司在跨境电子商务平台销售产品，除了要解决物流的问题，还需要解决支付的问题，于是跨境电子商务操作专员 Jenny 需要知道买卖双方可以利用哪些方式进行支付、各种跨境电子商务平台对支付方式有哪些要求等内容。

在跨境电子商务快速增长的刺激下，网上支付的需求日益强烈，特别是第三方支付的应用，加快了跨境交易的频率，成为当前国际网上跨境支付的主要形式。

目前，我国跨境支付市场可以分为三大类。第一类是涉足跨境网上购物、外贸 B2B 市场的境内第三方支付机构，如支付宝、快钱、汇付天下等；第二类是境内传统金融机构，凭借强大的银行网络，不仅支持跨境网上购物、外贸 B2B，还覆盖了境外 ATM 取款和刷卡消费等国际卡业务市场；第三类是以 PayPal 为代表的提供全球在线收付款业务的成熟的境外支付企业。

一、主流第三方跨境支付方式

第三方支付平台是指那些与国内外银行签约，并具备一定实力和信誉保障的第三方独立机构提供的交易支付平台。第三方支付平台与各个银行之间签订相关协议，使得第三方支付平台与银行可以进行某种形式的数据交换和相关信息确认。在通过第三方支付平台进行的交易中，买方选购商品后，使用第三方支付平台提供的账户进行货款支付，由第三方支付平台通知卖家货款到达、进行发货；买方检验物品后，就可以通知第三方支付平台付款给卖家，第三方机构再将款项转至卖家账户。主流的第三方国际支付平台类型如下。

主流的第三方跨境支付方式

（一）PayPal

PayPal是美国的一家线上支付公司，总部位于美国加利福尼亚州圣何塞市，成立于1998年，2002年被eBay公司收购，成为eBay的全资子公司。PayPal是使用电子邮件地址，为跨境交易实现在线收款和付款的一种即时清算支付方式，其服务构建在现有的银行账户和信用卡的金融结构之上。PayPal也和一些电子商务网站合作，成为其货款支付方式之一。但是用这种支付方式转账时，PayPal会收取一定数额的手续费。

目前，PayPal已在全球190多个国家和地区支持多达26种货币进行交易，拥有超过1.6亿名用户，在跨国交易中PayPal提供安全、高效的一站式支付方案，集国际流行的信用卡、借记卡、电子支票等支付方式于一身，帮助买卖双方解决各种交易过程中的支付难题。目前，在跨国交易中超过90%的卖家和超过85%的买家认可并正在使用PayPal。

1. PayPal的使用

（1）PayPal的支付原理。使用PayPal必须先拥有PayPal账户，通过信用卡等向PayPal账户充值后，就可以向他人的PayPal账户付款，对方收到款以后可以进行提现。

（2）PayPal的账户类型。PayPal有三种不同类型的账户，即个人账户（Personal Account）、高级账户（Premier Account）和企业账户（Business Account）。一般来讲，供应商可注册高级账户，因为个人账户有终身500美元收款额的限制，且不能接受信用卡付款。企业账户的一些功能对国内供应商的收款并不是必需的，且办理起来会复杂一些。

（3）PayPal认证。中国用户可以通过中国工商银行、中国银行和招商银行的银行账户进行PayPal认证。通过PayPal网站的“获得账户认证”链接，按步骤输入银行账户信息，5～7个工作日以后，PayPal会向该账户打入两笔小额存款，查询到打款金额后，在PayPal输入其中任意一笔，金额确认一致即可通过认证。另外，用户也可以通过信用卡进行认证。用户在PayPal账户中添加了信用卡后，PayPal就会从该张信用卡中收取1.95美元的费用，并在信用卡账单上生成一个4位数的PayPal代码，用户将其输入PayPal网站以完成认证过程。当然，账户通过认证后，所有扣除的费用都会返还到PayPal账户余额中。

（4）收款和付款。如果有人给用户的PayPal账户付款，用户会接收到来自PayPal的邮件，对中国用户来说，第一笔收款需要到PayPal网站进行手工确认接收。PayPal还提供直接向买家收款的功能，买家收到请求后可以直接付款。

（5）PayPal提现。PayPal提现目前有电汇提现和中国香港银行提现两种方式。PayPal支票和美国银行账户提现对一般的中国用户来讲不是特别方便。通过电汇可以在中国本地银行提现，每笔手续费为35美元，提现至中国香港账户1 000港币及以上的免收手续费。

2. PayPal的支付流程

PayPal付款人想要支付一笔金额给卖家或者收款人时，可按如下步骤操作。

（1）只要有一个电子邮件地址，付款人就可以登录、开设PayPal账户，通过验证成为其用户，并提供信用卡或者相关银行资料，填写账户金额，将一定数额的款项从其开户时登记的账户（如信用卡）转移至PayPal账户中。

（2）当付款人启动向第三人付款的程序时，必须先进入PayPal账户，指定特定的汇出金额，并提供收款人的电子邮件地址给PayPal。

（3）接着PayPal向卖家或者收款人发出电子邮件，通知其有等待领取或转账的款项。

（4）如果卖家或者收款人也是PayPal用户，其决定接受后，付款人所指定的款项即转给卖家或者收款人。

（5）如果卖家或者收款人没有PayPal账户，那么卖家或者收款人就需要按照PayPal电子邮件的内容指示，进入网页注册一个PayPal账户，卖家或者收款人可以选择将取得的款项转换成支票寄到指定的处所、转入其个人的信用卡账户或者转入另一个银行账户。

从上述流程可以看出，如果卖家或者收款人已经是PayPal的用户，那么该笔款项就汇入其拥有的PayPal账户，若卖家或者收款人没有PayPal账户，网站就会发出一封通知电子邮件，引导卖家或者收款人到PayPal网站注册一个新的账户。

3. PayPal的优势

（1）收付款快速简便。只需要一个电子邮件，足不出户，鼠标轻松点击，即可完成整个收付款全过程，避免了传统的邮寄支票或者汇款的方法，再也无须等待漫长的支票托收过程。

（2）交易成本低。只有产生交易才需要付费，没有任何开户费及年费，且支持包括国际信用卡在内的多种付款方式。

（3）在国外应用广。国外超过85%的买家利用PayPal来付款，特别是在欧美国家，PayPal除应用在外贸行业，还在电子商务行业、企业薪水支付、慈善捐款等领域广泛应用。

（4）安全可靠。PayPal可以帮助买家在不透露信用卡信息的情况下完成支付过程，这种方式保护了买家的信用卡信息安全，符合国外客户的购物习惯。

4. PayPal 与支付宝的比较

第一，就特点而言，PayPal 是全球性的，通用货币为加元、欧元、英镑、美元、日元和澳元 6 种货币；而支付宝是中国的，以人民币结算。PayPal 采用的是保护买方的方针，支付宝采用的是偏向卖家的方针，也就是说 PayPal 从买家角度考虑问题，买家有任何不满意都可以提出争议，使卖家无法拿到钱，而支付宝超过时效就钱货两清。PayPal 是一个将会员分等级的机构，对高级账户会收取手续费，自然其利益保障也更牢靠；支付宝则不存在分等级。PayPal 账户存在纠纷会导致账户永久性关闭，因此卖家是很谨慎的；支付宝则不会轻易关闭账户。PayPal 的资金在每个国家都可以提现至银行，在中国也可以电汇至银行，但都需要收取手续费；而支付宝可以直接提现至银行，免收手续费。

第二，就支付流程而言，PayPal 和支付宝有异曲同工之妙，但国内的支付宝流程其实比 PayPal 的支付流程更安全，PayPal 是先交款后发货，而支付宝是先发货、验货然后交款。PayPal 支付页面的支付信用调查较支付宝更严密，美国的信用记录比较健全，一旦出现不良信用记录对个人来说是很严重的事情。

相关链接 2-4：外资支付机构入华　PayPal 旗下子公司收购国付宝 70%股份获央行批准

2019 年 9 月 30 日，国付宝官方微信公众号发布公告，中国人民银行批准国付宝股权变更申请，PayPal 通过旗下美银宝信息技术（上海）有限公司收购国付宝 70%的股权，成为国付宝实际控制人并进入中国支付服务市场。

据了解，国付宝于 2011 年 12 月获中国人民银行颁发的互联网支付、移动电话支付业务许可，2015 年获基金支付业务许可，2016 年 5 月获跨境人民币支付业务许可，2016 年 12 月获预付费卡发行与受理业务许可（海南省、陕西省、云南省、湖南省、北京市）。其主要面向电子商务、跨境商贸、航空旅游等行业企业提供支付产品。

启信宝资料显示，国付宝的运营主体为国付宝信息科技有限公司，成立于 2011 年 1 月，注册资本约为 1.4 亿元。国付宝的大股东为北京智融信达科技有限公司，持股比例达到 70%，为海航科技集团有限公司的全资孙公司。另一大股东为国富通信息技术发展有限公司，持股比例达到 30%。

而 PayPal 是美股纳斯达克上市公司，是全球领先的第三方支付企业，覆盖全球 200 多个国家和地区，拥有超过 2.86 亿个活跃支付账户，支持全球 100 多种货币交易。

央行曾在《中国人民银行公告 2018 年第 7 号》中明确外商投资支付机构的条件。借着金融开放的格局，外资也在加速布局中国支付市场。

此前，WorldFirst 曾向央行申请支付业务许可证，但之后又宣布，出于商业考虑，其已向中国人民银行正式提交撤回其中国主体越蕃商务信息咨询（上海）有限公司的《支付业务许可证》申请。

在中国支付网创始人刘刚看来，PayPal 对中国市场一直有很高的期待。刘刚表示：“这次正式入华后，PayPal 有了在国内的正式许可，再加上多年的海外支付经验，势必会给跨境支付市场上的玩家带来一定程度的冲击。”但他同时也表示，对于国内目前的市场格局，PayPal 短期内不会造成实质性的影响。

（资料来源：http://www.nbd.com.cn/articles/2019-09-30/1375891.html）

（二）国际支付宝

国际支付宝（Escrow Service）是由阿里巴巴与支付宝联合开发，为了保护国际在线交易中买卖双方的交易安全所提供的一种第三方支付担保服务。其服务模式为交易过程中买家先将货款打到国际支付宝账户中，然后国际支付宝通知卖家发货，待买家收到商品并确认后，发放货款给卖家，至此完成一笔网络在线交易。

1．国际支付宝的交易流程

如上所述，国际支付宝的服务模式与国内支付宝类似，交易过程中先由买家将货款打到国际支付宝账户中，然后由国际支付宝通知卖家发货，买家收到商品后进行确认，之后国际支付宝将货款发放给卖家，至此一笔网络交易完成。国际在线交易使用国际支付宝的交易流程如图 2-1 所示。

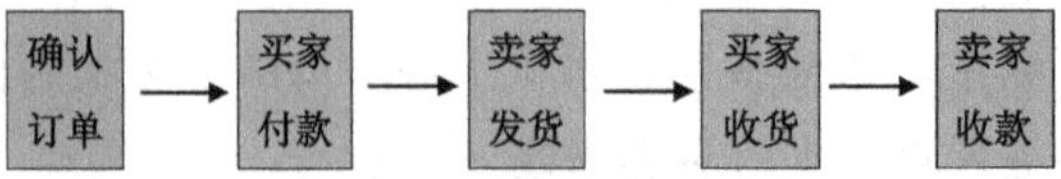

图 2-1　国际在线交易使用国际支付宝的交易流程

目前，国际支付宝支持部分产品的小额批发、样品、小单、试单交易，只要产品满足如下条件即可通过国际支付宝进行交易。第一，产品可以通过 EMS、DHL、UPS、FedEx、TNT、SF Express、邮政航空包裹 7 种运输方式进行发货；第二，每笔订单金额小于 10 000 美元（产品总价加上运费的总额）。

2．国际支付宝的优势

（1）支持多种支付方式。目前国际支付宝支持的支付方式有信用卡、T/T 银行汇款和 PayPal。

（2）先收款，后发货，全面保障卖家的交易安全。国际支付宝是一种第三方支付服务，而不是一种支付工具。对卖家而言，它的风控体系可以保护卖家在交易中免受信用卡被盗的风险，而且只有当国际支付宝收到了货款，才会通知卖家发货，这样可以避免在交易中使用其他支付方式导致的交易欺诈。

（3）方便快捷。线上支付，直接到账，足不出户即可完成交易。使用国际支付宝收款无须预存任何款项，全球速卖通会员只需绑定国内支付宝账号和美元银行账户即可分别进行人民币和美元的收款。国际支付宝无须提现申请，买家确认收货且物流妥投后，国际支付宝将直接把钱汇到卖家的国内支付宝账户或绑定的银行账户中。

（三）Western Union

Western Union 即西联汇款，是世界上领先的特快汇款公司，迄今已有一百多年的历史，它拥有全球最大、最先进的电子汇兑金融网络，代理网点遍布全球 200 多个国家和地区，用户可以在全球大多数国家的西联代理所在地汇出和提款。Western Union 需要买卖双方到当地银行实地操作，手续费由买家承担；在卖家未领取款项前，买家可以随时将支付的资金撤销；通常适用于 10 000 美元以下的小额支付。

1. 汇款流程

汇款人只需到最近的西联合作网点填写详细信息，具体流程如图 2-2 所示。

（1）汇款人填写汇款表单：填写西联提供的汇款表单，然后出示由政府印发的身份证或其他证件。

（2）支付汇款及手续费：将要汇出的款额连同必要的服务费用一起交给西联网点。

（3）签名并接收收据：确认收据上的所有信息均无误之后，签署一张收据。收据所打印的内容之一就是汇款监控号码（MTCN）。利用此监控号码可以在网上跟踪汇款的状态。

（4）通知收款人：与收款人取得联系，将汇款人姓名、汇款金额、汇款监控号码和汇款国家/地区等信息通知收款人。

（5）跟踪汇款：到 Western Union 网站主页上的“跟踪”链接，通过键入汇款人姓名和汇款监控码来跟踪汇款的状态，或者拨打中国地区热线了解汇款状态。

2. 收款流程

收款流程如图 2-3 所示。

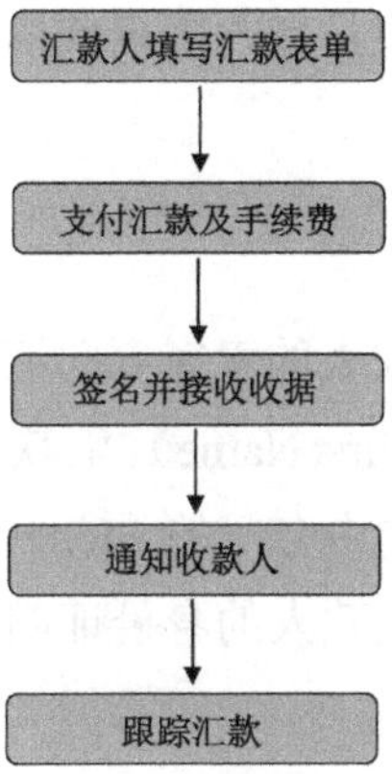

图 2-2　汇款流程

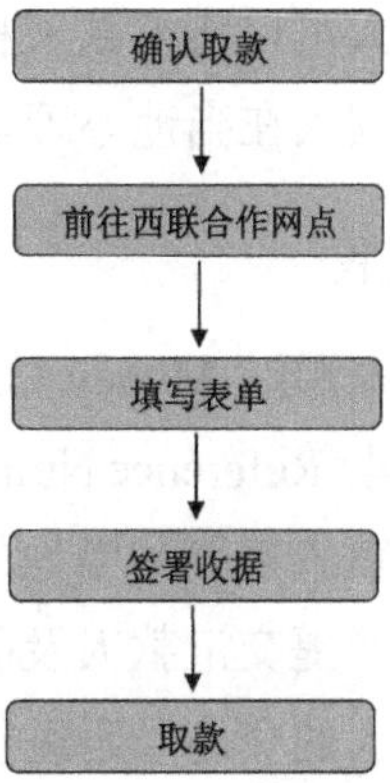

图 2-3　收款流程

（1）确认取款：在前往西联合作网点之前，请确保汇款已经可以提取。收款人可以直接联系汇款人进行确认，也可在网上跟踪汇款状态。

（2）前往西联合作网点：携带由政府印发的带有照片的身份证前往西联合作网点，并提供汇款人的姓名、汇款国家/地区、汇款金额及汇款监控号码。

（3）填写表单：只需填写该表单并向西联网点提供汇款监控号码和带有照片的身份证。

（4）签署收据：西联网点会给收款人一张收据，收款人阅读其全部内容后在上面签名。

（5）取款：西联网点随后会将款额连同收据一同交给收款人，至此交易完成。

3. 优势

西联汇款的最大优势是对卖家有利，收款安全，先收钱再发货。

（四）Money Gram

Money Gram（又称速汇金）汇款是由 Money Gram 公司推出的个人环球小额快速汇兑业务。速汇金公司是由美国速汇金支付系统公司与通济隆集团于 1997 年成立的合营企业，在全球 165 个国家拥有 60 000 个代理商，其设在美国丹佛市的业务交易清算中心负责提供 24 小时的客户服务，确保款项安全、准确地到达收款人手中。

1. 汇款流程

（1）速汇金业务的网点业务人员，按汇款人提出的汇款取款地，查询当地是否有速汇金代理网点，确认该笔汇款在取款地区有业务代理机构才可受理。

（2）汇款人提交身份证明和相应的身份证明材料，填写速汇金汇款表格。

（3）速汇金业务的网点对汇款表格及相关身份证件进行审核。

（4）速汇金业务的网点收妥汇款款项和汇款手续费后，进行交易处理，交易完成后，将系统自动生成的交易号码和相关信息填入汇款表格，在复核后将表格第二联及收费凭证等交汇款人作为收据。

（5）汇款人可以将汇款表格传真给收款人或将其中的交易号码等重要信息电话通知收款人，以便收款人在当地办理取款。

2. 收款流程

当海外买家通过 Money Gram 给卖家汇款后，作为收款人的卖家要向汇款人索要如下资料：汇款密码（Reference Number）、汇款人名字（Sender's First Name）、汇款人姓（Sender's Surname）。收款人需要到当地的速汇金合作银行或代理机构中专门的 Money Gram 柜台，填写收款表格，提交汇款人及收款人的相关资料，并出示收款人的身份证明（身份证或者护照）及汇款人的交易号码进行收款。

3. 优势

速汇金的优势：速汇金汇款在汇出后十几分钟即可到达收款人手中；在一定的汇款金额内，汇款的费用相对较低，无中间行费，无电报费；手续简单，汇款人无须选择复杂的汇款路径，收款人无须预先开立银行账户，即可实现资金划转。

小思考 2-4：

Western Union 和 Money Gram 都可以汇款，它们有何不同？它们与 T/T 相比，区别在哪里？

二、其他第三方跨境支付方式

（一）国际信用卡收款

国际信用卡收款通常指国际信用卡在线支付，一般用于外贸中的 1 000 美元以下的小额收款，大多适用于网店零售，如服饰、电子产品、虚拟游戏和订票等，是欧美地区流行的支付方式。跨境电子商务网站可通过与 Visa、Mastercard 等国际信用卡组织合作，或直接与海外银行合作，开通接收海外银行信用卡支付的端口。使用国际信用卡支付需预存保证金，对卖家来说存在拒付风险。

（二）Payoneer

Payoneer 是一家总部位于纽约的在线支付公司，主要业务是帮助其合作伙伴将资金下发到全球，同时也为全球客户提供美国银行或欧洲银行收款账户，用于接收欧美电子商务平台和企业的贸易款项。用户使用中国身份证即可完成 Payoneer 账户在线注册，并自动绑定美国银行账户和欧洲银行账户。Payoneer 适用于单笔资金额度小但是客户群分布广的跨境电子商务网站或卖家，且费用便宜，电汇设置单笔封顶价，人民币结汇最多不超过 2%。

（三）CashU

CashU 是中东和北非地区流行的支付方式（不含信用卡），可以接受来自超过 28 个国家和地区的付款，但账户将始终以美元显示账户金额，主要用于在线购物、游戏支付、IT 服务和外汇交易等方面。CashU 是一个拥有最新的防欺诈和反洗钱系统的支付平台，具有实时交易、不能拒付和无保证金或循环保证金的特点，不仅为买家和卖家避免了相关的风险，也让在线支付变得更便捷、安全。

（四）Qiwi Wallet

Qiwi Wallet 于 2007 年年底在俄罗斯推出，是俄罗斯最大的第三方支付工具。Qiwi Wallet 公司运营着俄罗斯最大规模的自助购物终端设备，以及提供在线支付和手机支付服务，其服务类似于支付宝。阿里巴巴与 Qiwi Wallet 签署了战略合作协议后，俄罗斯用户可以借助 Qiwi Wallet 在阿里巴巴的平台上购买中国的产品。Qiwi Wallet 拥有较完善的风险保障机制，不会发生买家撤款的情况。因此，买家使用 Qiwi Wallet 付款的订单，没有 24 小时的审核期限制，支付成功后卖家可立刻发货。

（五）WebMoney

WebMoney（简称 W/M）是由成立于 1998 年的 WebMoney Transfer Technology 公司开发的一种在线电子商务支付系统。截至 2018 年 4 月，其注册用户已接近 3 000 万人，其支付系统可以在包括中国在内的全球 70 个国家和地区使用。在俄语系国家、日本、欧美国家都有很多人在使用，尤其是在俄语系国家，其是三大在线支付工具之一。

（六）连连支付

连连银通电子支付有限公司（简称连连支付）是专业的第三方支付机构，是中国领先的行业支付解决方案提供商。该公司于 2003 年在杭州高新区成立，是连连集团旗下的全资子公司。连连支付是中国（杭州）跨境电子商务综合试验区首批战略合作伙伴。

连连支付于 2011 年 8 月 29 日获得了中国人民银行颁发的《支付业务许可证》，业务类型为互联网支付、移动电话支付，覆盖范围为全国。目前，连连支付的跨境电子商务支付与结算模式主要包括帮助商家在亚马逊店铺的跨境收款、提现，以及 PayPal 账户提现。

（七）PingPong

杭州呼嘭智能技术有限公司（简称 PingPong）是一家全球收款公司，主要为中国跨境电子商务卖家提供低成本、低境外收款服务。除颠覆性的低费率外，PingPong 还以“双边监管、100%阳光透明”的安全和合规标准引领跨境支付行业。目前，PingPong 跨境电子商务支付与结算业务模式主要包括为亚马逊、Wish、Newegg 等平台的商家提供跨境收款、提现业务。

欧美等地消费者喜欢的支付方式

三、跨境支付风险与防范

跨境电子商务行业不仅意味着巨大的商机和潜力，也存在着比线下市场和国内电商交易更复杂和棘手的交易风险问题，跨境电子商务卖家应事先了解在线跨境交易中可能存在的各类风险并制定相应的解决方案。

（一）退单

退单是指买家通过发卡行撤销订单付款的行为。造成退单的原因多种多样，以下是一些常见类型。第一，买家声称未收到物品。第二，买家声称收到的实物与卖家的描述显著不符，或者收到时物品已损坏。第三，买家声称并未授权进行该笔交易，他们的身份或信用卡被盗用。

如果卖家可以积极回应买家反馈，提供明确的退货政策，或在买家发起退单申请前就已开始处理退款要求，一些退单是可以被避免的。倘若是由于买家声称未授权交易而产生的退单问题，那么选择一个合适的支付工具就显得尤为重要。例如，在 PayPal 的卖家保障政策下，卖家可以不必承担由未授权交易而引起的退单损失。

（二）网络欺诈

精密的网络欺诈预防机制和工具已被全球广泛采用，以预防诸如个人信息及信用卡被盗用等问题。然而，采用不同的网络欺诈预防机制往往会产生不同的防范效果。因此，选择一款安全可靠的在线支付工具成为降低跨境交易风险的重要环节。卖家也可以自己采取一些措施来鉴别是否属于因为信用卡被盗用或账户被盗用而产生的欺诈交易，如下所述。第一，通过搜索引擎的 IP 进行地理定位、服务跟踪并核实买家的送货地址。第二，利用交易存根，建立买家黑名单。第三，限制买家购买条件和电话核对买家信息。第四，卖家需要紧密监测和核实收货地址为高欺诈风险的国家或地区的订单，付款后提出变更收货地址的要求，邮寄至同一地址的多个订单和由于超额支付而提出的电汇退款申请，以及其他可疑行为等。

（三）卖家的现金流压力

在理想情况下，卖家通常希望能在发货前收到货款，而买家则希望在收到货物后再付款。这个问题在跨境交易中显得尤为突出，因为物品寄送至买家手中要花费较长的时间，而较长的运输时间意味着卖家需要承担更高的现金流风险和买家拖欠货款的风险。

针对此种现金流风险和买家有可能拖欠货款的风险，跨境电子商务卖家可以选择在订单生成时，第三方支付平台便会向卖家及时放款的支付方式，而不是传统银行汇款或需要在买家收货确认后第三方支付平台才会向卖家汇款的支付方式。

第三节　本模块小结

电子商务全球范围内的兴起，极大地改变了人们的购物体验。物流和支付是人们体验跨境购物极其重要的组成部分，是关系到跨境电子商务能否健康发展的核心要素。在跨境电子商务交易中，如何管理好支付环节、降低交易风险、实现安全交货，是买卖双方共同关注的重要问题。通过本模块的学习与体验，编者得出如下结论。

1. 跨境电子商务物流的网络将覆盖全球

跨境电子商务的实质是将不同国家或地区的市场，运用互联网实现相互连接。跨境电子商务物流则通过整合不同国家或地区的物流供应商，实现了货物在全球范围内的递送。

在跨境电子商务未来的发展中，将会有越来越多的物流供应商加入跨境电子商务物流的业务整合中，由此跨境电子商务物流网络将会覆盖全球的每一个角落。

2. 跨境电子商务物流的标准将逐步形成

目前，跨境电子商务物流尚未形成特别明确的跨境电子商务物流标准。随着跨境电子商务的发展，跨境物流供应商将通过优化仓储布局来提升物流的时效性，降低物流成本。与此同时，快速、稳定、可追踪的物流服务将成为国际消费者和中国卖家的共同需求。跨境电子商务物流的服务标准将逐步形成，这有利于跨境电子商务从业者根据产品特征选择不同的物流服务模式。

3. 跨境移动支付的时代将指日可待

移动支付，是指交易双方为了某种货物或者服务，以移动终端设备为载体，通过移动通信网络实现的商业交易。移动支付所使用的移动终端可以是手机、PDA、移动 PC 等。在移动终端普及和移动电子商务发展的带动下，从事跨境电子商务支付的第三方支付机构也应该提前布局移动终端，迎接移动支付时代的到来。

4. 第三方国际支付平台的服务将稳步升级

跨境电子商务的快速发展，使得第三方国际支付平台有意识地将系统中的交易数据沉淀，利用大数据分析来为卖家提供更多优质服务，逐步摆脱自身的“支付通道”角色，把“客服工作”延伸、扩展到“买卖关系协调”上来，最终将支付平台打造成交易的生态圈。

知识闯关

一、选择题

1. 在跨境物流方式中，以下哪种方式的收费是最贵的？（　　）

   A. 中国邮政小包（挂号）　　B. EMS

   C. 新加坡专线　　D. DHL

2. 决定价格的因素有哪些？（　　）

   A. 利润率　　B. 在线产品的定价

   C. 物流成本　　D. 商品成本

3. 下列哪种物流方式属于国际商业快递？（　　）

   A. 香港邮政小包　　B. 中国邮政小包

   C. e 邮宝　　D. UPS

4．使用中国邮政航空包裹需要注意什么？（　　）

A．价值或时效性要求较高的货品，应尽量选择其他运输方式。

B．使用航空小包产品邮寄时，一定要挂号，同时在发货期内在全球速卖通上填写提交发货通知，否则订单款项将会自动退回给买家。

C．标准运费中仅包括运费部分，未包括挂号费、海关验关费、单据费等其他费用，请卖家在设置价格时注意考虑运输成本。

D．卖家发货后，要及时跟进货物的运输情况，当出现网上货运追踪信息不全的情况，如只有发货记录，没有妥投记录，要及时联系买家确认收货情况。

5．专线物流中包含哪几种物流方式？（　　）

A．Russian Air　B．ePacket　C．Special Line-YW　D．中东专线

6．俄罗斯买家的支付方式有哪些？（　　）

A．Mastercard　B．Visa　C．WebMoney　D．Qiwi Wallet

7．PayPal 账户分为以下哪些类型？（　　）

A．高级账户　B．个人账户　C．其他账户　D．企业账户

8．哪种快递方式不是按体积计算的？（　　）

A．UPS　B．EMS　C．TNT　D．DHL

9．以下哪种物流方式的海关通关能力强？（　　）

A．中国邮政小包　B．UPS　C．e 邮宝　D．DHL

10．下列跨境电子商务收付款方式中，公司总部位于中国的有哪些？（　　）

A．Alipay for business　B．易联支付

C．PayPal　D．PingPong

二、判断题

1．中邮小包、EMS 和 UPS 这三种物流方式中收费最贵的是 UPS。（　　）

2．关于运费支付，不同国家支付的运费都是一样的。（　　）

3．使用中邮小包，既可以联系货代发货，也可以直接联系中国邮政发货。（　　）

4．国际信用卡是可以在全球范围内进行透支消费的卡片，所以国际信用卡是跨境贸易支付中最好的一种支付方式。（　　）

5．跨境电子商务比线下交易和国内电商交易更复杂，因此跨境电子商务支付的风险更高。（　　）

三、案例分析与运费计算

某跨境电子商务卖家收到一个来自赞比亚客户的订单，产品的包裹信息中重量为 0.57kg，体积为 25cm×22cm×14cm。订单中买家选择了中邮小包，并支付了超额的运费（到

赞比亚的运区属于10区资费区，运价为176元/kg）。卖家如果继续按中邮小包发货，由于额外收取了一些运费，价格不会亏，但还是担心中邮小包能否在60日内将包裹送达买方，如果不能，势必会遭到投诉。于是他找到上海CNE货代，看是否有更好的物流方式，结果发现CNE的全球通挂号小包对此笔订单发货比较有利。CNE的全球通挂号小包到赞比亚的运区属于6区，运价为98元/kg，挂号费为17.50元/单，时效为20个工作日。于是该跨境电子商务卖家立马选择了CNE的全球通挂号小包，并及时与买家进行了沟通，顺利发货，买家也在25天左右收到了该货物。

（1）请分析上述跨境电子商务卖家的做法有何借鉴之处。

（2）请计算该单货物在中邮小包和全球通挂号小包两种方式下的运费各是多少。

技能实训

技能实训2-1：选择合适的物流方式

对没有经验的新手来说，物流选择确实是一个难题。一般卖家会按照产品的特点，以及对物流经济性、时效性和安全性的要求，选择合适的物流方式。

王海是一名大学二年级的学生，他利用课余时间经营一家跨境电子商务店铺进行专业实践，该跨境电子商务店铺主要销售运动包。有一位美国客户看中店内一款运动包并下了订单，并希望30天内能收到。该产品打包好的重量为0.8kg，体积为40cm×20cm×15cm。王海想选择一种时效快、运价便宜又可全程跟踪的物流方式。请你根据产品特点、寄送时效性和运费经济性，对比分析后给王海一个可行的建议，将结果填入表2-11中。

表2-11　选择合适的物流方式

序　号	物流方式名称	重量限制	体积限制	时效性	运费计算	分析评价
1						
2						
3						
4						
5						
6						
结论						

技能实训2-2：第三方国际支付平台用户体验

请访问第三方国际支付平台网站，如PayPal，注册并登录后，利用PayPal支付在跨境电子商务平台购买一件物品，并与跨境购物的其他支付方式进行比较，将体验与分析结果填入表2-12中。

表 2-12　第三方国际支付平台用户体验

序　号	支付方式	主要支付流程	优　势	劣　势
1	PayPal			
2				
3				
4				
5				
结论				

模块三

跨境电子商务店铺的开设

知识目标

- 熟悉在全球速卖通和亚马逊上注册店铺的流程。
- 掌握在全球速卖通和亚马逊上发布产品的方法。
- 掌握跨境电子商务店铺的选品方法、产品定价方法。
- 了解跨境电子商务平台的产品进货渠道。

能力目标

- 能够在全球速卖通、亚马逊等跨境电子商务平台上注册店铺、上传产品，并能设置合适的运费模板。
- 能够正确地选择合适的类目，并学会正确地为产品填写标题和关键词。
- 能够为产品制作精美的主图和详情页。

案例导入　开设跨境电子商务店铺

张明明是一名大学应届毕业生。在其他同学都忙着找工作的时候，他已经获得了一份前景明朗、收入颇丰的工作。他在大学期间，和几个志同道合的朋友一起在全球速卖通和敦煌网开了两家售卖 3C 产品的店铺，进行多平台的联合经营。他们创业时，首先从众多的行业和产品中经过重重挑选，选择了投影仪、数码相机等 3C 产品作为店铺的主营产品。同时，他们开拓了线上和线下两种不同的进货渠道，以争取其销售产品在价格上的优势。在店铺的定位上，他们选择了以年轻人和数码爱好者为主要的销售对象，并认真地研究了销售对象的偏好和需求。

接下来，他们分工合作，在全球速卖通和敦煌网上注册了店铺，并为店铺起了名字、设计了店招。同时，他们认真研究了产品类目并精心设计了产品的标题和关键词。他们邀请了摄影协会的同学为产品拍照，并且花费了大量的心思来设计产品的详情页。他们还对几家主流的物流公司和物流代理公司进行了拜访，设计了合理、详细、有竞争优势的运费模板。在完成了一系列的准备之后，张明明的团队将产品逐个上传到自己的跨境电子商务店铺中。

在上传产品时，张明明发现，跟国内电子商务平台相比，跨境电子商务平台需要考虑的因素更多，如跨境物流方式的选择、跨境支付的方式等。由于跨境电子商务店铺的客户位于不同文化氛围的国家，他们还要深入研究不同国家买家的消费习惯，并针对他们对产品的设计、包装进行改进。

由于其团队的认真经营，店铺的流量和订单量与日俱增。张明明说："跨境电子商务可以说是外贸行业的最后一块蛋糕，在这种大形势下，我们对在电商平台开设店铺非常有信心。"

【案例思考】

你在国内电子商务平台开过店铺吗？你觉得开设跨境电子商务店铺和开设国内电子商务平台店铺有什么异同？

第一节　注册跨境电子商务店铺

【任务导入】

Jenny 是深圳玖希贸易有限公司的跨境电子商务操作专员。目前，公司正在调整发展战略，计划进军跨境电子商务市场。Jenny 咨询了业内同行，了解到目前在跨境电子商务领域，发展较好的 B2C 平台有阿里巴巴的全球速卖通和美国的亚马逊等。公司决定在这两家平台上都注册店铺。那么在注册店铺之前，需要准备哪些资料？注册过程中，有可能遇到什么问题？Jenny 还曾听说，有的亚马逊上的店铺因为关联原因被关店，怎么规避这个问题？

一、注册全球速卖通店铺

店铺入驻全球速卖通必须满足开店主体、品牌、技术服务年费 3 个方面的要求。

（一）开店主体

个体工商户或企业均可开店，但必须通过企业支付宝账号或企业法人支付宝账号在全球速卖通完成企业身份认证。全球速卖通接受依法注册并正常存续的个体工商户或企业开店，并有权对卖家的主体状态进行核查、认证，包括但不限于委托支付宝进行实名认证。

通过支付宝账号进行实名认证的卖家，在将全球速卖通账号与支付宝账号绑定过程中，应提供真实有效的法定代表人的姓名、身份信息、联系地址、注册地址、营业执照等信息。若已通过认证，卖家需要选择销售计划类型。全球速卖通有两种销售计划类型：标准销售计划和基础销售计划，一家店铺只能选择一种销售计划类型。全球速卖通标准销售计划和基础销售计划的区别如表 3-1 所示。

表 3-1　全球速卖通标准销售计划和基础销售计划的区别

	标准销售计划（Standard）	基础销售计划（Basic）	备　注
店铺的注册主体	企业	个体工商户/企业均可	注册主体为个体工商户的卖家店铺，初期仅可申请“基础销售计划”，当“基础销售计划”不能满足经营需求时，满足一定条件可申请并转换“标准销售计划”
开店数量	不管是个体工商户还是企业主体，同一注册主体下最多可开 6 家店铺，每家店铺仅可选择一种销售计划		
年费	年费按经营大类收取，两种销售计划收费标准相同		
商标资质	√	同标准销售计划	
类目服务指标考核	√	同标准销售计划	
年费结算奖励	中途退出：按自然月，返还未使用年费； 经营到年底：返还未使用年费，使用的年费根据年底销售额完成情况进行奖励性扣减	中途退出：全额返还； 经营到年底：全额返还	无论店铺选择何种销售计划，若因违规违约关闭账号，年费将不予返还
销售计划是否可转换	一个自然年内不可切换至“基础销售计划”	当“基础销售计划”不能满足经营需求时，满足以下条件可申请“标准销售计划”（无须更换注册主体）： （1）最近 30 天 GMV≥2 000 美元； （2）当月服务等级为非不及格（不考核或及格及以上）	
功能区别	可发布在线商品数≤3 000 种	（1）可发布在线商品数≤300 种（2019 年可提至 500 种）； （2）部分类目暂不开放基础销售计划； （3）每月享受 3 000 美元的经营额度（即买家成功支付金额），当月支付金额≥3 000 美元时，无搜索曝光机会，但店铺内商品展示不受影响；下个自然月月初，搜索曝光恢复	无论店铺选择何种销售计划，店铺均可正常报名参与平台的各种营销活动，不受支付金额限制

（二）品牌

卖家若拥有或代理品牌，可根据品牌资质，选择经营品牌官方店、专卖店或专营店店铺类型；若不经营品牌，可跳过这个步骤。部分类目必须拥有商标才可经营，具体以商品发布页面展示为准。全球速卖通 3 种不同类型店铺之间的区别如表 3-2 所示。

表 3-2　全球速卖通 3 种不同类型店铺之间的区别

	店铺类型		
	官方店	专卖店	专营店
店铺类型介绍	卖家以自有品牌或由权利人独占性授权（仅商标为 R 标且非中文商标）入驻全球速卖通开设的店铺	卖家以自有品牌（商标为 R 或 TM 状态且非中文商标），或者持他人品牌授权文件在全球速卖通开设的店铺	经营 1 个及以上他人或自有品牌（商标为 R 或 TM 状态）商品的店铺
开店企业资质	需要完成企业认证，卖家需提供如下资料： （1）企业营业执照副本复印件； （2）企业税务登记证复印件（国税、地税均可）； （3）组织机构代码证复印件； （4）银行开户许可证复印件； （5）法定代表人身份证正反面复印件	同官方店	同官方店
单店铺可申请的品牌数量	仅 1 个	仅 1 个	可多个
平台允许的店铺数	同一品牌（商标）仅 1 个	同一品牌（商标）可多个	同一品牌（商标）可多个
需提供的材料	（1）商标权人直接开设官方店，需提供国家商标总局颁发的商标注册证（仅 R 标）； （2）由权利人授权开设官方店，需提供国家商标总局颁发的商标注册证（仅 R 标）与商标权人出具的独占授权书（如果商标权人为境内自然人，则需同时提供其亲笔签名的身份证复印件。如果商标权人为境外自然人，提供其亲笔签名的护照/驾驶证复印件也可以）； （3）经营多个自有品牌商品且品牌归属同一个实际控制人，需提供多个品牌国家商标总局颁发的商标注册证（仅 R 标）； （4）卖场型官方店，需提供国家商标总局颁发的 35 类商标注册证（仅 R 标）与商标权人出具的独占授权书（仅限速卖通邀请）	（1）商标权人直接开设的品牌店，需提供由国家商标总局颁发的商标注册证（R 标）或商标注册申请受理通知书（TM 标）； （2）持他人品牌开设的品牌店，需提供商标权人出具的品牌授权书（若商标权人为自然人，则需同时提供其亲笔签名的身份证复印件；如果商标权人为境外自然人，提供其亲笔签名的护照/驾驶证复印件也可以）	需提供由国家商标总局颁发的商标注册证（R 标）或商标注册申请受理通知书复印件（TM 标）或以商标持有人为源头的完整授权或合法进货凭证（各类目对授权的级数要求，具体以品牌招商准入资料提交为准）
店铺名称	品牌名+Official Store（默认店铺名称）或品牌名+自定义内容+Official Store	品牌名+自定义内容+Store	自定义内容+Store
二级域名	品牌名（默认二级域名）或品牌名+自定义内容	品牌名+自定义内容	自定义内容

（三）技术服务年费

卖家需要交纳技术服务年费，各经营大类技术服务年费不同，具体情况需要卖家查看资费标准。经营到自然年年底，拥有良好的服务质量及不断壮大经营规模的优质店铺都将有机会获得年费返还奖励。

卖家可以登录全球速卖通首页，在“Seller Center”选项中，选择“中国卖家入驻”开启“跨境之旅”，如图 3-1 所示。接着按照网站提示，一步一步完成全球速卖通店铺的注册。在注册店铺的过程中，系统会有提示，卖家按照系统提示，提交认证资料，完善店铺信息，并交纳对应品类的技术年费后，即可入驻全球速卖通。全球速卖通入驻流程如图 3-2 所示。

图 3-1　全球速卖通首页

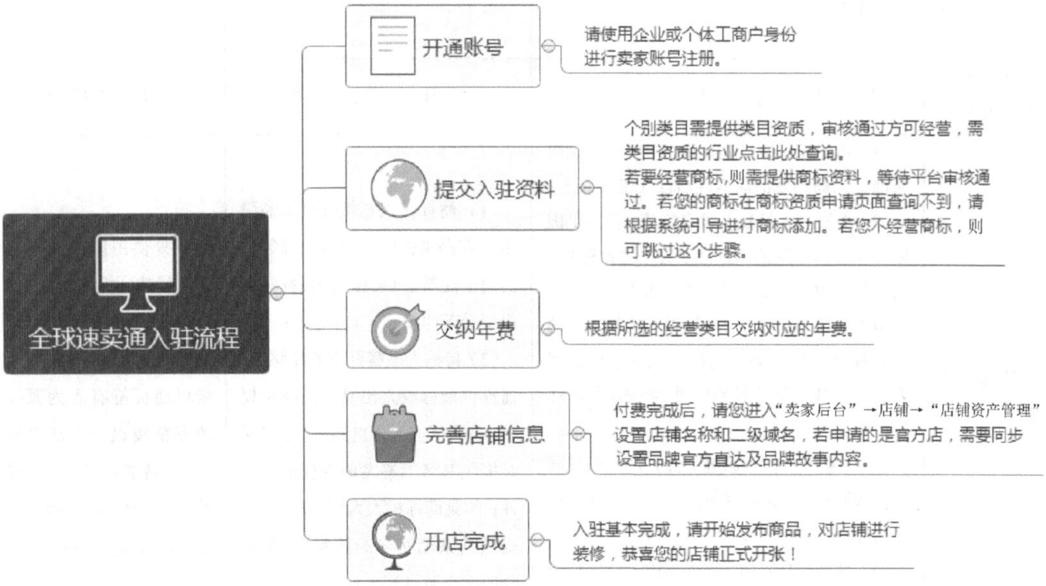

图 3-2　全球速卖通入驻流程

相关链接 3-1：全球速卖通技术服务年费及年费激励政策

（1）卖家获得准入后应一次性交纳当年年度的年费。

（2）年费按照自然月结算。如卖家实际经营未满一年，且不存在因规定的任何违约及违规情况被关闭账号情况的，全球速卖通将根据实际入驻的期间（按自然月计算，未满一个月的按一个月计算，退出当月不收费）扣除年费并退还未提供服务期间的年费。例如，服装/服饰配饰经营大类入驻年费为人民币 10 000 元，若卖家在 2018 年 2 月申请加入服装/服饰配饰经营并交纳 10 000 元，在 2018 年 8 月时申请退出服装/服饰配饰经营，则卖家可退还年费为 10 000−10 000/12 × 6 = 5 000（元），费用在申请退出之日的 30 天内退还至卖家店铺国际支付宝实时绑定的人民币提现账号。

（3）如卖家因以下原因受到相应处罚的，所交年费全额不予退还，未提供技术服务的年费将作为违约金扣除。

① 严重违反协议、卖家规则等（如售假，炒信、炒销量，严重扰乱平台秩序，资质造假或企业主体注销仍继续经营活动等任何行为）被关闭账号的。

② 在该经营大类下发布非该经营大类所属商品，规避全球速卖通类目准入政策，被全球速卖通依据严重扰乱平台秩序等规则执行账号处罚的。

③ 卖家通过作弊手段进行年销售额作假，被全球速卖通依据严重扰乱平台秩序等规则执行账号处罚的。

（4）如有可退还年费，年费将退还至卖家店铺国际支付宝实时绑定的人民币提现账号。

（5）平台针对经营到自然年年底、拥有良好的服务质量及不断壮大经营规模的优质店铺，将在 2018 年年底有条件地进行奖励。奖励方式为参照年销售额指标，奖励实际收取年费的 50%或 100%。具体标准见《速卖通 2018 年度各类目技术服务费年费一览表》。年费返还按照 2018 年内实际经营期间进行计算，具体金额以全球速卖通统计的数据为准。

（6）“年销售额”（GMV）是指在协议有效期内，卖家经营期间支付成功的订单金额总和（虚假的交易订单等违规订单除外，该金额中不包含因风控、维权、售后等原因导致的退款），特殊类（Special Category）产生的订单金额不会计入总的 GMV 中，GMV 是以卖家入驻的经营大类（经营大类以外额外开通的权限产生的 GMV 不统计在内）进行统计的。

（7）如卖家因服务指标考核不达标，最终被清退整个经营大类的，不得享受年费激励政策。

（8）如有返还年费，年费将返还至卖家店铺国际支付宝实时绑定的人民币提现账号。

（资料来源：《速卖通规则 2019 年版》）

二、注册亚马逊店铺

亚马逊账户类型有两种：个人账户和专业账户，这两类账户在各种权限上（流量、商品上架数量、商品审核要求等）没有任何区别，其主要区别在于费用结构和功能使用权限。以美国站为例，从表 3-3 中可以清晰地看到个人账户会被收取按件收费的费用，而专业账户则需要支付月度的订阅费。

表 3-3　亚马逊个人账户和专业账户

账号类型	个人账户	专业账户
注册主体	个人/公司	个人/公司
月订阅费	免费	39.99 美元/月
按件收费	0.99 美元/件	免费
销售佣金	根据不同品类，亚马逊收取不同比例的佣金，一般为 8%～15%	
功能区别	单一上传，无数据报告	单一上传/批量上传，可下载数据报告

以上两种账户之间是可以相互转化的。如果注册时卖家注册的是个人账户，之后，也可以在后台自助升级为专业账户。如果注册时卖家注册的是专业账户，后续也可以降级为个人账户。所以，如果卖家想在亚马逊上销售产品，即使没有企业资质，同样也可以在亚马逊上申请专业账户。

亚马逊全球开店计划是亚马逊根据发展需要针对中国卖家群体推出的一项卖家招募计划，卖家可以使用中国内地公司和新加坡公司来申请注册。在申请阶段，亚马逊中国招商团队的专门客服进行对接指导，协助卖家完成账号申请和前期的基本操作指导。以亚马逊全球开店计划的北美站点为例，一次注册，可同时开通美国、加拿大、墨西哥站点。

下面，以北美站点开店为例，介绍卖家入驻亚马逊的流程。在进行注册之前，卖家先要准备好应有的资料。入驻亚马逊的卖家需要准备的资料主要包括以下几项。（1）电子邮箱地址。（2）个人或者公司的名称、地址、联系方式。（3）可以支付美元的双币信用卡（Visa等）。（4）可以联系到使用者的电话号码。（5）公司类的卖家需要提供相应的商业文件和法定代表人的身份证。个人卖家需提供身份证及信用卡/储蓄卡对账单。其中，商业文件是指内地卖家的营业执照，或者香港卖家的公司注册证明书和商业登记条例，或者台湾卖家的有限公司设立登记表/股份有限公司设立登记表/有限公司变更登记表/股份有限公司变更登记表。（6）国内银行账户。

具体操作步骤如下所述。

第一步：创建账户。登录亚马逊，单击“Sell on Amazon”按钮，再单击“Start Selling”按钮，然后开始创建账户。填写“您的姓名”“邮箱地址”“密码”“再次输入密码”，单击“下一步”按钮，系统会将验证码发送到卖家的注册邮箱，查询后将验证码填入“输入验证码”文本框，如图 3-3 所示。

第二步，填写名称（必须是英文填写）。如果是企业就输入企业名称，如果是个人就输入自己的名字，然后同意亚马逊的条款和条件，如图 3-4 所示。

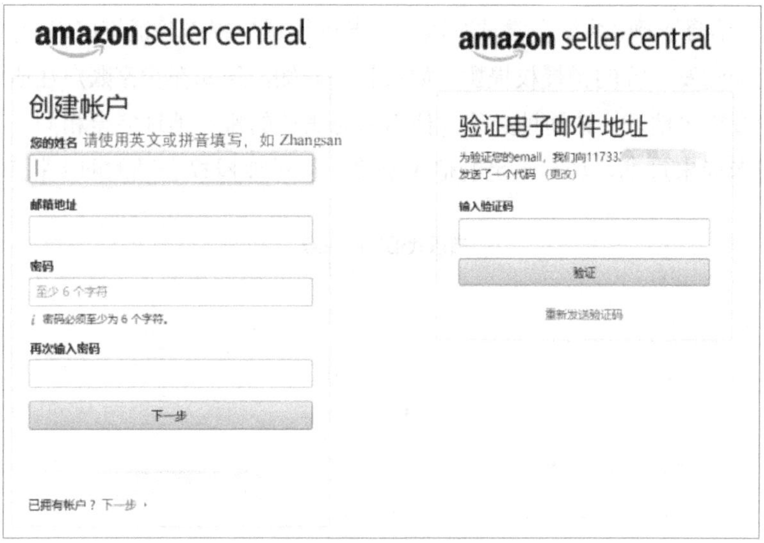

图 3-3　创建亚马逊账户

图 3-4　填写名称

第三步，店铺认证。首先，如果在其他网站还有店铺，可以把店铺的 URL 粘贴过来，如果没有就不用填，这不是必填项。其次，如果选择电话验证，会接到系统打过来的电话，请接起电话，把电脑中显示的数字输入手机进行验证，若验证码一致，即认证成功。当系统验证出错时，请尝试使用其他语言进行验证或者进行短信验证，3 次不成功，则需要在 1 小时后重新验证。如果选择的是短信验证（SMS），可以直接输入收到的短信验证码。特别需要注意的是，确认填写的手机号之前是否在亚马逊卖家系统中出现过，如果出现过，不管当时是用于什么用途，现在都不要用了，很容易产生关联店铺认证，如图 3-5 所示。

第四步，设置收款方式。填写信用卡卡号、有效期限、持卡人姓名、账单地址，如图 3-6 所示。在这个过程中，要使用可以支付美元的中国境内银行双币信用卡（Visa，Mastercard 均可），确认默认地址信息是否与信用卡账单地址相同，如果不同，请使用英文或者拼音填写地址。信用卡持卡人与账户注册人无须为同一人；公司账户亦可以使用个人信用卡。若填写信息正确，系统会尝试对该信用卡进行预授权以验证该信用卡尚有信用额度，持卡人可能会受到发卡行的预授权提醒。如果收到通知，告知在卖家账户注册中的信用卡信息无效，请检查账单地址，该地址必须与信用卡对账单的账单地址完全相同，并与开户行核实，确认信用卡尚未过期，具有充足的信用额度，且对被授权金额的网上扣款无任何限制。

图 3-5 店铺认证

图 3-6 设置收款方式

第五步，设置存款方式。在这里可以有 3 种存款方式可供选择。一是可以使用亚马逊全球收款，使用人民币接受全球付款，并直接存入国内银行账户；二是使用美国/中国香港有效银行账户，用美元/港币接受全球付款；三是使用亚马逊第三方存款账户，在这种情景下，选择银行地址为美国，并提供第三方机构提供的银行账户信息，如图 3-7 所示。

图 3-7　设置存款方式

第六步，税务身份审核，如图 3-8 所示。

图 3-8　税务身份审核

第七步，税务信息调查。选择获得收入的类型是个人还是业务；并确认是否为美国人，一般中国卖家都选“否”，如图 3-9 所示。

图 3-9　税务信息调查

第八步，提供电子签名。为了简便，在这个地方选择电子签名后，可以立即提交用户的税务信息。

第九步，生成确认表单，如图 3-10 所示。确认这里面的受益人信息填写是否正确，如需修改，返回修改信息，如信息经检查无误后，单击“确认提交”按钮。

Form **W-8BEN**

(Rev. January 2017)

Department of the Treasury
Internal Revenue Service

Certificate of Foreign Status of Beneficial Owner for United States Tax Withholding and Reporting (Individuals)

▶ For use by individuals. Entities must use Form W-8BEN-E.
▶ Information about Form W-8BEN and its separate instructions is at *www.irs.gov/formw8ben*.
▶ Give this form to the withholding agent or payer. Do not send to the IRS.

OMB No. 1545-1621

Do NOT use this form if: **Instead, use Form:**

- You are NOT an individual . . . W-8BEN-E
- You are a U.S. citizen or other U.S. person, including a resident alien individual . . . W-9
- You are a beneficial owner claiming that income is effectively connected with the conduct of trade or business within the U.S. (other than personal services) . . . W-8ECI
- You are a beneficial owner who is receiving compensation for personal services performed in the United States . . . 8233 or W-4
- You are a person acting as an intermediary . . . W-8IMY

Note: If you are resident in a FATCA partner jurisdiction (i.e., a Model 1 IGA jurisdiction with reciprocity), certain tax account information may be provided to your jurisdiction of residence.

Part I Identification of Beneficial Owner (see instructions)

1 Name of individual who is the beneficial owner
姓名

2 Country of citizenship
国籍

3 Permanent residence address (street, apt. or suite no., or rural route). **Do not use a P.O. box or in-care-of address.**
居住地地址（街道、门牌号）

City or town, state or province. Include postal code where appropriate.
城市、省和邮编

Country
国家

4 Mailing address (if different from above)
邮寄地址（如果和上边居住地址相同的话则留空，不用填写）

City or town, state or province. Include postal code where appropriate.
同上

Country
同上

5 U.S. taxpayer identification number (SSN or ITIN), if required (see instructions)
美国税号（如果你没有，填N/A）

6 Foreign tax identifying number (see instructions)
填写你所在国家的使用的税号

7 Reference number(s) (see instructions)
填写你所注册的公司的账户号码，没有则填N/A

8 Date of birth (MM-DD-YYYY) (see instructions)
生日（月-日-年）

Part II Claim of Tax Treaty Benefits (for chapter 3 purposes only) (see instructions)

9 I certify that the beneficial owner is a resident of 属于哪个国家居民 within the meaning of the income tax treaty between the United States and that country.

10 **Special rates and conditions** (if applicable—see instructions): The beneficial owner is claiming the provisions of Article and paragraph 留空 of the treaty identified on line 9 above to claim a 留空% rate of withholding on (specify type of income):

Explain the additional conditions in the Article and paragraph the beneficial owner meets to be eligible for the rate of withholding:
留空

Part III Certification

Under penalties of perjury, I declare that I have examined the information on this form and to the best of my knowledge and belief it is true, correct, and complete. I further certify under penalties of perjury that:

- I am the individual that is the beneficial owner (or am authorized to sign for the individual that is the beneficial owner) of all the income to which this form relates or am using this form to document myself for chapter 4 purposes,
- The person named on line 1 of this form is not a U.S. person,
- The income to which this form relates is:
  (a) not effectively connected with the conduct of a trade or business in the United States,
  (b) effectively connected but is not subject to tax under an applicable income tax treaty, or
  (c) the partner's share of a partnership's effectively connected income,
- The person named on line 1 of this form is a resident of the treaty country listed on line 9 of the form (if any) within the meaning of the income tax treaty between the United States and that country, and
- For broker transactions or barter exchanges, the beneficial owner is an exempt foreign person as defined in the instructions.

Furthermore, I authorize this form to be provided to any withholding agent that has control, receipt, or custody of the income of which I am the beneficial owner or any withholding agent that can disburse or make payments of the income of which I am the beneficial owner. **I agree that I will submit a new form within 30 days if any certification made on this form becomes incorrect.**

Sign Here ▶ 打印出来后，在此手写签名 Signature of beneficial owner (or individual authorized to sign for beneficial owner)

签字日期（月-日-年） Date (MM-DD-YYYY)

姓名 Print name of signer

留空 Capacity in which acting (if form is not signed by beneficial owner)

图 3-10 生成确认表单

第十步，卖家身份验证环节。身份验证是卖家在亚马逊开店前必须进行的一个步骤。为提供更好的卖家体验，亚马逊北美站点在 2018 年 12 月将卖家“身份验证”部分的界面进行升级，并将审核不通过的原因发送至卖家的注册邮箱。对公司卖家来说，在这个步骤需要提交的资料包括营业执照和法定代表人身份证。

以上步骤完成后，卖家就可以登录亚马逊平台了。

小思考 3-1：

部分人在亚马逊注册时，触发了亚马逊的二审机制。你知道亚马逊的二审机制是什么吗？对于如何通过亚马逊二审机制，你有哪些建议？

亚马逊店铺注册分为两种。一种是招商经理注册。这种方法简单快捷不易出错，通过率也比较高；另一种是个人注册。这种方法的通过率相对要低一点，一套资料只能注册一个站点，一旦失败，资料就会作废。因此，卖家在注册店铺前，一定要做足功课，将资料准备齐全。除此之外，卖家还要重视账号关联问题。亚马逊要求，一个人只能注册一家店铺，一旦检测出一个人运营多家店铺就会有封店的危险。当一个人需要运营多家店铺时需要准备不同的资料和独立的 IP 地址。注册时除了要用全新的资料，还需要准备没有在亚马逊上注册使用过的新的电话号码和邮箱。

相关链接 3-2：亚马逊账号关联

各个电商平台为了避免同一卖家多账号操作扰乱平台的运营秩序，都会在一定程度上限制同一卖家的账号数量，亚马逊也是如此。在马逊的用户规范中明确规定，一个卖家在未经许可的情况下，不可以拥有多个账号进行经营，而平台也正是依据这条规定，通过数据分析来识别是否存在一个卖家操作多个账号的情况，如果有，则会警告卖家主动采取改善行为或者平台会自动关闭被识别为有关联关系的账号，而这种被识别为关联的情况，被称为账号关联。账号关联被分为两类：同站关联和异站关联。同站关联是指在同一站点的两个或多个账号出现关联的情况，而异站关联是指在亚马逊不同站点之间的账号出现关联的情况。同站关联较之于异站关联，更容易导致卖家受到亚马逊的惩罚，轻则要求自主关闭其中的某个或某些账号，情节严重的，亚马逊系统会自动关闭所有关联账号。

在过往多年的运营实践中，我们把关联要素分为以下几类。

（1）硬件类：电脑，网线 IP，路由器，网卡信息，硬盘信息等。这就要求卖家在运营中尽可能采取独立的电脑和独立的网络来运营独立的账号，避免在同一电脑或网络下登录多个账号，而对很多卖家来说，因为办公地址的限制，申请多条网络不可行时，可以采用无线上网卡的方式，不同的无线上网卡对应于不同的账号，且要确保电脑、网络、账号三位一体、一一对应。但账号关联并不是指只能在同一台电脑上登录某一个账号，一个账号可以在多台电脑、多个网络环境下登录，而一旦这台电脑和网络登录过某个账号，就不建议再登录其他账号了。

（2）注册信息类：公司名称，个人名字，信用卡，地址信息，电话号码，邮箱，收款账号等。除了同一套资料在亚马逊不同站点注册账号的情况，在其他情况下，注册账号的信息彼此之间不应该产生关联，但需要提醒的是，因为某些时候注册账号的过程中并没有要求提交法人和信用卡持有人的身份证资料，在这种情况下，该个人名下的其他信用卡还可以用于其他账号中的使用。而如果是因为各种原因，导致两套公司资料地址信息一致时，卖家在填写地址信息时可以稍做区分，比如A账号中的地址填写为英文，B账号中的地址填写为汉语拼音，以示区别。在收款账号方面，可能很多卖家会担心自己无法申请多个收款账号，针对这个问题，很多第三方收款工具，如PingPong、World First（万里汇）、连连支付、网易支付等都已经为我们提供了完整的解决方案，这些收款工具都支持一个账号下面的多个子账号申请，而卖家只需要为不同的子账号设置不同的用户名，分别添加到不同的亚马逊账号中，这种操作，并不会因为收款账号的原因而导致亚马逊账号的关联。款项到账，收款工具会对所有款项做汇总，卖家自己提现出来即可。

（3）软件类：浏览器，字体，协议，Cookie，电脑中的软件（如输入法），用户习惯（如打字速度）等。这一部分主要针对的是不同电脑的不同操作者的习惯问题，亚马逊会将此类信息作为判定关联的一部分要素，但不是重点要素，卖家稍加留意即可。

（4）产品类：产品相似度<30%、图片、SKU、产品描述相关等。为了预防因为产品的因素导致账号关联，建议卖家在发布产品时尽量在不同的店铺里发布不同的产品，如果产品有限，而卖家又想将所有产品同步发布在多家店铺中，那么建议在产品图片、描述、SKU等内容上做出区别，不要用完全相同的产品信息在多个账号中多次重复发布。

（5）商标类：使用被封店铺已备案商标，KYC审核信息关联，跟卖已“死去”账号的产品等。

如果某个账号被移除销售权限，在这种情况下，卖家如果把该店铺的商标应用于其他店铺，同样有可能被系统识别为关联，而如果跟卖已“死去”账号的产品，也同样会被判定为关联的诱因。

（资料来源：https://www.cifnews.com/article/39877）

第二节　选　　品

【任务导入】

深圳玖希贸易有限公司的全球速卖通店铺和亚马逊店铺终于开起来了，跨境电子商务操作专员Jenny可以开始在店铺里发布产品了。但是，Jenny又发愁了，店是开起来了，但是卖什么东西呢？是把公司目前国内市场的产品原封不动的照搬到跨境电子商务店铺中去，还是重新开发新的产品？如果开发新的产品，那么开发什么样的产品好呢？全球速卖通和亚马逊两个不同的平台，选品是否一样？对此，你有什么建议？

选品解决得是卖什么的问题。它是运营一家店铺的核心工作，选品做得好，就是为运营店铺奠定了好的基础，如果选品做得不好，后期花费再多的精力都是白费。选品要有正确的思路，不能凭借主观感觉决策，而是要有依据，遵循一定的原则来进行。在跨境电子商务的经营中，产品的选择非常重要，好的产品不仅能为店铺带来可观的销量，还能够提升店铺的整体流量，提升产品在搜索结果中的排序。

从市场角色关系来看，选品人员要从供应市场中选择适合目标市场需求的产品。选品人员一方面要把握住用户需求，另一方面，要从众多供应市场中选出质量、价格和外观最符合目标市场的产品。成功的选品，能实现供应商、客户和选品人员三者的共赢。

从用户需求的角度来看，选品要满足用户对某种效用的需求，如带来生活方便、满足虚荣心、消除痛苦等方面的心理或生理需求。

从产品的角度来说，选出的产品，需要在外观、质量、功能和价格等方面符合目标用户需求。

跨境电子商务店铺的选品是指卖家从供应市场中选择适合目标市场需求的产品，即卖家在把握买家需求的同时，要从众多供应市场中选出质量、功能、价格和外观最符合目标市场需求的产品。由于买家需求和供应市场都在不断变化，所以选品也是一个无休止的过程。

一、选品前的准备

很多卖家在选品的时候毫无思路，或者是因为对某类产品比较熟悉而直接销售，或者是直接从某个卖家的成功案例中举例的产品入手，或者是自我感觉某种产品会很好卖，于是就开始销售。没有目标，没有思考，没有规划，用这些选品方式进行选品的最终结果可想而知。卖家进行选品应该遵循一定的原则与逻辑。在这里编者将选品原则归纳为三点：兴趣、市场需求和平台。

1. 从兴趣出发的原则

选品要从卖家自己感兴趣的产品入手，这样卖家才愿意花费更多的时间去了解产品的品质、功能、特性和用途，才有动力投入更多的精力去研究产品的优势、价值和目标消费群体等。只有对产品有充足的认识，卖家才能切实解答客户关于产品的疑问，提升客户对产品的信任。

2. 从市场需求出发的原则

市场需求量大的产品，才能带来可观的销量，市场需求不足的产品，当然无法带来足够量的订单。因此，选品要从市场需求出发，也就是说，卖家要考虑目标客户群的消费点，从产品的市场容量出发来指导选品决策。

3. 从平台特性出发的原则

卖家需要对不同的跨境电子商务平台有足够的了解，掌握不同平台的不同特性和不同的商业理念，知道哪些产品是平台热销的，哪些品类是平台大力扶持的，选择什么样的产品更容易获得平台推荐等。同时，卖家还要掌握哪些产品是平台禁售的。不同的平台，禁售产品不完全一样，总体来说，武器类、医疗器械类、化学品类等在大多数平台上都是不被允许销售的。在平台上销售禁售产品，卖家会受到平台的处罚，甚至有可能导致关店，如表 3-4 所示。例如，一些淘宝上允许销售的商品，全球速卖通上会被禁止销售，所以卖家在开店前需要做好充分的了解。

全球速卖通禁限售违禁信息列表

表 3-4 全球速卖通发布禁限售产品的处罚

处罚依据	行为类型	违规行为情节/频次	其他处罚
《禁限售规则》	发布禁限售商品	严重违规：48 分/次（关闭账号）	（1）退回/删除违规信息； （2）若检查到订单中涉及禁限售商品，全球速卖通将关闭订单，如买家已付款，无论是物流状况均全额退款给买家，卖家承担全部责任
		一般违规：0.5～6 分/次（1 天内累计不超过 12 分）	

4．从产品角度出发的原则

适宜跨境销售往往符合如下基本条件：一是体积较小，主要方便以快递方式运输，降低国际物流成本。二是附加值较高、价值低过运费的单件商品不适合单件销售，可以打包出售，降低物流成本占比。三是具备独特性，在线交易业绩佳的商品需要独具特色，才能不断刺激买家的购买欲。四是价格较合理，在线交易价格若高于产品在当地的市场价，就无法吸引买家在线下单。另一个问题是海关通关和清关问题，有些产品是不能过海关或者国际快递是不接收的，除了国家法律禁止的物品，液体、粉末状物品、药品（需要专门的快递）、易燃易爆品等也是不能快递的。另外还需要搞清楚哪些国家是不接受哪些产品进口的（例如，澳大利亚不接受化妆品、珠宝等物品的清关），卖家可以根据自己的产品详情咨询相关的物流公司，也可咨询同行业资深人士。还有就是选择一些易耗的产品，这样的产品容易引起买家重复购买，培养其消费习惯，也利于店铺推广和留住客户。

亚马逊关于禁售商品声明的一般规则

二、选品方法

一般来说，通过店铺定位就可以确定跨境电子商务店铺所在行业，但是选品可以帮助店铺找到最合适的产品。在跨境电子商务店铺开设完成之前，主要的选品方式为站外选品，站外选品分为主动选品和被动选品。

（一）主动选品

主动选品是指人们通过对目标市场的了解或者对某个行业的了解，主观地去开发产品。主动选品的步骤如下。

1. 目标市场分析

人们经营跨境电子商务店铺时，可以多去了解目标市场的四季天气变化情况，以及目标市场人群的饮食习惯、业余爱好和消费习惯等。

相关链接 3-3：美国客户的消费习惯

近年来，伴随着中国经济的发展，跨境电子商务逐渐成为一个热门行业。当面对生活习惯、价值观念、所处环境均不相同的国外买家时，如何把握国外买家的购买习惯，发掘国外买家的购买潜力，是产品能否热卖的关键。

跨境营销要因地制宜，国外买家不会喜欢一成不变的东西，卖家可以尝试创造出最符合地域特征的产品与营销模式。以美国买家为例，他们更看中产品的品牌与质量，同时对产品的安全性也特别重视。美国买家购买习惯的形成是因为他们属于活在当下的群体，鲜有存款，在选购产品的时候，首先注重的是产品的质量。因此，卖家一定要严把产品质量关。美国买家其次注重的是产品的包装。一个好的产品包装不仅能给顾客留下好的印象，更能吸引顾客的再次光临。美国买家最后注重的才是产品的价格。

在美国，青年群体并不是主要消费群体，这一群体以学生为主，学业压力极重和自身资金来源有限的情况，决定了他们的购买力的有限性，建议卖家多以性价比高的中低端产品作为主打产品。针对 4～10 岁的消费群体，可以以运动鞋、休闲系列、牛仔裤开衫和套头衫为主打产品。针对 10～25 岁的消费群体，在时尚方面，可以以潮流服饰、滑板鞋、宽松牛仔、长袖 T 恤、开衫、休闲鞋和单肩小包为主打产品；在生活方面，以滑板、极限运动、经典运动类产品作为户外用品的主打产品；在流行因素方面，以摇滚音乐元素为主打产品；在室内方面，以电子游戏和 DIY 兴趣类产品为主打产品。美国的中年群体大多数面临工作、生活上的各种压力，使得这个消费群体普遍购买力低下，因此他们在选择产品时更加谨慎，并以提高生活品质和健康为主要目的。针对这一群体的消费习惯，我们可以选择与他们生活息息相关的产品，例如，针对男性的运动用品、户外用品、汽车配件；针对女性的首饰、家居、母婴类产品等。美国的老年群体是比较富裕的一个群体，在这一时期，社会养老福利的健全及工资福利使得他们的压力及生活负担很小，因此这一群体的消费潜力比较大，卖家可以做老年产品。北美市场的购物习惯在逐渐改变，越来越多的人选择在线购物，对实体店铺产生的冲击比较大，更多年龄层的人逐渐融入网购平台，产品更加丰富，买家对于产品质量和服务的要求也越来越严格，卖家之间的竞争也越来越激烈。卖家要对自己的产品做充分的调研和数据分析，进而找到最适合当地的产品与营销方式。

（资料来源：微日报）

2. 节假日分析

在圣诞节来临之前，卖家都会挖掘圣诞产品，是因为卖家知道，圣诞节来临前西方国家的人群会大量采购圣诞产品来装饰房屋、商超、餐饮店等。卖家在万圣节来临前可以开发一些恐怖面具、服装、道具等。节假日产品大多都会选择提前一个月开发及上架，因为买家需要提前准备，物流配送也需要时间，当然也是为了抢占先机。针对这些因素，我们选品方向就会更加明确。

3. 季节分析

冬天来临前，卖家可以开发保暖产品，如帽子、手套、围巾等；夏季来临前，卖家可以开发降温产品，如迷你风扇、笔记本冰垫、散热器等。

4. 生活习惯分析

卖家可以根据目标市场人群的生活习惯来开发产品。例如，在美国，年龄为18～65岁的成年人约有1.98亿人，其中60%的人属于户外买家，针对这一广大群体，卖家可以开发泳衣、球网、护目镜、手电筒、帐篷灯等产品。同时还要考虑到目标客户的特殊需求，如从事服装行业的卖家，需要对目标国家的气候，以及买家的喜好、尺码都非常熟悉，并且能够熟知各个国家的尺码的换算方法。主动选品还可以使用大量的站外工具。由于条件的限制，大部分跨境电子商务企业和卖家无法做到出国考察。这时候进行海外市场分析就主要依靠数据分析，跨境电子商务企业和卖家可以灵活运用各个分析工具，全面掌握销售趋势的发展情况。

（二）被动选品

与主动选品相对应的是被动选品。被动选品有两种情况，一是作为生产厂家进行选品，一般来说，也只能从生产厂家自己生产的产品中去进行选择。二是作为中间商进行选品，此时的被动选品就是通过参考其他大卖家近期销售量最高的产品，然后自己从供应市场寻找并订购同样的产品来进行销售。作为中间商进行选品比较简单，但永远都走在别人的后面，占据的市场份额也不会有多大。

实际上，被动选品是指深入研究并分析目前跨境电子商务平台上的在销产品的特点，借此来确定自己的销售产品的特性。主要体现在，首先参考其他大卖家的哪些产品近期销量比较好，然后从自己所了解的供应市场上寻找同样的产品，订购回来拍图并完成产品的相关信息资料收集。卖家可以通过首页的分类，进入其感兴趣或者较熟悉的产品类目的页面，这个页面可以显示产品的销量或者评论数量，选择销量或者评论数量较高的产品点击进去。同时，如果该页面显示的产品销量或者评论数非常高，我们可以初步断定该产品的卖家是大卖家，可以进入其店铺，参考店铺内各个分类销量靠前的产品，分析其产品名称和描述，同时为了避免品牌投诉，要看产品上是否有品牌 Logo，如果有就可以找到相应的供应商，从供应商处了解详情，或者通过搜索引擎，搜索该产品的信息。如果是品牌产品，能够从厂商拿到授权，自然就不会受到限制。如果不是品牌产品，就可以从本地或者网络上寻找合适的同类产品的供应商。同时，当发现一款很有潜力的产品时，我们还可以搜索相关/相近的关键词，来延伸出一些相关产品，由点及线、由线及面。例如，登录全球速卖通首页，选择任一类目，单击“The Bestsellers”按钮，了解热卖的产品，如图 3-11 所示。卖家通过“The Bestsellers”可以对顾客喜欢的产品有一定的了解，从而选择合适的产品。

图 3-11　全球速卖通 TheBestsellers 热卖产品

（三）站内选品

站内选品也称数据化选品，是指通过全球速卖通站内所有可利用的条件和工具去选择市场、类目和产品。生意参谋是全球速卖通基于平台海量数据打造出的一款数据产品，在 2019 年年底上线，替代了原版的数据纵横。卖家可以根据生意参谋横提供的数据，指导自己的店铺运营和推广，做出正确决策。

全球速卖通站内选品的方法

1. 市场大盘

图 3-12 所示为全球速卖通市场大盘。选择需要研究的行业或子行业，研究范围选择任意国家或者全球，时间可以选择 7 天或者 30 天。在行业趋势里面，可以看到很多跟市场相关的指标。借助这些指标，可以帮助店铺运营者进行决策。例如，供需指数是指统计时间内，所选类目的需求人数/供给商家数，供需指数越大，代表该行业内需求越大，竞争越小。交易指数是指统计时间内，所选类目下支付金额的指数化指标。交易指数越大，代表这个行业或者子行业的成交总金额就越客观。除了一级行业，还可查一级行业下的细分子行业，

有的行业虽然竞争压力相对较小，但是面对着物流运输的局限性。如一些液体物品，只有少部分物流方式支持配送。因此在选品时，不能只看指数，还要具体问题具体分析。

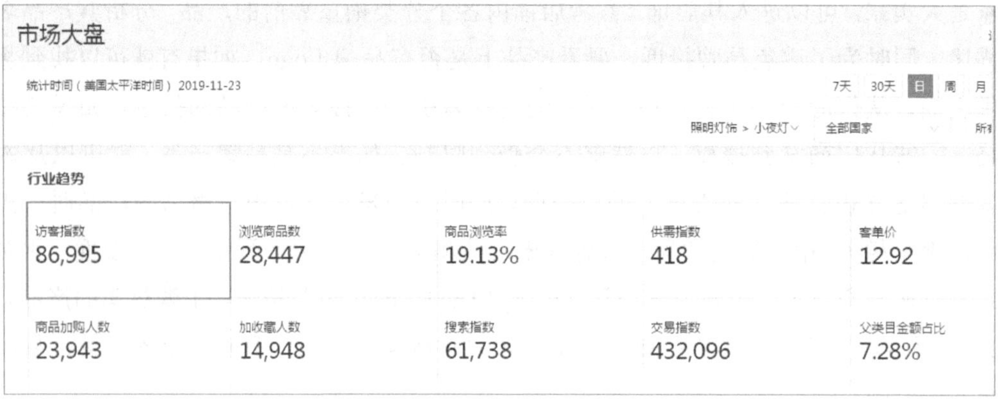

图 3-12　全球速卖通市场大盘

2. 搜索分析

在生意参谋栏目下的“搜索分析”菜单中有 3 个选项：“热搜词”“飙升词”“零少词”。选择某一级行业，本书以“家居用品”为例，然后确定研究的范围（全球或者某一具体国家）、时间（最近 7 天/30 天）。在“热搜词”和“飙升词”两个子栏目中，可以按照搜索指数来进行排位，对于排在前面的热搜词，单击“查看商品”按钮，就可以看到排在前三位的“飙升商品”和“高曝光商品”两个大类的商品，如图 3-13 和图 3-14 所示。作为店铺运营者，可以进入这些排在前面的商品详情页，参考排在前面的“飙升商品”和“高曝光商品”的基本特征，以此作为店铺选品的参考。

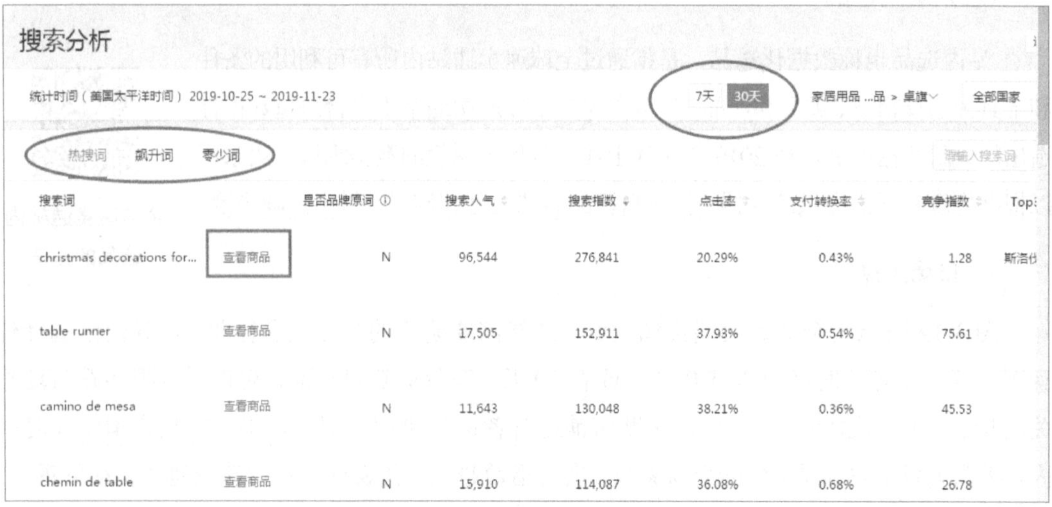

图 3-13　全球速卖通搜索分析

图 3-14 全球速卖通"飙升商品"和"高曝光商品"

（四）站外选品

跨境电子商务店铺的选品并没有一定的条框或者规则，也没有永远的热销产品。"人无我有，人有我优，人优我专"是卖家应该谨记的一条准则。很多情况下，当别人的产品与自己的产品类型发生碰撞时，除了打价格战，还可以选择提升产品的整体格调、质量，达到买家最期待的性价比。而当所处的产品竞争已经白热化到将利润空间挤压到几乎为零时，那么"恋战"就显得并不明智，卖家应该另寻他路，寻找新的利润增长点。

（1）参考目前主要操作的平台以外的其他跨境电子商务平台的某些热卖或有潜在力的产品。例如，公司主要操作的平台是全球速卖通，可以参考 eBay、亚马逊或者 Wish 等其他平台上热卖的产品。

（2）使用 Google Trends，也就是我们常说的谷歌趋势。谷歌趋势是谷歌旗下一款基于搜索数据推出的一款分析工具。它通过分析谷歌搜索引擎每天数十亿的搜索数据，告诉用户某一关键词或者话题各个时期下在谷歌搜索引擎中展示的频率及其相关统计数据。以关键词 Swimwear 为例，选择的国家分别为美国和澳大利亚，搜索结果显示，在北半球的美国，5—7 月为 Swimwear 搜索的高峰期，而在南半球的澳大利亚，9—1 月为 Swimwear 高峰期。因此，对于美国市场的产品开发，我们要在 3—4 月就要完成，而对于澳大利亚市场的产品开发，则需要在 8—9 月完成。如果不知道目标市场品类热度的周期规律，则很可能会错过市场高峰。再如圣诞节的关注热度，在全球范围内，圣诞节在一年之中只有一次最热的点，从每一年的 9 月开始市场关注度逐渐提升，在 10 月、11 月高速增长，到 12 月底进入最高峰，之后迅速跌至低谷。如果能提前准备产品和相关的推广活动，则能从产品的整个热度周期占领市场，否则只能抓个圣诞节的尾巴。

（3）使用 Keyword Spy。查询条件：关键词、站点、国家。以 Swimwear 为例，选择美国为分析市场，查询条件选择 Keywords，搜索结果表明，在美国市场，Swimwear 月搜索量达到约 274 万次，市场热度较高。搜索量最大的几个关键词是泳装的主关键词，如 Swimwear、Swim Wear、Swimsuit、Bathing Suit 等，而其他关键词可以作为长尾关键词。这些关键词用于产品搜索、产品信息加工中的命名及描述中，会大大提升 SEO（搜索引擎优化）的优化水平。同时搜索结果页面也会显示 Swimwear 这个关键词所对应的主要竞争对手网站的站点列表，其中重点关注原始关键词较多的网站。以通过 Keyword Spy 发现的某个竞争对手网站为例，利用

Alexa 工具进行对该网站进行进一步分析，以确定是否可作为适合的参考网站。

（4）使用 Alexa 进行网站目标市场及分布调查。以 LAND'S END 为例，在查询结果页面，我们重点关注该网站的日均 IP 流量（代表网站的整体知名度）及该网站在各个地区的排名（代表网站在各个地区的知名度）。通过搜索结果，我们可以得出结论：这个网站以美国为主要目标市场，且在美国有较高知名度。结合 Keyword Spy 工具的分析，我们可以确定：此网站可以作为我们在美国乃至北美市场的泳装类别的参考网站，用于研究适合美国市场的泳装产品的品相及价格。在获得了品类开发的时间规律后，我们开始通过工具寻找需要参考的竞争对手网站。站在巨人的肩上，可以看得更远。

三、进货渠道的选择

目前，国内的进货渠道主要有 3 种：线下批发市场、线上批发市场，以及与工厂合作。

（一）线下批发市场

这种进货方式根据卖家所在的地区，从当地或周边区域的批发市场进货。批发市场上的商品较多，品种齐全，有很大的挑选余地，可以做到货比多家。线下批发市场这种方式适合零基础和想试水外贸的卖家。如果想成为单一品类的卖家，那么可以在周边找专业性较强的批发市场。如果想要多品类经营，可以在周边寻找大型的多品类批发集散地。

其优点最明显的就是可以货比多家，面对面地讨价还价，并且这种进货方式很安全，大家可以看到实物，拿货容易、货源稳定。

其缺点是进货价格相对其他两种方式较高，因为这些批发商往往处于商品流通渠道的中间环节。如果卖家需要很大批量的进货，线下批发市场很可能无法满足他的需求。

（二）线上批发市场

这种进货方式就是从线上的购物网站进行采购，如淘宝、1688 等综合网站，以及单一行业的批发网站。这种方式适合兼职的卖家。

其优点是足不出户就可以完成进货，操作灵活，不受时间、地域、产地等方面的限制。

其缺点是不能见到实物，很难从图片中看出实际产品的质量，退换起来比较麻烦，并且在物流过程中容易出现破损的情况，不适合进一些易损产品。

（三）与工厂合作

这种进货方式主要是从工厂进货，与工厂建立合作关系。可以在当地寻找工厂进行合作，也可以从信息类网站上寻找工厂信息。用这种方式寻找货源时，最好要进行实地考察。与工厂合作这种方式适合有一定的贸易基础、希望长远发展并且对产品需求量大的卖家。

其优点主要是有价格优势。另外，工厂可以根据特殊要求进行定制。如果和工厂建立起稳固的合作关系，货源的稳定性也将会有所保障。

其缺点是个人卖家初期由于需求量小，很难和工厂达成合作关系。如果直接和厂家合作比较困难，可以先和一些一级代理商进行固定的合作，争取到一个合适的进货价格。

张明明认真分析了自己的所在地区，决定以线下批发市场作为自己的主要进货渠道。其主要原因在于，在学校附近就有一个华中地区最大的3C卖场，货源比较稳定，而且可以看到现货，质量有保证，可以尽量避免后期客户的质量投诉。

小思考 3-2：

不同的进货方式有什么优缺点？作为一个刚刚开始尝试创业的大学生，哪一种进货方式比较适宜？

第三节 产 品 定 价

【任务导入】

Jenny 综合使用了几种不同的选品方式，确定了要在全球速卖通和亚马逊上销售的商品。现在她又面临着新的问题。这些商品该如何定价呢？跨境电子商务平台上商品的定价跟国内电子商务平台上商品的定价有何不同？跨境电子商务的物流方式主要采用的是小包裹形式，那么跨境电子商务的商品价格和传统外贸出口的商品价格核算又有何不同？

一、价格构成

跨境电子商务店铺的产品价格包含3个方面：采购价、各种费用和利润，用公式表示如下。

价格=（采购价+费用+利润）/银行外汇买入价

其中，采购价为从产品供应平台（如1688）或从工厂采购（批发或者零售）的成本，可含税（增值税，如能提供增值税发票，可享受退税）。费用主要包括跨境物流费用及国内物流费用、平台交易费用（推广、佣金）、关税（用邮政小包等个人物品申报的零售出口一般在目的国不交关税）及其他费用（如包装费等）。利润可根据产品的实际情况、竞争者的价格及市场情况确定合理的利润率。

【实例 1】张明明从1688平台上采购了一批蓝牙耳机，单价为180元，查询得知，运往巴西的运费为15元，平台收取的佣金为成交价格的5%，推广费用为成交价格的3%。假设当日的外汇买入价为6.2元人民币兑1美元。假定预计的利润率为20%，分析一下张明明应将蓝牙耳机的价格定为多少。

因为价格=成本+运费+平台佣金+推广费用+利润，所以价格=180元+15元+价格×5%+

价格×3%+价格×20%，即价格=（180+15）/（1−5%−3%−20%）=270.8（元）。又因为外汇买入价为 6.2 元人民币兑 1 美元，所以 270.8/6.2=43.7（美元），所以张明明应该将蓝牙耳机的价格定为 43.7 美元/个。

小思考 3-3：

假设商品采购价格为 520 元，运往俄罗斯的运费为 20 元，平台佣金为 5%，平台推广费用为 4%，利润率为 15%，外汇牌价为 1 美元兑 6.2 元人民币。那么，产品定价为多少比较合适？

相关链接 3-4：重大利好：跨境电子商务可享受退税了

新年伊始，跨境电子商务企业迎来重大利好消息：国家出台跨境电子商务退免税政策，从事跨境电子商务的企业可享受退税了。

财政部、国家税务总局联合发布的《财政部　国家税务总局关于跨境电子商务零售出口税收政策的通知》（财税〔2013〕96 号）（简称《通知》）规定，从 2014 年 1 月 1 日起，符合条件的电子商务出口企业出口货物可适用增值税、消费税退（免）税政策。

《通知》对相关概念做了界定。其中，适用退（免）税、免税政策的电子商务出口企业，是指自建跨境电子商务销售平台的电子商务出口企业，以及利用第三方跨境电子商务平台开展电子商务出口的企业。为电子商务出口企业提供交易服务的第三方跨境电子商务平台，不适用《通知》规定的退（免）税、免税政策，可按现行有关规定执行。

电子商务出口是近年外贸发展的新方式。研究此方面的财税专家表示："很多电子商务企业从事小额对外贸易活动，通过快递、邮件等方式运送货物，出口数量较多但金额较小。过去，这部分电子商务企业由于无法提供报关单等材料，无法享受国家的出口退税政策。"

上述专家表示，该政策意味着困扰我国电子商务企业已久的出口退税制度"瓶颈"已被突破，此项政策将大大降低相关企业的成本，进一步促进跨境电子商务的发展，同时对于促进外贸企业转型升级也将带来利好效应。

商务部数据显示，2011 年我国跨境电子商务交易额约为 1.6 万亿元，2012 年达到约 2 万亿元。2012 年我国外贸增速为 6.2%，而跨境电子商务贸易规模同比增速超过 25%。

（资料来源：雨果网）

二、定价方法

（一）认真研究市场价格

很多产品的价格已经相当透明，作为卖家，对自己经营的产品价格要敏感。卖家可以通过对比平台相同产品的价格来定价；完全没有相同的产品时，可以寻找类似产品，如相同材质或者相同款式的产品，参考其价格；如果在平台上完全找不到类似产品，建议将利润率控制在 20%左右。全球速卖通的价格单位是美元，没有做过外贸的卖家对汇率换算会感到很头疼。

（二）根据买家特点定价

跨境电子商务平台的买家大多数是经营网店或者实体店的中小批发商，他们的特点是库存量小、产品订购频繁、产品专业性不强，一般都是几条产品线同时经营，比较看重转售利润空间，在意卖家的专业性和售后服务。根据这类买家的特点，小巧轻便的产品可以打包销售、免运费。跨境电子商务平台卖家的批发定价一般要比国外市场单价至少低 30%，这 30%既包括买家转售的利润空间，又包括买家在国外转售产品的基本成本。

（三）借鉴平台同类产品的价格

这种方式最直接、简单，但它的弊端是不同质量的产品具有一样的价格，如同样的玩具，材质不同，但价格相差很多，买家购买后容易造成纠纷。因此，卖家需要了解某类产品不同档次产品在市场上的价格，通过搜索选项找出该产品价格从高到低的排序。当设置多个 SKU 产品时，可以把出单最少的设为最低价。出单少，略微亏，但是当买家按价格从低到高排序时，最低价就有可能计入买家的排序列表，成为店铺的引流款。

三、定价策略

跨境电子商务的产品价格可以分为上架价格（Listing Price，LP）、销售价格（Discount Price，DP）和成交价格（Order Price，OP）。上架价格是指产品在上传的时候所填的价格。销售价格是指产品在店铺折扣下显示的价格。成交价格是指用户在最终下单后所支付的单位价格。上述价格间的联系如下：

上架价格=采购价+费用+利润

销售价格=上架价格×折扣率

成交价格=销售价格-营销优惠（满立减、优惠券、卖家手动优惠）

（一）狂人策略

狂人策略是指卖家研究同行业卖家、同质产品销售价格，确定行业最低价，并以行业最低价降低 5%～15%为产品销售价格。用销售价格倒推上架价格，不计得失确定成交价。

（1）上架价格=销售价格/（1-15%）。此策略费钱，可以用重金打造爆款，简单、粗暴、有效，但不可持续，风险较大。

（2）上架价格=销售价格/（1-30%）。此策略略微保守一些，可以通过后期调整折扣来让销售价格回到正常水平。

两种定价思路都可以在 15%折扣下平出或者略亏，作为引流爆款。

（二）稳重策略

稳重策略是通过计算产品的成本价，根据成本价和利润来确定产品的销售价格。产品的销售价格确定后，根据店铺营销的策略安排，确定上架价格。

【实例 2】产品成本是 3 美元，按照全球速卖通目前的平均毛利润率（15%），还有固定的成交佣金费率 5%，以及部分订单产生的联盟费用 5%，计算销售价格，则销售价格=3/（1- 0.05 - 0.05）/（1- 0.15）=3.92（美元）。

其中，5%的联盟佣金并不是所有订单都会产生，但考虑到部分满立减、店铺优惠券直通车等营销投入，以 5%作为营销费用，基本没有差错。当然，这其中还可以加入丢包及纠纷损失的投入，按照邮政小包 1%的丢包率来算，又可以得到：销售价格=3/（1-0.05-0.05-0.01）/（1-0.15）=3.96（美元）。

得到销售价格后，需要考虑该产品是作为活动款还是作为一般款来销售的。

假如作为活动款，那么，按照平台通常活动折扣的要求——40%来计算：

上架价格=销售价格/（1-0.4）

作为活动款，平时打 40%折扣，但活动最高可以打 50%折扣。

作为一般款销售，上架价格=销售价格/（1-0.3），平时打 30%折扣。建议折扣参数不低于 15%，因为平台大促所要求的折扣一般不高于 50%，因为折扣过大容易产生虚假折扣的嫌疑。而根据全球速卖通官方的统计，30%左右的折扣是买家最钟情的折扣，属于合理预期范围。对于 50%折扣的活动要求，基于上述定价的模式，基本上相当于平出，不会亏本或者略亏，假如客户购买两件及两件以上产品，卖家就可以赚到一笔。

小思考 3-4：

假设张明明的某个产品的成本为 150 美元，全球速卖通的佣金费率为 5%，联盟推广费率为 5%，售后服务产生的费用约为 1%，产品计划参加平台活动，预计折扣率为 30%，那么，该产品的上架价格定为多少比较合适？

相关链接 3-5：多 SKU 产品定价策略

库存保有单位（Stock Keeping Unit，SKU），即库存进出计量的单位，可以是以件、盒、托盘等为单位。在服装、鞋类商品中使用得最多、最普遍。例如，纺织品中一个 SKU 通常表示规格、颜色和款式。

SKU 是物理上不可分割的最小存货单元。在使用时要根据不同业态、不同管理模式来处理。例如，一箱香烟是 50 条，一条里有 10 盒，一盒中有 20 支，这些单位就要根据不同的需要来设定 SKU。

在给多 SKU 产品定价时，可以将出单量最小的产品定低价。例如，向欧美国家和地区销售的泳装，有多个尺码，但是由于欧美人体型普遍偏大，因此 S 码在欧美国家出单量最小，可以将 S 码的标价下调，而将其他尺码标为正常价格，从而起到引流的作用。

（资料来源：雨果网）

第四节　发 布 产 品

【任务导入】

Jenny 做好了选品，确定了要在店铺里发布的商品，也按照全球速卖通和亚马逊两个平台的佣金率、商品的国际快递费用计算好了商品上架的价格，并且找了专业的摄影团队，对要上架的商品进行了拍摄和信息化处理，制作好了商品的数据包。现在，Jenny 要在全球速卖通和亚马逊两个平台上把商品发布出去。在这个过程中，她会遇到什么问题？发布产品时，类目选择如果错了，会受到什么处罚？产品标题和商品网站排名有什么关系？在制作详情页的时候，要考虑哪些因素？跨境电子商务平台发布产品的步骤有哪些？

一、全球速卖通产品发布

登录全球速卖通的账号后，单击“我的速卖通”按钮，再单击“发布产品”按钮即可进入发布产品的界面，如图 3-15 所示。

图 3-15　全球速卖通发布产品的界面

（一）选择正确的类目

类目是跨境电子商务店铺的主要流量来源之一，国外的买家可以通过首页的类目进行产品筛选。例如，客户想要挑选一件连衣裙，就可以通过单击首页中的“Women's Clothing”按钮，再单击“Dresses”按钮来进行类目筛选，如图 3-16 所示。

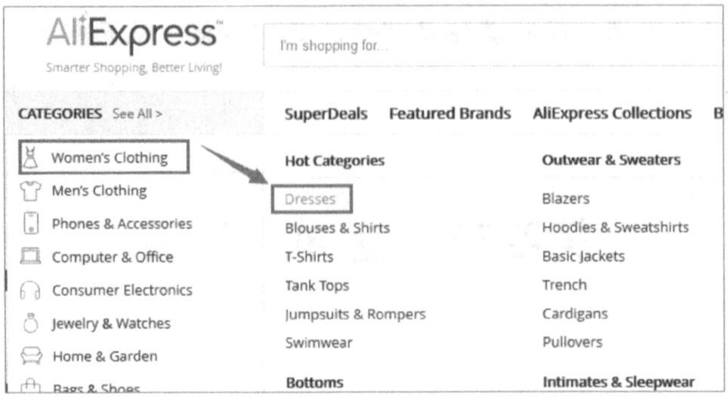

图 3-16　全球速卖通首页类目

为商品选择正确的类目，具体操作步骤如下。

（1）卖家要对各个平台的各个行业、各层类目有所了解，知道自己所售商品，从物理属性上来讲应该放到哪个大类下，如准备销售手机壳，应知道它是属于手机大类的。

（2）可在线上通过商品关键词查看此类商品的展示类目，作为参考。

（3）根据自己所要发布的商品逐层查看推荐类目层级，也可以参考使用商品关键词搜索推荐类目，从而在类目推荐列表中选择最准确的类目，发布时要注意正确填写商品重要属性。全球速卖通网站后台类目如图 3-17 所示。

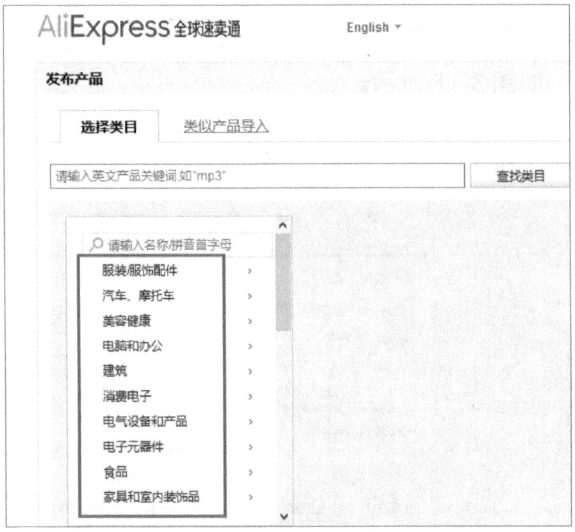

图 3-17　全球速卖通网站后台类目

实际中经常出现类目错放的情况。一般情况下，类目错放有如下两种情况。一种是有意类目错放，是指有意使发布商品时选择的类目与商品实际类目不符以骗取曝光的行为，这种行为称为类目错放搜索作弊行为。为了保障卖家间公平竞争的原则，平台将对这种恶意行为进行打击和处罚。另一种是无意识类目错放，导致这种情况发生的原因是卖家对全球速卖通及其类目结构了解得不够深入。例如，客户想挑选女士连衣裙，但卖家错把商品发布到了男装的类目下，不管其他信息如何完善，客户也无法搜索到，影响交易达成。

相关链接 3-6：类目错放种类及示例

1. 发布类目完全不符合商品品类，甚至出现跨行业错放

案例 1：手机壳错放到化妆包“Cosmetic Bags & Cases”类目，如图 3-18 所示，正确的类目应该为“Luggage & Bags > Digital Gear Bags > Mobile Phone Bags & Cases”。

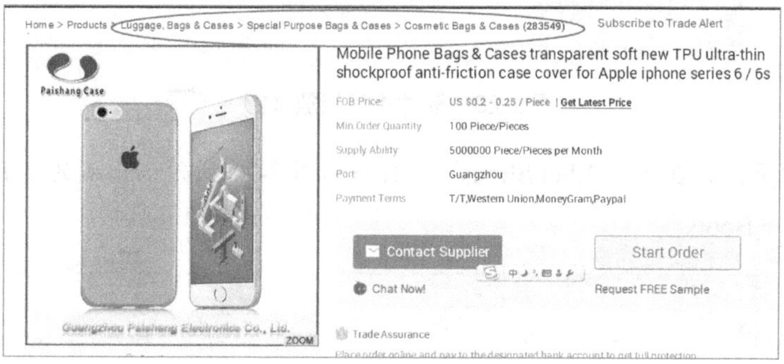

图 3-18 行业类目错放

2. 配件错放在主机类目下

平台设置了很多行业类目，主机和配件设有各自独立的类目，LCD 显示屏应该放在手机配件类目下，而不是手机类目下。例如，“Mobile & Phone Accessories > Mobile Phones”“Telephone & Accessories > Telephones”，如图 3-19 所示。

图 3-19 配件类目错放（1）

案例 2：婚纱头纱错放到“Wedding Dresses”类目下，如图 3-20 所示，正确类目应为“Apparel > Weddings & Events > Wedding Accessories > Bridal Veils”。

3. Other 类目错放

目前，平台每个行业会设置一个 Other 类目，当卖家的商品在这个行业没有适合的发布类目时，可以将产品发布在 Other 类目下，但如果商品实际上有更适合的发布类目，仍将

商品发布在 Other 类目，则属于类目错放。

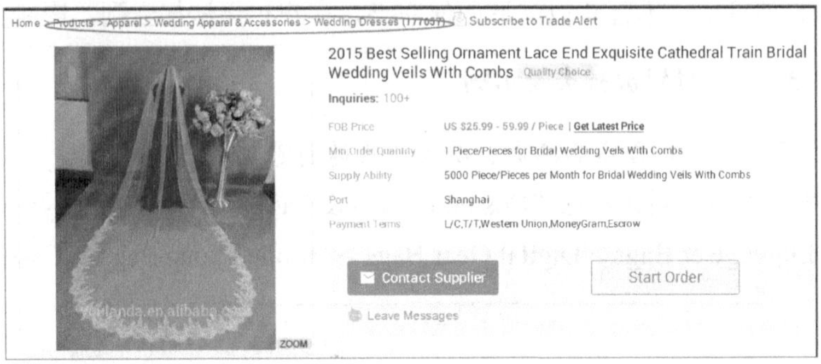

图 3-20　配件类目错放（2）

案例 3：靴子错放在了“Other Shoes”类目，如图 3-21 所示，正确的类目应为“Shoes > Women's Shoes > Boots”。

图 3-21　Other 类目错放

4. 特殊商品类目错放

部分特殊类商品，包括订单链接、运费补差价链接、赠品、定金、新品预告商品，如图 3-22 中的从中国到泰国的运费，不能放在“Gifts”类目下，正确类目应该是“Home > Products > Business Services > Logistics Services > Air Freight”。

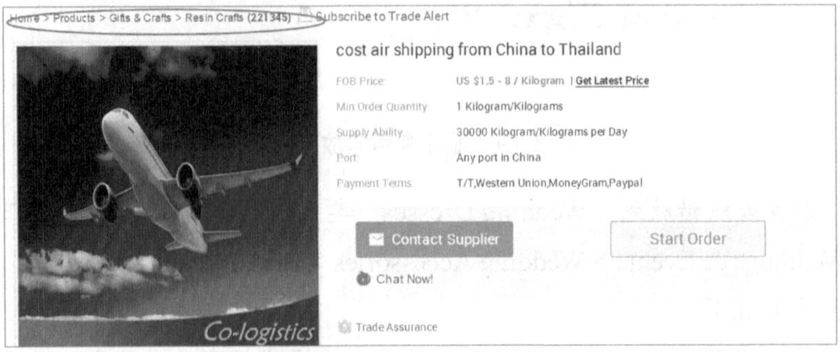

图 3-22　特殊商品类目

（二）填写完整的属性

1. 产品属性的重要性

（1）可以多方位、多角度提高买家浏览量，提升产品售出率。60%的买家会利用属性及属性值来缩小其想要的产品范围。因此，选填专业、属性及属性值完备的产品将有机会获得这 60%的买家流量。

（2）获取平台主题推广流量。例如，上传产品时选择节日属性：Halloween。在万圣节来临时，平台会整体促销万圣节主题产品，包括相关服装、首饰、宠物衣服、家庭装饰用品等，这样平台会通过 Halloween 这一属性来集合相关产品。因此，只有填写了相对应属性的产品才有机会获得此类推广页面流量。

（3）可以减少沟通成本，降低纠纷退款率。以鞋为例，卖家在上传产品时如果没有填写尺寸这一属性，而买家购买时看中款式便下单，将会导致卖家无法发货，需要进行多次沟通。通常会出现线上沟通不畅或者时间拖延的问题，导致纠纷退款等情况的发生。设置完备的购买属性，将会使卖家有效避免这个问题。

2. 全球速卖通产品属性的填写

全球速卖通的后台产品属性包含两个方面，即系统定义的属性和自定义属性，分别如图 3-23 和图 3-24 所示。

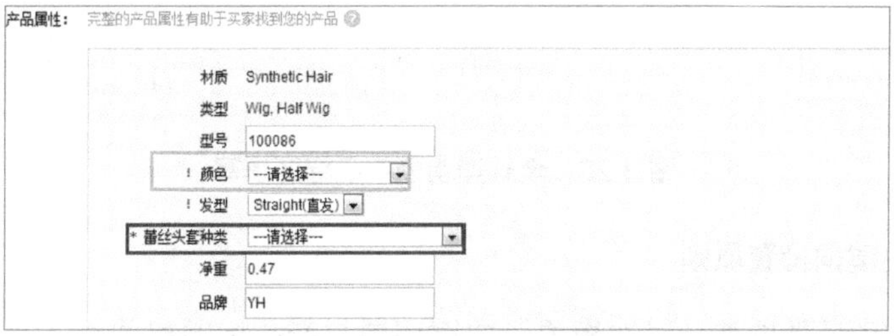

图 3-23　全球速卖通产品系统定义的属性

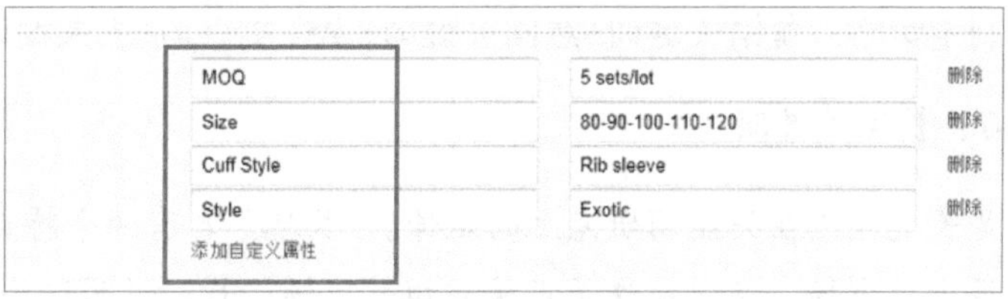

图 3-24　全球速卖通产品的自定义属性

系统定义的属性根据行业类目的不同而不同。为了产品的优化，系统属性填写率最好为 100%，否则会影响产品的曝光率。叹号标记的为关键属性，星号标记的为必填属性。

同时，全球速卖通允许添加 10 个自定义属性，方便卖家设置产品的属性，如颜色、尺寸等。属性和属性值会显示在产品最终页，方便买家更好地了解产品信息。完整、正确地填写产品属性可以大大提高搜索时产品的命中率和曝光率，买家也可以借此第一时间全面地了解产品，也可以根据某些属性对产品进行筛选。

值得注意的是，在填写时，用星号标注的属性是必填的。在选择品牌时，应仔细核对产品的品牌，以避免出现产品的侵权问题。自定义属性应最好与系统属性不同，这样可以增加产品的搜索率和曝光率。

小思考 3-5：

在上传蓝牙耳机和女士连衣裙这两种不同的产品时，可以填写哪些系统定义的属性和自定义属性？

（三）拟写标题和关键词

2015 年 10 月，全球速卖通“产品发布”里的“产品关键词”填写功能下线。卖家登录全球速卖通后台，选择“发布产品”，即可看到“产品标题”栏，如图 3-25 所示。

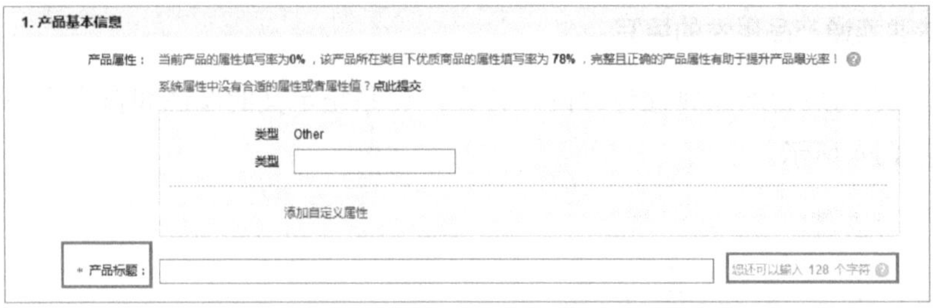

图 3-25　全球速卖通产品标题填写

1．标题和关键词设置原则

（1）相关关键词要与类目属性相关，关键词要与产品标题相关。

（2）关键词的选择策略：长尾关键词中包含二级关键词，二级关键词中包含顶级关键词。

（3）标题的制定策略：营销关键词+意向关键词+属性卖点词+主关键词+长尾关键词。

相关链接 3-7：长尾关键词

长尾关键词是长尾理论在关键词研究上的延伸。“长尾”具有两个特点：细和长。细，说明长尾是份额很少的市场，在以前这是不被重视的市场；长，说明这些市场虽小，但数量众多。众多的微小市场累积起来就会占据市场中可观的份额——这就是长尾的思想。

2．标题的设置技巧

（1）通常标题主要由 3 部分组成：核心词、属性词和流量词。其中，核心词是行业热门词，影响产品的搜索排行和点击量。属性词包括长度、颜色、材质、功能、配置、款式等，而流量词则是指实际带来流量的词。

（2）标题的设置要符合买家的搜索习惯。设置标题就是为了让买家发现，所以买家习惯搜索的词就是卖家需要的词，这些词是标题的重要组成部分，也就是我们常提到的关键词。

（3）标题设置时需要简洁、清晰、完整。填写标题时切忌中心词的罗列堆叠，可以多设置热搜属性词；标题尽量不要用符号分割；品类词的放置尽量靠后，最重要的关键词放在品类词前面，标题中同一个单词只能用一次。目前全球速卖通的产品标题最多可以设置128个字符，而敦煌网的产品标题最多可以设置140个字符。

（4）标题慎用“Free Shipping”。店铺设置全球免邮费时，标题中可以出现“Free Shipping”字样，如果店铺只是设置对部分国家免邮费，则不建议填写“Free Shipping”，否则会被判定为“运费作弊”。

小思考3-6：

请确定蓝牙耳机、车载CD播放器、腰封、紧身衣、马克笔、婴儿监视器的产品标题。

（四）上传产品图片

图片对于电商的重要性不言而喻，而衡量图片优劣的关键在于点击率和转化率。

在全球速卖通中一个产品一般有6张主图，第1张主图会被展示在搜索引擎列表中，所以第1张主图最重要，用途是获得精确的、更多的流量。剩下的5张主图用来展示给移动终端的买家。具体界面如图3-26所示，卖家可以从电脑中上传，也可以从全球速卖通为卖家提供的“图片银行”中上传。

图3-26　全球速卖通上传图片

1. 准备产品图片

很多卖家通常会直接从网上下载图片作为自己的产品图片。全球速卖通的淘代销允许将淘宝上的东西一键搬家到全球速卖通上来进行销售。但网上找来的图片一般有水印，而且很多图片不允许下载和外链。此外，还有可能涉及侵权的问题，一旦由于“盗用图片”的事件被投诉到平台，卖家就有可能受到扣分或者降权等处罚。所以，有些卖家也会找来数码相机精心拍摄，用 Photoshop 处理细节、包装和效果图，这样往往更能赢得买家的青睐。单张图片的大小要控制在 200KB 以下，最好使用统一的图片尺寸，如 600px×450px 的产品图片就足以吸引买家的眼球。全球速卖通中对主图的格式要求为 JPEG，文件大小在 5MB 以内，像素最好设置为 800px×800px。

2. 确定图片数量

一般来说，全球速卖通允许一种产品上传 6 张产品图片，敦煌网允许一种产品上传 8 张产品图片。在图片银行功能推出后，卖家可以将产品图片引用到产品详细描述中，这样国外的买家在查看卖家的产品文字描述时，也能同时对照产品图片查看产品的细节部分。将产品图片引用到产品详细描述中的另一个好处是，买家无须逐一点击图片，直接通过鼠标下滑即可看到所有图片，便于买家操作。

3. 确定图片排列方式

产品图片描述要遵守整体功能描述、细节展示、使用效果图和包装图的顺序。这个顺序符合买家的浏览习惯，看起来也比较舒服。如图 3-27 所示，该界面图片的呈现是十分值得肯定的。一是首图让产品展示得充分、美观、有质感，展示了产品的正面、反面、侧面。二是图片为白色背景，简洁明了。三是，除首图外，其余 5 张主图为产品细节图。在全球速卖通的移动终端 App 及移动终端的网页，查看产品详情页的时候会展示 6 张主图。

图 3-27 全球速卖通图片设置的优秀案例

（五）制作详情页

详情页由文字、图片、视频构成，用以向买家介绍产品属性、使用方法等详细情况。其最主要的作用就是完成订单、实现转化。产品详情页包括产品广告区、关联营销区和产品广告图区、产品实拍图区、店铺信息图区。

优质的详情页是由一系列图片构成的，这里非常看重视觉营销。简单来说，好的详情页就是转化率高的详情页。买家希望关于产品的一切信息都能够在详情页中找到，要让买家拿出看悬疑剧的好奇心来看详情页，而且要让买家欲罢不能。好的详情页能让买家不用咨询客服、没有任何顾虑下单完成转化。

衡量详情页的优劣的标准有 3 个：转化率、页面停留时间和访问深度。

下面就详情页各组成部分的制作进行介绍。

1．产品广告区

2015 年 7 月，全球速卖通上线了产品视频，允许在详情页中上传视频，用以产品宣传。视频可以从多个维度向买家展示产品的特性。全球速卖通详情页视频如图 3-28 所示。

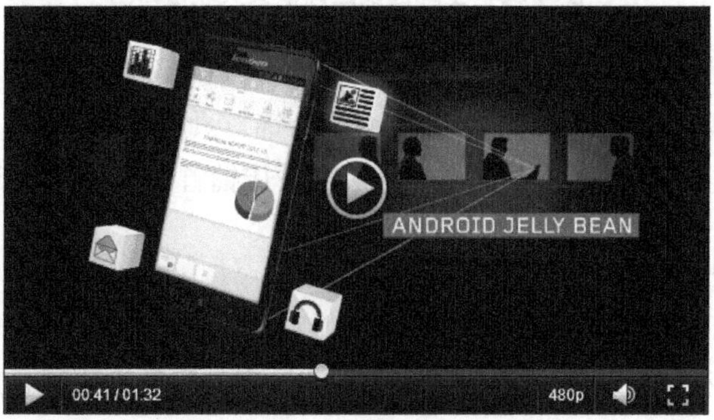

图 3-28　全球速卖通详情页视频

全球速卖通详情页产品广告区如图 3-29 所示。

图 3-29　全球速卖通详情页产品广告区

2．关联营销区

我们会在详情页的最上面放置关联营销产品信息的“模块”，也就是说，买家进入详情页后，在其浏览该产品前，先向其推荐本店其他产品，增加其进入其他页面的可能性，引导流量。防止其因为看了产品后没有兴趣，立刻关闭页面离开店铺。

在这个区域，我们会放置一些美观的广告图、海报图，以及一些重要的想告诉买家的信息，如过年会延迟发货等，这样的信息同样可以在这里重点标出，告知买家。

同时，这里还可以放置一个非常重要的东西——关联营销图。例如，放置买家可能感兴趣的3个产品，如图3-30所示。

图3-30　全球速卖通详情页关联营销图

最后，可以放置一张引导买家去店铺首页的图片。在全球速卖通上，根据数据分析可知，80%～90%的买家都只看详情页，而不会看店铺首页。所以，这给了我们两个启示，一个是详情页比首页重要；另一个是需要引导买家去店铺首页，店铺首页是最好的关联营销。

3．产品广告图区

在这里，我们会放置产品的广告图，多SKU介绍、产品属性、产品卖点、真假对比等。产品广告图区和产品广告区的区别在于，产品广告区是为店铺打广告，产品广告图区则主要是为产品打广告。

全球速卖通详情页产品广告图区如图3-31所示。在这个例子中，有同款不同颜色产品的展示，主要产品的主要参数，用美观的大图依次进行了展示。

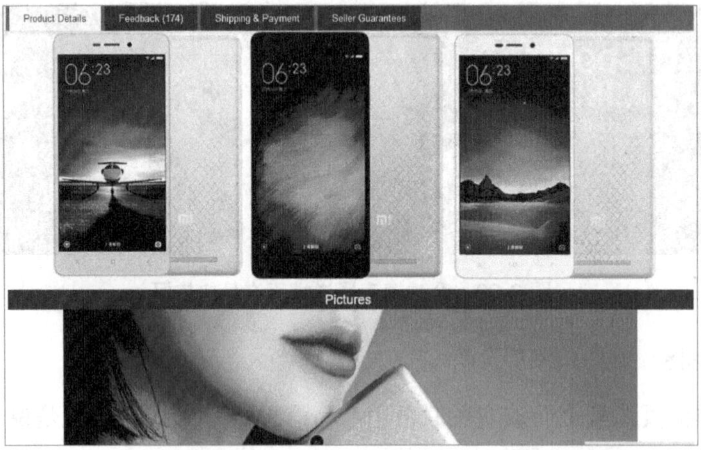

图3-31　全球速卖通详情页产品广告图区

4．产品实拍图区

在这里，会放置产品的实拍图、细节图。如果是首饰、衣服，则可以放置佩戴图、使用图、买家分享图等。总之，就是要在真实的基础上做到美观、有吸引力。

但不是图片越漂亮越好，而是应该有一个限度。如果为了增加订单，刻意把图做得极其吸引人，超过了产品本身所能达到的效果，物极必反，就会影响好评率，因小失大。

全球速卖通详情页产品实拍图如图 3-32 所示。

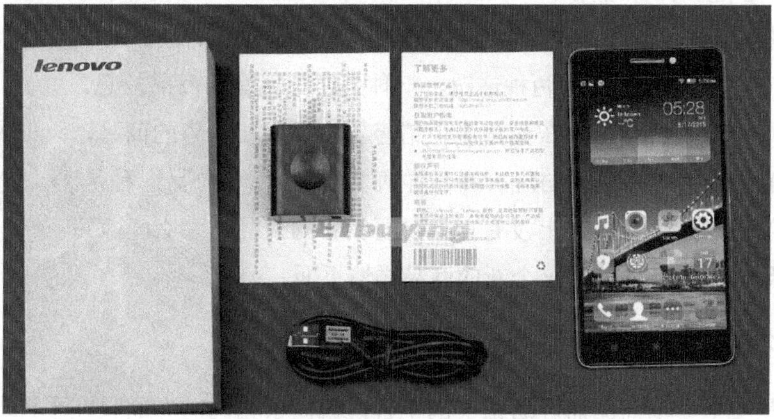

图 3-32　全球速卖通详情页产品实拍图区

5. 店铺信息图区

这里可以放置一些和产品本身关系不大，但是和交易有关的信息。例如，是否附送小礼品、支持哪些付款方式、支持哪些物流方式、公司介绍、公司实拍图、FAQ 等。全球速卖通详情页店铺信息图如图 3-33 所示。

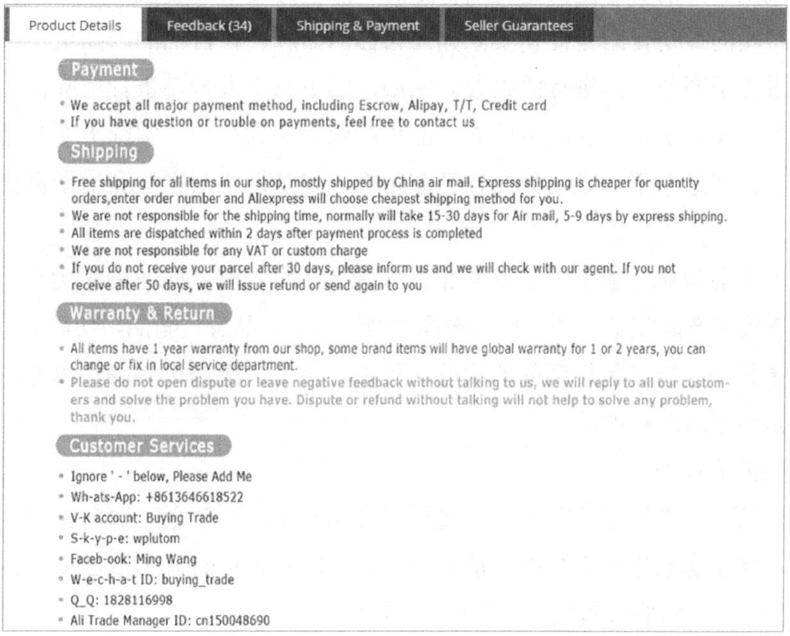

图 3-33　全球速卖通详情页店铺信息图

二、亚马逊产品发布

在亚马逊上发布产品，主要有两种方式，一种是单独创建新商品，另一种是批量创建新商品。批量创建新商品适用于一次上传多个产品的情境，需要使用CSV表格，相对来说过程比较复杂，但是方便。在本书中，主要介绍单独创建新商品。

单独创建新商品，又分为两种情况，一种是匹配现有的商品信息，又称跟卖，是指如果已经有人在亚马逊上销售了自己想要销售的商品，那么卖家的商品详情页面必须与现有商品详情页面保持一致。另一种是，创建新商品信息，如果亚马逊上没有自己想要销售的商品，那么卖家可以发布新商品，亚马逊将创建一个新的商品详情页面。

亚马逊产品发布的流程

（一）匹配现有的商品信息

亚马逊是一个“重商品而轻店铺”的平台，偏向于相同的产品只在平台上出现一次，避免出现大量重复的、类似的商品和页面，那么，同样一个商品详情页面内可能会有多个卖家，除了占据购物车的卖家，其他卖家售卖同样的产品都称为跟卖。所谓亚马逊跟卖，其实就是同一个产品ID，但是有不同的卖家在卖。

亚马逊跟卖就是在别人创建的产品页面下销售同样的产品。跟卖实质上是共享“Listing”，是经亚马逊允许的一种销售方式。跟卖是亚马逊划时代的举动，亚马逊利用跟卖为平台吸引流量，为消费者提供更优质价廉的产品，方便消费者快速寻找所需商品。同时亚马逊设立跟卖的最初目的是促使卖家建立自己的品牌，让自己的产品更具不可替代性。跟卖是亚马逊出于商业目的进行的设置。例如，线下超市大米鸡蛋打折降价，这并不是超市的让利行为，实际上是入驻超市的农产品供应商的让利举动，实际上亚马逊就像超市一样，是个平台，在这个平台设立并允许商家跟卖，也是促使商家让利给予消费者优惠的一个举动。

将卖家的商品与亚马逊上的现有商品信息进行匹配之前，即计划跟卖亚马逊现有商品之前，卖家需确保产品完全一致，包括产品本身、包装、品牌、赠品、功能等。卖家需要提供商品的基本报价详情，包括商品的状况、价格、数量、配送设置等。当然，这些报价信息，后期也是可以随时更改的。

跟卖商品的流程如下。

第一步，从“库存”下拉菜单中，选择“添加新商品”命令，如图3-34所示。

第二步，搜索卖家想在亚马逊上销售的商品，搜索商品编码（如UPC、EAN、JAN或ISBN），可获得更准确的搜索结果，如图3-35所示。

图 3-34 亚马逊添加新商品

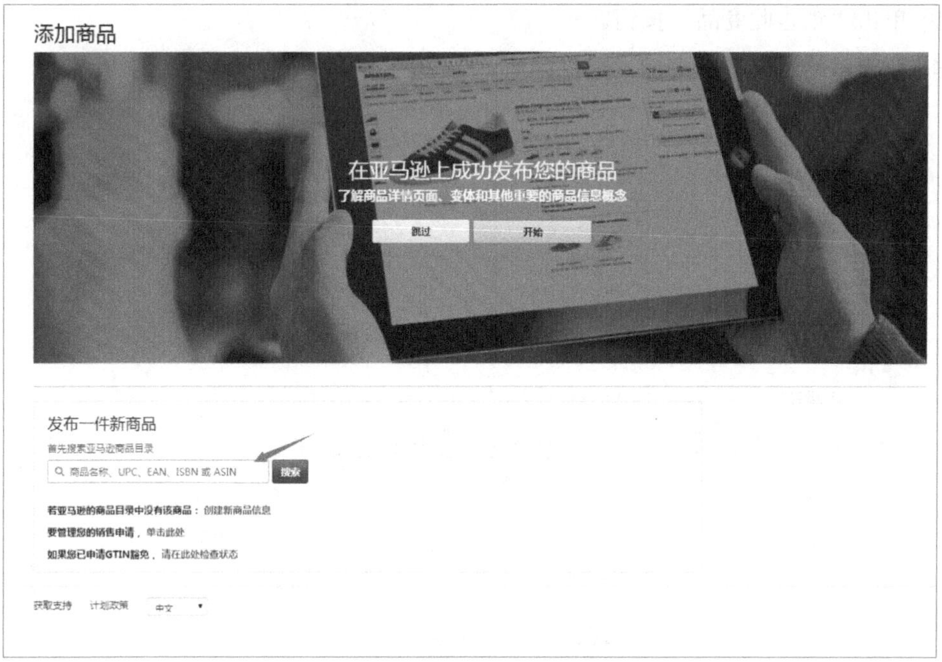

图 3-35 搜索亚马逊商品目录

相关链接 3-8：亚马逊相关商品编码

UPC：universal product code，商品通用条码，适用于美国和加拿大。在亚马逊上可以通过 UPC 搜到对应产品，UPC 乃上传商品必备元素之一。

EAN：European Article Number，也是商品通用条码，和 UPC 近义，适用于欧洲站。Amazon 要求的 UPC 是 13 位，EAN 也是 13 位，如果一个卖家在 Amazon.com 和 Amazon.co.uk 同时销售商品，可以将美国站的 UPC 当成 EAN 填入英国站，这样可以达到同步商品的效果，提高刊登商品效率。

ASIN：Amazon StandardIdentification Number，亚马逊标准识别号，是亚马逊生成用来标识亚马逊商品的。每个亚马逊经销的商品都有一个唯一对应的 10 位的 ASIN 编码。

GCID：Global Catalog Identifier，亚马逊内部生成的品牌标识符，当卖家的品牌在亚马逊成功备案后，提供一个 Key Attribute，亚马逊会自动分配独一无二的 GCID，16 位字符，包括字母和数字。

亚马逊防跟卖常用的 7 种方法

ISBN：International Standard Book Number，国际标准书号是专门为识别图书等文献而设计的国际编号。

第三步，如果卖家找到要销售的商品，请执行以下步骤，如图 3-36、图 3-37 所示。

① 单击“显示演示”按钮（如果适用）。

② 选择一个状况。

③ 单击“销售此商品”按钮。

④ 在提供的数据字段中输入报价详情。

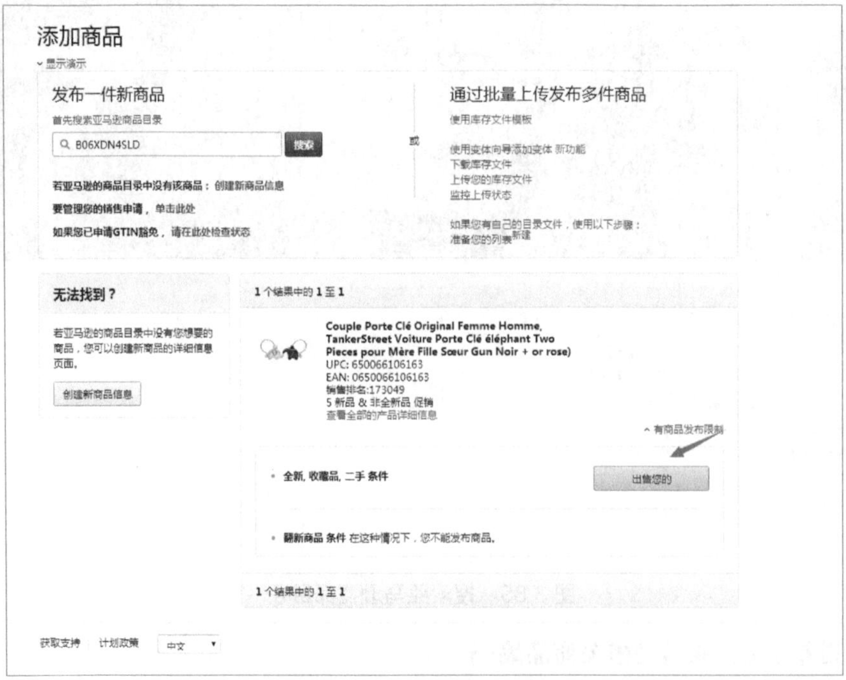

图 3-36　亚马逊跟卖设置

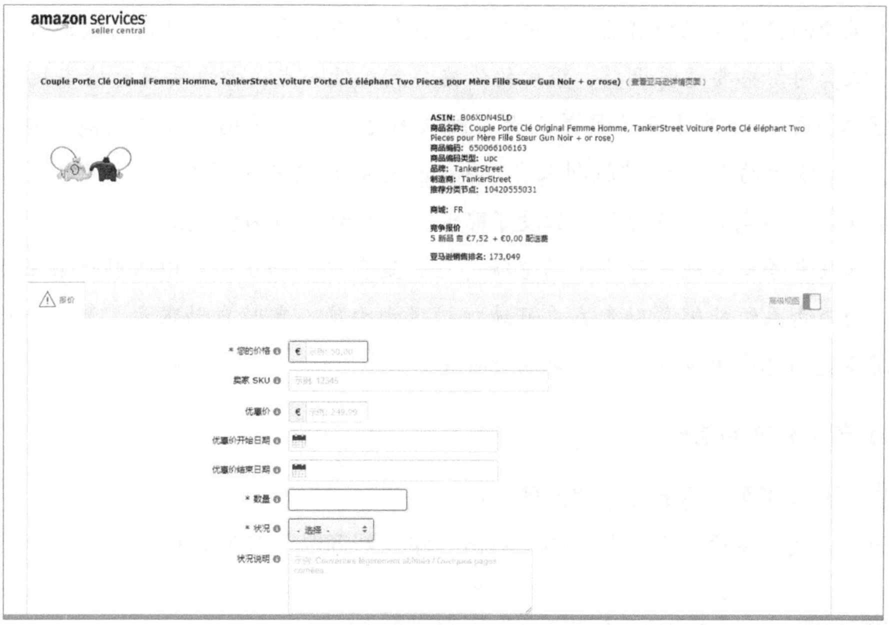

图 3-37　亚马逊跟卖产品信息填写

第四步，单击“保存”按钮。

对于跟卖卖家来说，跟卖的商品一般为流量大、曝光高的产品，在这样一个 Listing 下跟卖，往往能为店铺带来高曝光度和流量。跟卖商品为热门商品，尤其是能抢到黄金购物车之后，能获得快速的订单转化。当然，跟卖政策，也存在一定的风险。在同一 Listing 下，商家众多，价格战在所难免；为了抢到黄金购物车，跟卖卖家低价竞争，导致产品利润率降低；跟卖虽然是亚马逊许可的售卖行为，但是规则和要求复杂，跟卖卖家稍不注意，就很可能会造成侵权进而导致被投诉。

相关链接 3-9：新手卖家如何进行跟卖

（1）首先要确保要跟卖的商品，是自己有稳定货源和品质保障的商品，不要单纯为了跟卖而跟卖。

（2）跟卖是一件有风险的事情，所以在跟卖前一定要反复检查对方商标的有效性，这个时候可以用 Google、美国商标网等来查询商标。

（3）不要明目张胆的跟卖一些大牌商品，如 Apple、Samsung、Cannon、Epson 等，跟卖这些大牌商品，就等于宣告自己在卖假货。

（4）如果某个 Listing 已经有 4 个以上的跟卖者，且经过判断，原有的跟卖者非同一人，这类商品就应放弃跟卖。

（5）跟卖的 Listing 要每天检查，简单地浏览下即可，不要等到了商品已经被修改了而自己还不知道的尴尬处境才恍然大悟。

（6）跟卖的价格要保证自己合适的利润，任何生意，没有利润都是自欺欺人。

（7）跟卖的价格要适时调整，跟卖的价格自然要低一点，但也要及时检查比自己价格高的卖家的价格，如果彼此价格差太大，就应当适当提高价格以保证较高的利润率。

（8）如果跟卖的 Listing 被权利人发 Message 通知说需要下架否则投诉之类，建议最好做出删除处理，毕竟商品有的是，但没了账号，一切都将成为空谈。

（9）如果新手卖家还是觉得上面看得有点云里雾里，那么也可以借助于第三方跟卖工具，其中的跟卖系统能够帮助卖家更好地把控跟卖力度，定时自动跟卖，智能调整价格，让跟卖商品更加具有市场竞争力、更高效安全。

（二）创建新商品信息

按照以下步骤在亚马逊上创建新的商品信息。

第一步，从“库存”下拉菜单中，单击“添加新商品”按钮，如图 3-38 所示。

图 3-38 添加新商品

第二步，单击“创建新商品信息”按钮，如图 3-39 所示。

第三步，搜索商品的类别，然后单击“所有商品分类”按钮，如图 3-40 所示。浏览与卖家想要销售的商品相匹配的分类对应的商品类别。准确选择分类可以帮助买家更轻松地找到商品。单击星号即可收藏常用分类。这些分类随后将出现在“选择商品分类”顶部的收藏夹下。

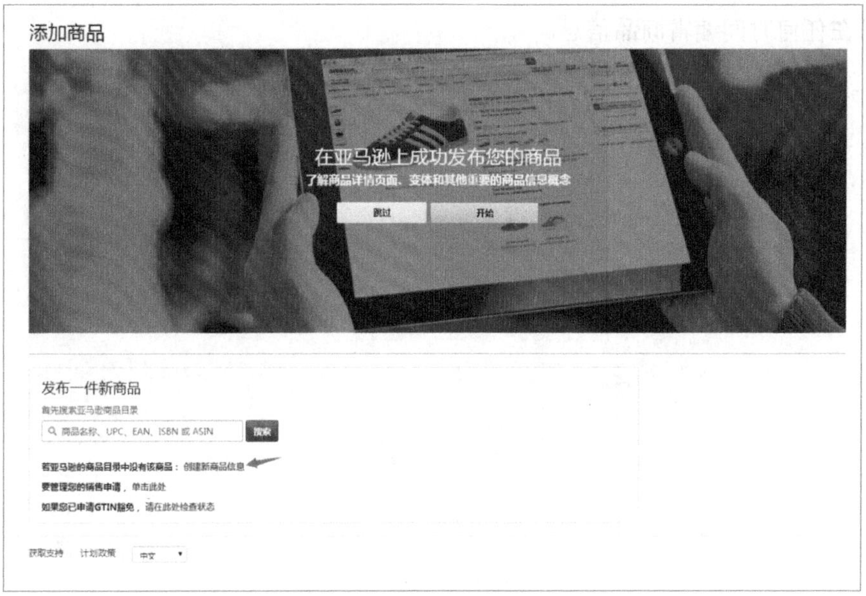

图 3-39　创建新商品信息

图 3-40　选择商品类目

第四步，填写商品信息。在“重要信息”和“报价”选项卡中输入所需信息。在提供的选项卡中输入必填信息后，单击“保存并完成”按钮以完成商品发布流程，如图 3-41 所示。

卖家可以在任何时间编辑商品信息。

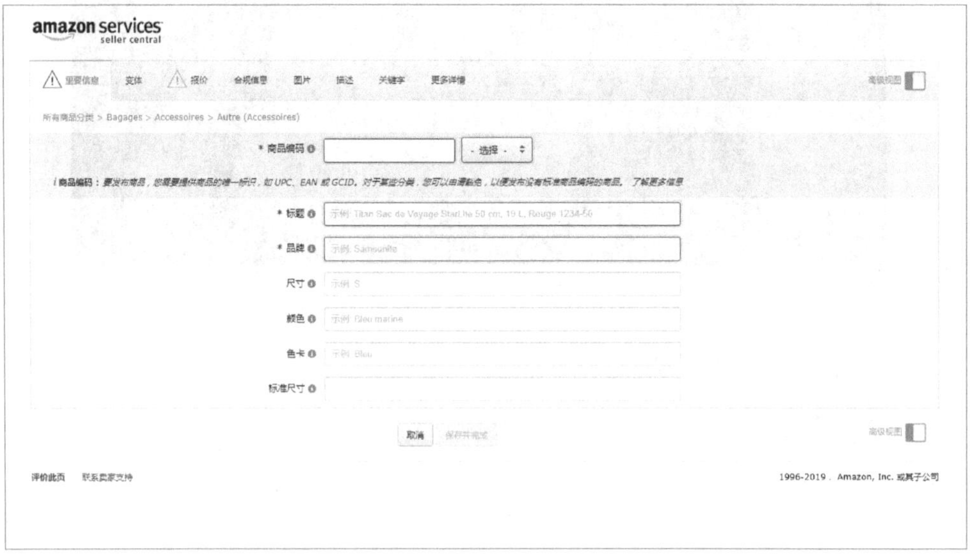

图 3-41　填写商品信息

相关链接 3-10：亚马逊 Listing 五点描述怎么写才能提高转化率

在亚马逊 Listing 中，五点描述的位置仅次于标题和图片，所占比例较大。通常买家看完产品的标题和图片，对产品感兴趣的话，就会仔细看五点描述，如果刚好买家想知道的点都有，就有可能下单了！有些买家抱怨卖点的转化率不高，不知道怎么写好五点描述，下面为大家介绍如何写好五点描述。

1. 五点描述的编辑

五点描述在亚马逊后台编辑时名称为“Key Product Features”，如图 3-42 所示。

图 3-42　亚马逊平台产品描述

五点描述 是买家进入 Listing 页面后第二个或第三个会注意到的地方，另外还会被纳入关键词索引范围，所以五点描述的编辑非常重要！

2. 五点描述的操作技巧

（1）善用标题放不下的关键词。在做 Listing 关键词优化的人，一般会有很多的关键词在手，但由于标题字数有限，并不是所有的关键词都能顺利塞进标题里，如果手上有多余的关键词不要浪费，可以巧妙地运用在五点描述上，让 Listing 能有最好的优化。假设今天要卖的产品是摇摇杯（Blender Bottle），经过一番研究卖家可能会得到以下几个关键词。

- Blender Bottle
- Loop Top
- Shaker Bottle
- 28-Ounce
- Dishwasher safe
- BPA-
- Phthalate free
- Flip cap
- Protein Shakes
- Ergonomic
- Easy to Carry
- Measurement Markings
- Easy mixing
- Meal Replacements

如果把关键词都塞进标题，会导致标题不合理又奇怪。假设适当的选几个关键词放在标题中，标题为 BlenderBottle Classic Loop Top Shaker Bottle, Clear/Black, 28-Ounce Loop Top，剩余的关键词就可以巧妙地运用在五点描述上，如图 3-43 所示。

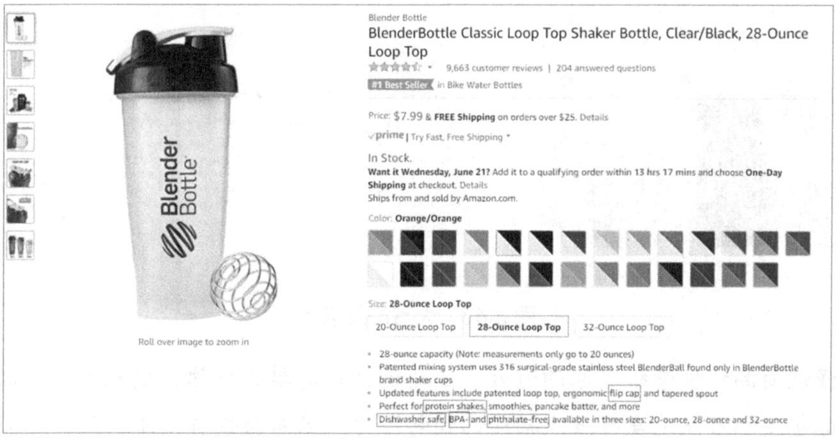

图 3-43　利用产品描述增加产品关键词

虽然五点描述不能影响产品的搜索排名，但事实上，五点描述的关键词在搜索时能够被索引，也有许多大卖家验证了在五点描述里塞入关键词确实有助于提升搜索排名，让原本在第三页的商品顺势提升到第一页。需要注意的是现在 Listing 五点描述的字数从原本的 2 000 字更改为 500 字，也就是说五点描述限制为 500 字，每个卖点的描述不能超过 100 字。这个只影响新上架的 Listing，旧的 Listing 五点描述超过 500 字是不会被强迫更改的。

（2）五点描述要有可读性，使商品要点一目了然。现在的生活节奏都比较快，人们不愿花费太多的时间仔细咀嚼每一个字，大多数是略读，所以简短有重点的卖点描述更受欢迎。这样的五点描述看起来视觉上既轻松，也有条理，如图 3-44 所示。

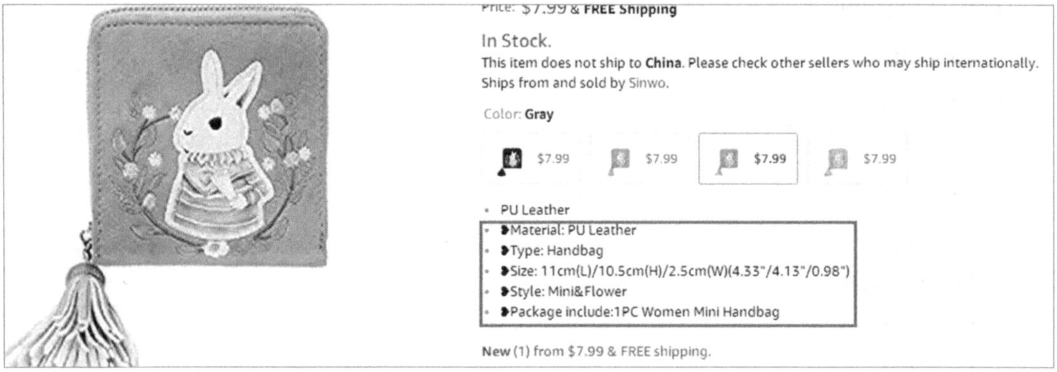

图 3-44　利用产品描述增加可读性

（3）开头字词使用大写英文更清晰。每一行的开头字词像是标题一样，让买家可以经由开头大写字词，快速知道每一行叙述的重点是什么，让买家可以只关注自己想知道的要点，不需要全部都看过，如图 3-45 所示。

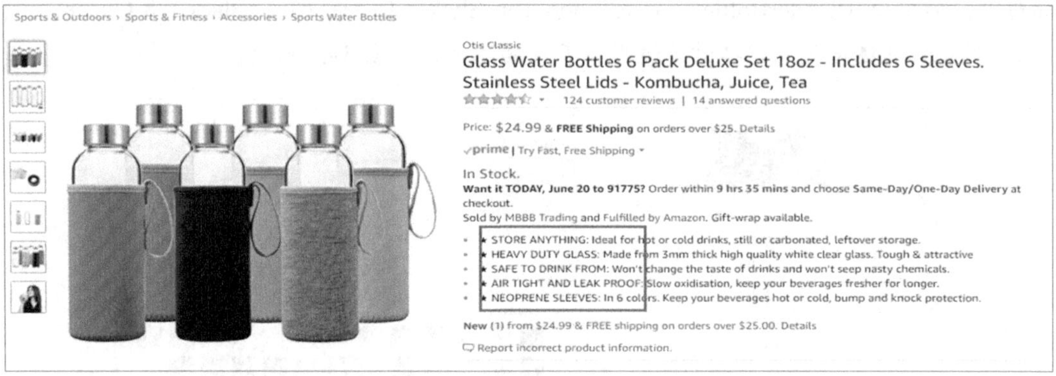

图 3-45　大写产品描述

（4）强调商品特性带给买家的好处。亚马逊只是简单告诉你，要点要写商品的特性，但是如果你想要尽可能地发挥五点描述的销售潜力，只写特性肯定不行的。千万不要浪费了五点描述的销售潜力。首先列出商品的重要特性，这些特性通常都包含重要的关键词。这些特性为什么重要？能带给买家什么样的好处？能解决什么样的问题？接着以大写标示每行的重点标题，描述句加以修饰顺便加一些关键词让五点描述变得完美，如图 3-46 所示。

- EASY TO CLEAN. It's dishwasher safe making clean-up so much easier and less hassle.
- CHEMICAL FREE so you won't worry about BPA or phthalate residue getting into your body.
- MIXES EVENLY AND SMOOTHLY. Our bottle blender ball makes easy mixing possible.
- ALSO A MEASURING CUP for powders and supplements. Measurement markings make shakes easier to make.

图 3-46　利用产品描述突出产品销售潜力

其实不同类的商品，五点描述写法差别很多。但总来的来说，Listing 的五点描述包括产品的尺寸、功能、产品特点、用途、优势、材质、外观、设计结构、附加功能、如何使用等。第一个卖点是最能吸引顾客的点，直接区分其他产品的不同，激发购买欲，可以写产品最大的特色。最后一个卖点一般写上促使买家放下顾忌，直接购买的句子。没什么可写的时候，附上保质期、赠品等信息。

（资料来源：https://www.cifnews.com/app/postsinfo/14709）

第五节　设置运费模板

【任务导入】

Jenny 在发布产品的时候，遇到了物流方面的问题。对大部分在跨境电子商务平台上购物的买家来说，他们更加倾向于包邮的产品。这样就需要给每个产品计算快递费用。但是，如果每发布一个产品，就要对运费进行一次定义，过程将变得十分烦琐。有没有一种办法，可以让运费设置变得更加简单？作为优质物流的亚马逊物流又包含哪些服务？是如何收费的？

一、运费模板概述

在发布产品的时候，需要对产品的运费进行计算。如果每发布一个产品，都要对运费进行一次定义，过程将会变得十分烦琐。这时就需要设置一个运费模板。运费模板就是为一批商品设置一个运费计算方式，发布产品时，选择已经设定好的运费模板即可，不需要再对运费进行计算。当需要修改运费时，这些关联商品的运费将一起被修改。

电商平台的运费模板主要包括自定义运费、免运费和标准运费 3 种。

1. 自定义运费

自定义运费是指由商家自行定义的运费，可根据客户购买数量设置运费，也可以为不同的国家设置不同的自定义运费。需要强调的是，当设置运费价格时，平台会按照设置的运费与标准运费做比较，选择运费较低者，如设置的运费是 50 美元，而标准运费是 40 美元，则商品上架后的运费为 40 美元。

2．免运费

免运费产品是指不需要支付运费的产品，所以大部分买家会比较喜欢免运费的产品。但是卖家在设置免运费时要慎重设置产品的价格。在设置免运费时，如何选择运输方式也是新卖家比较棘手的问题。EMS、HongKong Post、China Post 运费都只计重量，且 HongKong Post 和 China Post 物流成本低，相对于其他运输方式（如 EMS、DHL、UPS、Fedex、TNT 等），有绝对的价格优势。所以，当产品价值不超过 50 美元，产品重量在 2kg 以下时，建议新手卖家可以用 HongKong Post 和 China Post 来设置免运费产品。同样，卖家也可以利用免运费来设置一些样品订单。

3．标准运费

标准运费是指平台按照各物流服务提供商给出的官方报价计算出的运费。决定运费的因素通常为货物送达地、货物包装重量和货物体积重量。如果卖家为不同的运输方式减免了折扣，平台会将在官方运费的基础上加入折扣因素后计算出运费值呈现给下单的买家。通常建议卖家在设置标准运费时设置折扣运费。标准运费是平台根据各物流服务提供商给出的官方报价计算出来的运费。官方报价是没有折扣的，所以默认的标准运费会比较高。

运费模板在电商中具有重要的意义。优质的运费模板是电商营销的基础，是店铺盈利的利器，是店铺竞争力的体现，是迅速提升业绩的关键，是全球销售的首要条件。一个优质的运费模板至少要满足如下几个要求。运费满足市场需求，不能过高或过低；发货区域和国家覆盖最大化，可以让尽可能多的客户买到自己的商品；多种快递方式齐全；确认收货时间合理。

二、全球速卖通运费模板的设置

（一）认识新手运费模板

全球速卖通运费模板的设置

卖家在发布产品之前需要先设置好产品运费模板，如果未设置自定义模板，则只有选择新手运费模板才能发布产品。首先，单击“产品管理”类目下的“运费模板”按钮，就可以看到页面右边的新手运费模板，如图 3-47 所示。

单击“模板名称 Shipping Cost Template for New Sellers”按钮之后，就可以看到“运费组合”和“运达时间组合”选项，如图 3-48 所示。在“运费组合”选项下平台默认的新手运费模板中 China Post Registered Air Mail、Russian Air、EMS、ePacket 系统提供的标准运费为各大快递运输公司在中国大陆地区的公布价格，对应的减免折扣率是参考目前平台与中国邮政洽谈的优惠折扣。从“运达时间组合”上看，“承诺运达时间”为平台判断包裹寄达收件人所需的时间。

图 3-47　新手运费模板

图 3-48　查看新手运费模板

（二）新建运费模板

对大部分卖家而言，新手运费模板并不能解决所有的问题，这种情况下就需要进行运费模板的自定义设置，有两种方式：一种是直接单击“新增运费模板”按钮、另一种是单击“编辑”按钮，如图 3-49 所示。两种方式点击进去显示的界面不同，但都包含了如下几个方面。一是选择物流方式；二是设置优惠折扣；三是单击“自定义运费”按钮，个性化地选择寄达国家；四是个性化地设置承诺的运达时间，如图 3-50 所示。

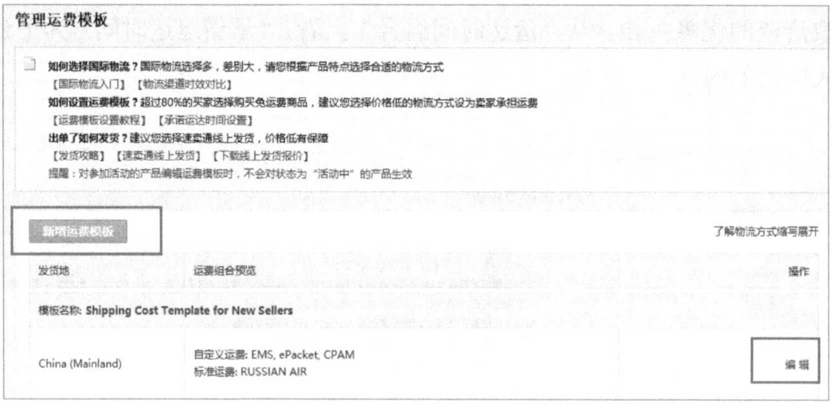

图 3-49　新建运费模板

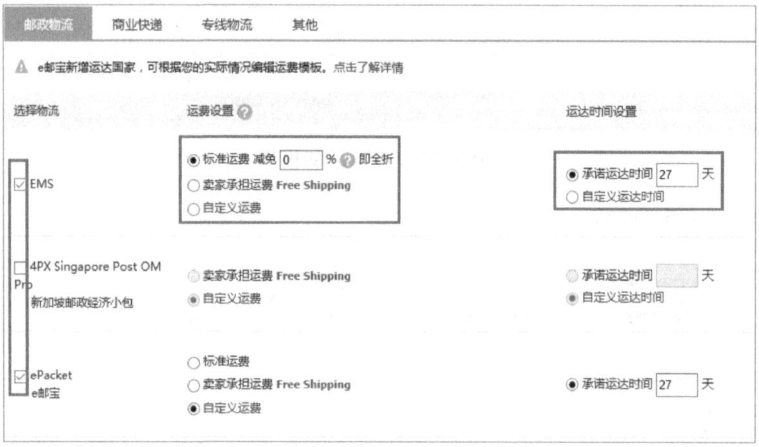

图 3-50　运费模板设置

以 EMS 这种快递方式为例，来进行运费模板的设置。首先勾选 EMS 这种物流方式。设置标准运费，意味着对所有国家均执行此优惠标准，如果需要对所有国家都采取卖家承担运费，即包邮处理，则勾选“卖家承担运费”复选框。如果卖家希望对所有的买家均承诺同样的运达时间，则需要进行“运达时间设置”，并选择“承诺运达时间”。

如果卖家希望进行更为细致、更为个性化的设置，则可以通过“自定义运费”和“自定义运达时间”来设置。

1. 自定义运费的设置

卖家只需单击图 3-50 中的“自定义运费”按钮即可对运费进行设置。首先选择国家/地区。有两种方法：一种是按照地区选择国家，另一种是按照区域选择国家，如图 3-51 所示。

如果卖家不想与某国产生贸易关系，也可以通过自定义设置来实现，现以巴拿马为例，进入“自定义运费”设置界面后，操作步骤如下。

第一步，选择国家。该步骤有两种方法。一种是先展开北美洲的国家名，然后找到“巴拿马”，并勾选，如图 3-52 所示；另一种是按照区域选择国家，仍然以巴拿马为例，则可在第 8 区找到“巴拿马”，并勾选，如图 3-53 所示。

图 3-51　自定义运费的设置（选择国家/地区）

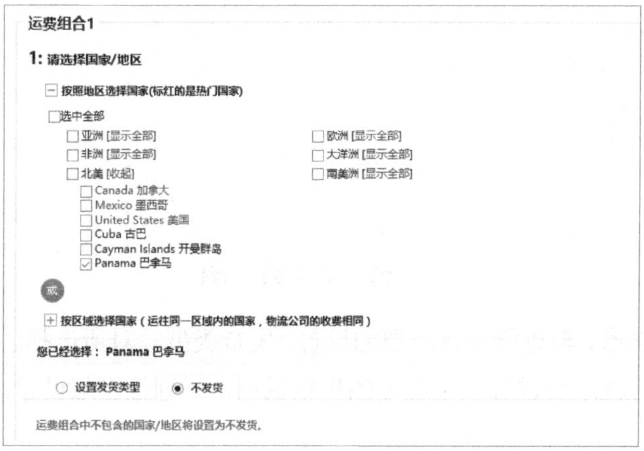

图 3-52　不发货国家的选择（方法一）

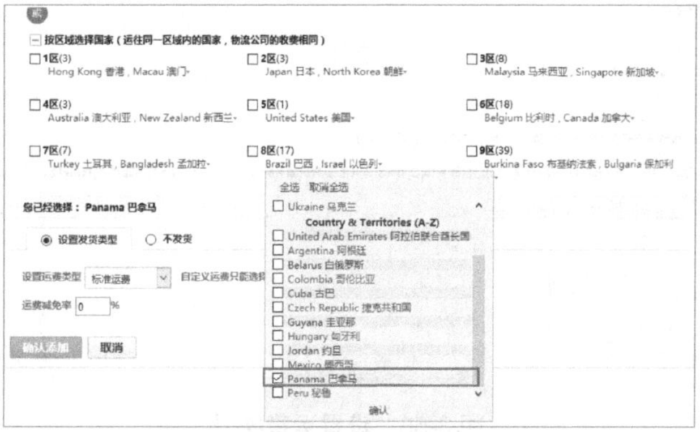

图 3-53　不发货国家的选择（方法二）

第二步，对已经选择的国家进行“不发货”操作，并单击“确认添加”按钮，如图 3-54 所示。

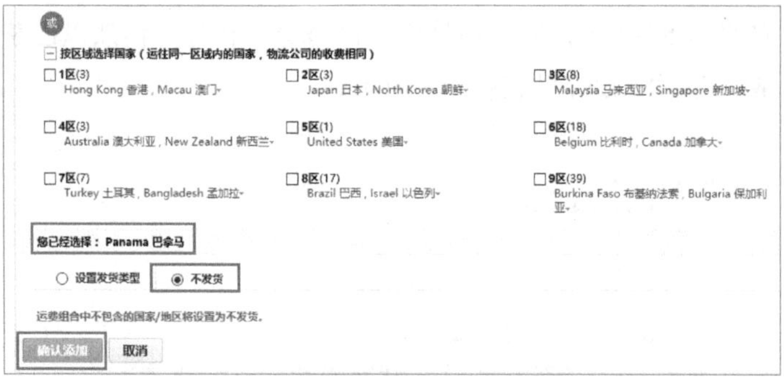

图 3-54　不发货国家的设置

如果需要对更多国家进行个性化设置，则单击“添加一个运费组合”按钮，如图 3-55 所示。

图 3-55　增加运费组合

然后选取相关国家，再进行发货类型的设置。发货类型除对所选择的国家进行“不发货”操作外，还可以对标准运费进行一定程度的折扣减免，或进行包邮设置，如图 3-56 所示。

图 3-56　设置运费类型

同时，还可以对重量或者数量进行自定义运费的设置，如图 3-57 所示。

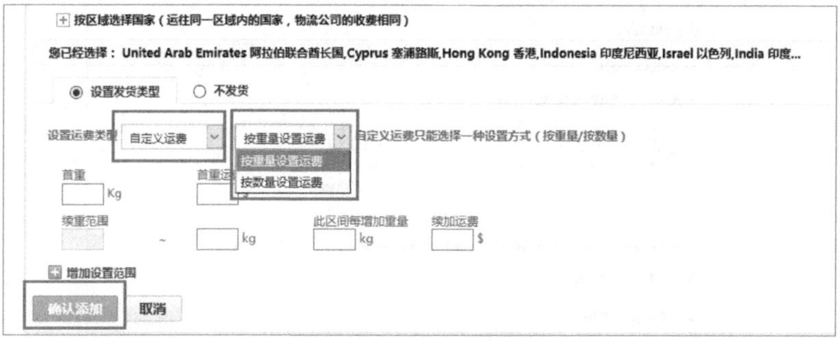

图 3-57　自定义运费设置

在单击图 3-57 中的“确认添加”按钮后，出现如图 3-58 所示的页面，单击“保存”按钮后，即可建立自定义运费。

图 3-58　自定义运费的保存

2. 自定义运达时间的设置

仍以 EMS 为例，设置运达时间。这里以设置“巴西 20 天，俄罗斯 30 天”为例进行说明。

第一步，勾选所需要的物流方式后，选择“自定义运达时间”选项，如图 3-59 所示。

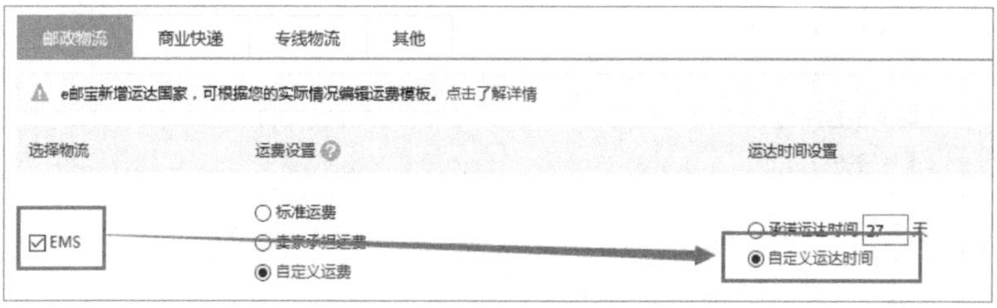

图 3-59　自定义运达时间的选择

第二步，对不同国家设置不同的“承诺运达时间”。不同国家的选择和自定义运费的设置一致，可以按照国家/地区进行选择，也可以按照区域进行选择。选择中南美洲的巴西，对其承诺运达时间设置为 20 天，如图 3-60 所示。

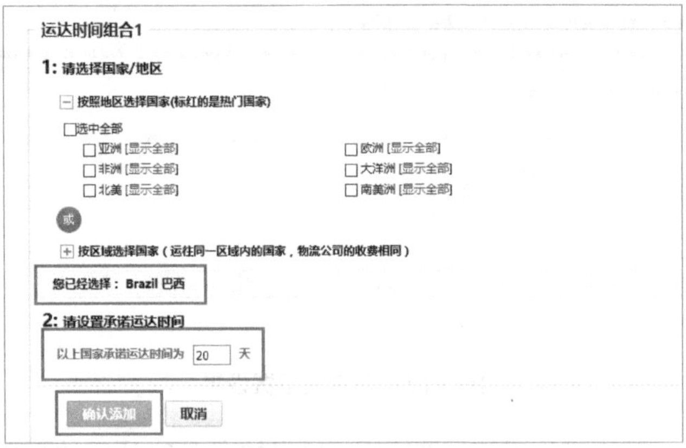

图 3-60　承诺运达时间的设置

也可以单击“添加一个运达时间组合”按钮，如图 3-61 所示，设置俄罗斯为 30 天，其他国家为 40 天。

图 3-61　添加一个运达时间组合

添加运达时间组合后，可以增加其他国家的“承诺运达时间”，单击“保存”按钮后，即可看到平台预设的承诺运达时间，如图 3-62 所示。

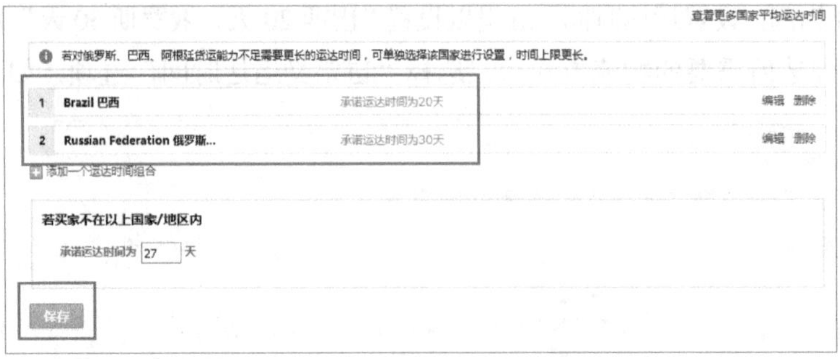

图 3-62　运达时间组合

承诺运达时间并非实际包裹从发出到买家签收的时间。为了更好地保障卖家和买家的权益，卖家应在如下 3 个要素中寻求一个平衡点。第一是买家的购买感受，第二是邮路的实际情况，第三是卖家防止买家在承诺运达时间到期前提起纠纷。因此，卖家需要适当地修改承诺运达时间。需要注意的是，卖家必须根据自身的实际情况自定义运费的设置，切忌盲目模仿。因为国际物流受国家政策、物流资费调整、极端天气、政治原因、邮路状况等多种因素影响，在不同的时期，卖家应该设置不同的运费模板。

三、亚马逊物流方式的设置

在亚马逊发布产品时，可以选择使用亚马逊物流（Fullfiled by Amazon，FBA）也可以选择自发货。当卖家在亚马逊上注册销售商品时，同时自动注册了亚马逊物流。亚马逊物流服务内容如图 3-63 所示。

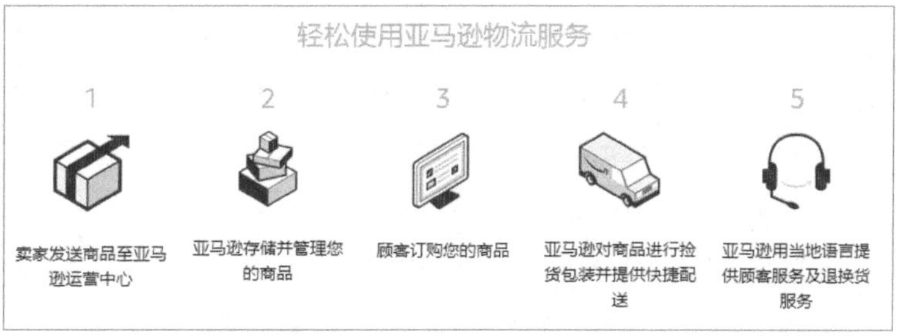

图 3-63 亚马逊物流服务内容

（一）亚马逊物流设置

选择亚马逊物流作为商品的配送方式，由此开始发布商品。添加新商品时，请在商品报价详情页面上选择“配送渠道”中的“亚马逊将会配送并提供客户服务”选项，如图 3-64 所示。

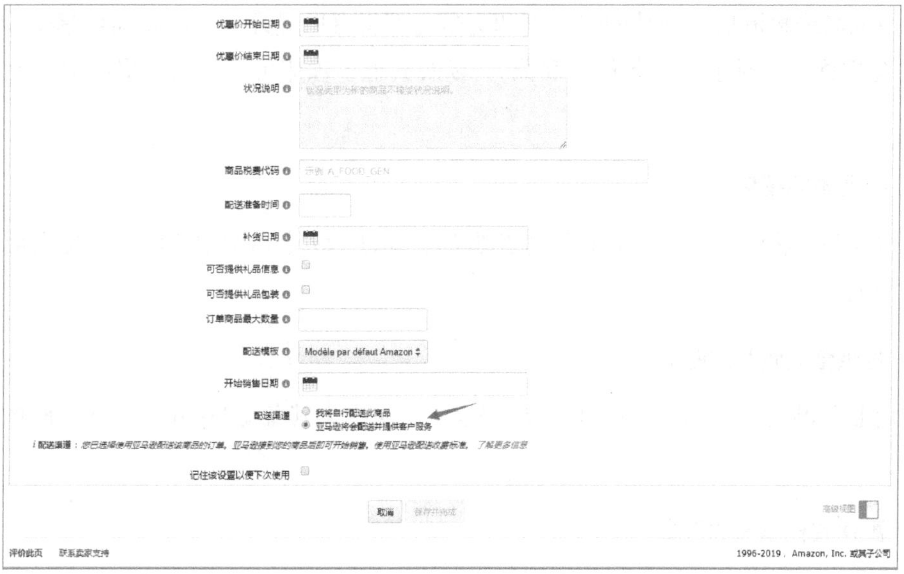

图 3-64 亚马逊发布产品时物流选择

卖家也可以将现有库存转换为亚马逊物流库存，操作办法如下。在管理库存页面上，选择卖家要通过亚马逊物流销售的商品。单击“选择配送模板”按钮，从下拉菜单中选择“转换为‘亚马逊配送’”命令，如图 3-65 所示。

图 3-65　转变亚马逊的发货方式

（二）亚马逊物流的优势

1．提高商品销量

使用亚马逊物流后，商品的曝光度和竞争力都将有所提升。商品将能够享受 Amazon Prime、免费配送（对于满足条件的商品），以及其他多项服务，有助于提高商品销量及竞争力。

2．扩展国际销售

通过亚马逊物流，卖家可借助亚马逊遍布全球的 149 个运营中心将商品配送至 180 多个国家和地区。

3．提供全天候客户服务

使用亚马逊物流后，亚马逊将以本地语言为买家提供其备受赞誉的 7×24 小时的专业客服支持。

4．配送其他渠道的订单

亚马逊物流可以使用卖家储存在亚马逊运营中心的库存配送其他销售渠道的订单。卖家将通过简单的在线用户界面管理库存，并可以随时指示亚马逊退还库存。

5. 销售不间断，轻松享假期

借助亚马逊物流假期设置，卖家可以在度假期间继续进行商品销售。

6. 其他

买家还可以享受越来越多的其他便利服务，如礼品包装和针对次日达的“计时达”功能。

（三）亚马逊物流费用

亚马逊物流费用涵盖以下各项服务的费用：将您的商品储存在亚马逊运营中心，取件、包装和配送订单，以及为所售商品提供客户服务。亚马逊物流费用包括以下几种类型。

（1）亚马逊物流订单的配送费用：亚马逊物流的订单配送和相关服务费用概览。

（2）月度库存仓储费：对于储存在亚马逊运营中心的所有商品，亚马逊将根据日历月和日均库存量收取仓储费。

（3）长期仓储费：除月度仓储费外，亚马逊还会对亚马逊运营中心的库存收取长期仓储费。

（4）移除订单费用：卖家可以让亚马逊退还或弃置其储存在亚马逊运营中心的库存商品。此项服务按件收取费用。

亚马逊物流发货流程

（5）退货处理费：亚马逊将针对其提供免费退货配送的订单收取退货处理费。

（6）计划外服务费用：如果库存抵达亚马逊运营中心时未经过适当的预处理或贴标，亚马逊将为您提供这些服务。此项服务按件收取费用。

第六节 本模块小结

跨境电子商务店铺的开设是卖家开启跨境之旅的一个重要环节。在店铺开设前，卖家首先要对自己的店铺进行定位，选择一个适合的行业，并确定自己的目标市场和目标客户，明确自身的优势，确定自己到底要走高端路线还是平民路线，同时还要确定店铺的风格。其次，卖家需要对商品的进货渠道有所把握，避免出现断货或者商品质量无法保证等情况。然后，卖家需要针对平台的各种活动确定商品的定价，采取合适的定价策略。接下来，卖家就可以在各类跨境电子商务平台上注册店铺，并利用平台后台提供的各类工具，进一步对选品工作进行细化。按照全球速卖通或者敦煌网的要求发布产品，在发布产品的时候，要特别注意类目的选择，防止出现类目错放的现象。同时，要按照要求填写商品的属性、关键词和标题栏，还要精心准备商品的主图和配套的图片，以激起买家的购买欲望。此外，卖家还要特别注意各平台运费模板的设置。

【知识闯关】

一、选择题

1．全球速卖通店铺按店铺类型来分，可以分为哪几类？（　　）

A．官方店　　B．旗舰店　　C．专卖店　　D．专营店

2．全球速卖通店铺按照销售计划来分，可以分为哪几类？（　　）

A．个人销售计划　　B．企业销售计划

C．标准销售计划　　D．基础销售计划

3．跨境电子商务店铺选品按卖家主观能动性可以分为哪几种？（　　）

A．站内选品　　B．站外选品　　C．主动选品　　D．被动选品

4．下列哪些工具可以用在站外选品中？（　　）

A．数据纵横　　B．google trends　　C．Keyword Spy　　D．选品专家

5．国内商品的进货渠道主要有哪些？（　　）

A．线下批发市场　B．线上批发市场　C．与工厂合作　　D．自己生产

6．产品定价的重要性体现在哪些方面？（　　）

A．价格影响排名　　B．价格影响利润

C．价格的影响点击率　　D．价格直接影响买家最终的决定

7．确定价格的因素有哪些？（　　）

A．物流成本　　B．利润率

C．在线产品的定价　　D．商品成本

8．哪些因素会影响产品排名？（　　）

A．商品的交易转化能力：买家下单后要及时发货，避免成交不卖

B．商品的信息要尽量准确完整，配以高质量的图片

C．卖家的服务能力：平台会结合卖家跟买家及时沟通情况、账号的好评率、纠纷率、退款率、成交不卖等情况排序，如好评率越高，排序会越优先

D．信息标题中增加突出商品的优势关键词，属性填写完整，并正确选择产品的类目

9．买家可以通过哪些方式找到想要购买的商品？（　　）

A．收藏　　B．关键词搜索　　C．类目筛选　　D．活动

10．以下哪些标题是优质的？（　　）

A．1 684G

B．（12piece）NEW 100% cotton men’s underwear

C．2010 new party dress bridal dress evening dress

D．Custom Made Mermaid Satin Sweep Train Wedding Dress

二、判断题

1．全球速卖通的注册是收费的。（　　）

2．全球速卖通和敦煌网都有关键词选项。（　　）

3．全球速卖通注册需要有实名认证的支付宝。（　　）

4．在设置全球速卖通运费模板时可以同时设置多个区域免邮。（　　）

5．发布平台禁止销售的产品可能会引起账号冻结。（　）

三、案例分析

张明明在全球速卖通和敦煌网注册了店铺，主营 3C 产品。在店铺开设之前，张明明通过站外选品和站内选品工具，确定了主营产品为蓝牙耳机和手机配件。在给产品定价时，张明明参考了平台内其他卖家的定价策略，决定将其中一款成本价为 16 美元的蓝牙耳机的利润设定为 30%，考虑到平台费用为 5%和丢包率为 1%，同时，张明明决定参加平台的“双 11”大促销，平台要求的折扣率为 50%。张明明按此要求设置了上架价格。同时，考虑到全球速卖通的主要买家来自俄罗斯和巴西。因此，决定在设置运费模板时，对俄罗斯和巴西设置包邮，而对其他国家设置邮费打 7 折。

问题：1．蓝牙耳机的上架价格和销售价格分别为多少？

2．蓝牙耳机的选择类目是哪个？

3．给蓝牙耳机设置合适的标题和属性。

4．设置符合要求的运费模板。

技能实训

技能实训：3-1　跨境电子商务店铺开设前的市场调研

从全球速卖通和敦煌网的网站上各选择 5 家跨境电子商务的店铺，调查它们的价格定位策略、目标市场。同时，在 1688、淘宝和周边批发市场上调查这 10 家店铺的同类型产品，分析其进货渠道和进货价格，并大致计算这 10 家店铺的利润率和月销售额，形成表 3-5 中的实训结果。

表 3-5　跨境电子商务店铺开设前的调研分析结果

序　号	店铺地址	主营产品	定价策略	目标市场	可能的进货渠道	利润率	销售额
1							
2							
3							
4							

续表

序　号	店铺地址	主营产品	定价策略	目标市场	可能的进货渠道	利润率	销售额
5							
调研结论							
跨境电子商务店铺定位							

技能实训：3-2　注册全球速卖通和亚马逊店铺

请同学们在全球速卖通和亚马逊网的网站上分别注册一家店铺，并完成实名认证及表3-6所示的结果。

表3-6　跨境电子商务店铺注册结果

序　号	全球速卖通店铺地址	全球速卖通主营产品	敦煌网店铺地址	敦煌网主营产品
1				

技能实训：3-3　全球速卖通和亚马逊店铺发布产品

请同学们分别在全球速卖通和敦煌网店铺发布5个产品。产品发布必须满足表3-7所示的要求。

表3-7　速卖通和亚马逊店铺发布产品要求及实训结果

平　台	类　目	属　性	标　题	主　图	详　情　页
全球速卖通	用站内选品方式进行选品，确定所经营的类目	系统属性必须填满，自定义属性至少填写8个	确定5个产品的关键词，关键词确定采用三段式方法	主图至少6张，采用浅色背景，突出产品主体。图片上加店铺水印	详情页至少包括广告区、关联销售区、产品详情区、付款、物流、售后等信息
亚马逊	用站外选品方式进行选品，确定所经营类目	系统属性必须填满，自定义属性至少填写 8 个	确定5个产品的关键词，关键词确定采用三段式方法	主图至少6张，采用浅色背景，突出产品主体。图片上加店铺水印	详情页至少包括广告区、关联销售区、产品详情区、付款、物流、售后等信息
全球速卖通店铺产品链接					
亚马逊店铺产品链接					

技能实训：3-4　全球速卖通店铺运费模板设置

请在全球速卖通网站上按照表3-8所示的要求设置运费模板。

表 3-8　全球速卖通和敦煌网店铺运费模板设置要求

运费标准	不发货	运费9折	运费8折	运费6折	标准运费
EMS	黑山、阿根廷	孟加拉国、以色列	瑞士、芬兰	日本、加拿大	其他国家
中邮小包	开曼群岛、几内亚	比利时、西班牙	泰国、土耳其	意大利、埃及	其他国家
运达时间	20天	40天	50天	60天	
EMS	日本	意大利	巴西	斐济	
中邮小包	韩国	法国	俄罗斯	加纳	

模块四

跨境电子商务店铺运营与管理

知识目标

- 认知跨境电子商务平台常用的站内营销工具，熟悉站内营销工具的操作方法和技巧。
- 认知付费的推广工具，掌握付费推广的操作方法和技巧。
- 认知 SNS 站外推广的网站，掌握 SNS 营销推广的具体操作和方法。
- 认知数据分析中的关键指标的含义，熟悉数据化选品的方法及店铺经营状况分析的各项指标。
- 熟悉产品排序的原理，掌握店铺优化的内容和技巧。

能力目标

- 能够运用跨境电子商务平台的站内营销工具提升店铺流量和转化率。
- 能够运用跨境电子商务平台内的付费推广工具打造爆款。
- 能够利用 SNS 网站对跨境电子商务店铺进行站外推广，提升店铺的知晓度，以及增加与客户的互动。
- 能够对跨境电子商务店铺的经营效果进行数据化分析与管理。
- 能够对跨境电子商务店铺进行优化，提升产品的排名，提高店铺流量和转化率。

案例导入　利用粉丝找准定位做精细化运营

维护一名老客户的成本远远低于获取一名新客户的成本。店铺在做好本身的基础工作后，日常可以通过社交平台来推广产品、与粉丝交流、赠送店铺优惠券，以及与网红达人合作等，来触达潜在客户。运营团队还可以使用全球速卖通上丰富的营销工具，如 Feed、优惠工具等，组合使用，推广产品，拉近店铺与客户的距离。

Fairyland 最初从事的是国内批发零售，因为深受国外客户的喜爱，品牌开始转向全球速卖通，并开设了外销店铺 Oueneifs。经过多年的精细化运营，Oueneifs 成功积累了数十万粉丝，逐渐吸引了来自美国、俄罗斯、西班牙、巴西等世界各地的客户，成为全球速卖通上该品类海外目标客户的优先选择。

造型多变、外形逼真的球形关节人偶是玩偶行业的一类细分市场，为了与其他同行区别开来实现差异化竞争，Oueneifs 提出了“全手工定制”的定位。店铺定制涉及的参数包括肤色、发色、胸型、手型等，客户可定制的模块达到数十个，每个模块可定制的造型也有多种。由于定制属性，客户的参与度非常高，店铺也一直重视用户评价，定期收集客户的意见，反馈到前端产品定制开发环节。Oueneifs 独特的定制模式给了客户更加多样化的选择，虽然这块市场小众化，但其产品平均客单价高达 80～90 美元。基于长期的精细化运营，目前店铺粉丝的复购率高达 60%。通过平台的数据工具，Oueneifs 能够清晰了解客户的属地分布。“美国是 Oueneifs 最大的客源地，约占 40%，此外是俄罗斯、西班牙、巴西等国家，客户集中在 17～25 岁这一年龄段”。根据几大不同客源国的“街头文化”，沉淀出针对不同客户的产品风格。每个月 Oueneifs 店铺会上二三十款新产品，但确定哪个是爆款时，Oueneifs 会让粉丝告诉自己结果。例如，新品上架后，运营会同步到粉丝营销中，提供粉丝专享折扣，根据老客户的反馈获得新品推广的初步筛选结果，再通过加入联盟来扩大目标群体。在 5～7 天后，新品的表现已经拉开了差距，表现最好的单品会被选出来做直通车推广。

（来源：阿里巴巴全球速卖通）

【案例思考】

（1）Oueneifs 是如何利用粉丝进行营销的？

（2）你所知道的国外社会化媒体有哪些？该案例给你的启示是什么？

第一节　跨境电子商务店铺的营销与推广

【任务导入】

深圳玖希贸易有限公司在全球速卖通开通店铺已有一个月的时间，跨境电子商务操作专员 Jenny 已经上传了 200 款产品，并做好了店铺的所有基础性工作，但每天的出单量不高，日均出单量在 3 个左右，Jenny 查看后台数据发现店铺的访客数、浏览量偏低，跳失率偏高，单个产品的曝光量、点击率和转化率都很低。为了解决上述问题，深圳玖希贸易有限公司跨境电子商务运营专员 Tom 与团队成员研讨对策，最终决定实施以下几个措施：利用站内的工具进行营销推广、投放广告、利用站外平台引流。

营销与推广是两种不同的运营手段，但它们之间却有着千丝万缕的联系。网店的“推广”是指运用一定的媒介、有计划地进行的网店传播活动，简单来讲就是要让客户“知道我们”。网店的“营销”是指在客户上门后，利用有效的促销宣传手段促使交易成功，也就是要让客户“最后选择我们”。这两者是承前启后、相辅相成的关系，推广的真正的目的是促进销售，而成功的营销又恰好是最好的推广素材。跨境电子商务店铺的营销与推广工作主要从站内营销和站外推广两个方面展开。本节主要以全球速卖通和亚马逊为例，介绍跨境电子商务店铺的营销与推广。

一、站内自主营销

（一）联盟营销

联盟营销（Affiliate Marketing）是一种按营销效果付费的网络营销方式， 即卖家利用专业联盟营销机构提供的网站联盟服务拓展其线上及线下业务，来扩大销售空间和销售渠道，并按照营销实际效果支付费用的新型网络营销模式。

速卖通联盟营销是全球速卖通官方推出的一种“按效果付费”的推广模式。加入速卖通联盟营销的卖家可以得到海量海外网站曝光机会并享有联盟专区定制化推广流量。速卖通联盟卖家只需为联盟网站带来的成交订单支付联盟佣金，不成交不付费，是性价比极高的推广方式。佣金由卖家决定，每个顶级类目都有平台限额，从3%到50%不等。若有退款和订单折扣则按比例削减佣金，运费无须支付佣金。联盟营销和直通车的收费标准不同，联盟营销是成交收费、不成交不收费的一种营销方式。

速卖通联盟营销由联盟看板、佣金设置、我的主推产品、订单报表、退款报表和成交详情报表6个部分组成。速卖通联盟营销的具体操作步骤如下。

第一步，开通联盟营销。首先打开“我的速卖通”→“营销活动”→“联盟营销”，单击“确认服务协议”按钮，即可成功加入速卖通联盟营销。一旦加入联盟，店铺内所有商品都会变成联盟商品，同时，系统会自动根据卖家设置的默认联盟佣金比例为卖家所有的商品设置联盟佣金。如果希望推广的效果更好，建议卖家根据产品的利润空间调整联盟佣金比例。

第二步，设置佣金。打开“我的速卖通”→“营销活动”→“联盟营销”→“佣金设置”，单击“添加类目设置”按钮，如图4-1所示。

第三步，设置主推产品。联盟营销允许卖家设置40个产品作为主推产品进行推广，只有主推产品才能参加联盟专属推广活动。主推产品一般选择店铺中比较热销的产品，这样推广起来才有效果。店铺所设置的主推产品的佣金一般比全店铺的联盟营销产品的佣金略微高一些。

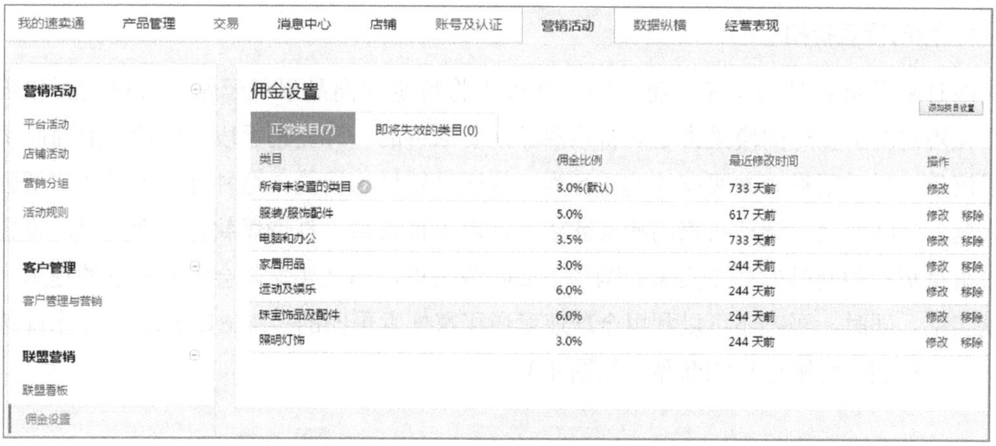

图 4-1　联盟营销佣金设置界面

第四步，联盟营销效果评估及优化。卖家可以通过联盟看板（见图 4-2）、订单报表、退款报表和成交详情报表来分析某个时间内，联盟营销带来的效果、投入产出比、订单来源网站等。例如，联盟看板可以反映联盟营销近 1 个月、3 个月、6 个月的营销情况。联盟营销是一个长期的过程，通常需要以 1 个月为周期，进行主推产品的检测和优化，删除无效果的或订单量小的主推产品，更换新的主推产品。

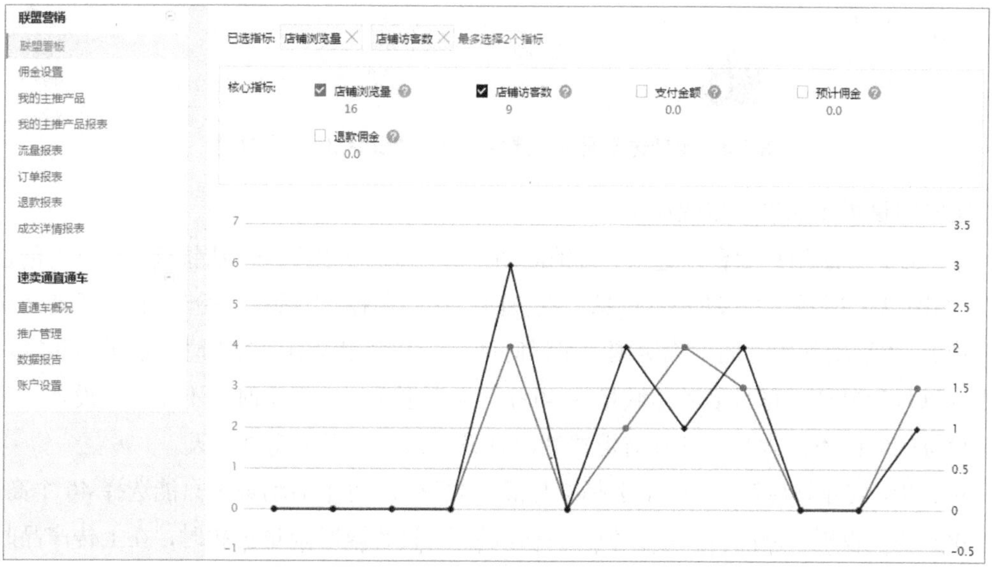

图 4-2　联盟看板数据概览界面

（二）促销活动

促销活动是指卖家利用限时限量折扣、全店铺打折、店铺满立减、店铺优惠券和平台活动五大营销工具来进行营销，吸引买家下单。

全球速卖通站内促销活动

1．限时限量折扣

限时限量折扣是指卖家在特定的时间段内将特定的商品以低于常规价格的折扣价出售，在规定的折扣时间段过去之后将该商品恢复原价的一种促销手段。用较低的商品价格吸引流量，限时限量刺激买家的购买行为，将流量转化为销量。这种促销手段能够增强店铺人气、活跃气氛、调动买家的购买欲望，常用于推新款、打造爆款和处理库存。设置了限时限量折扣的商品如果在买家的购物车或收藏夹里，那么买家就会收到系统的提示，提升购买率。同时，买家还可以利用全球速卖通买家搜索页面的“Sale Items”功能来筛选搜索结果，找到限时限量折扣商品，如图 4-3 所示。

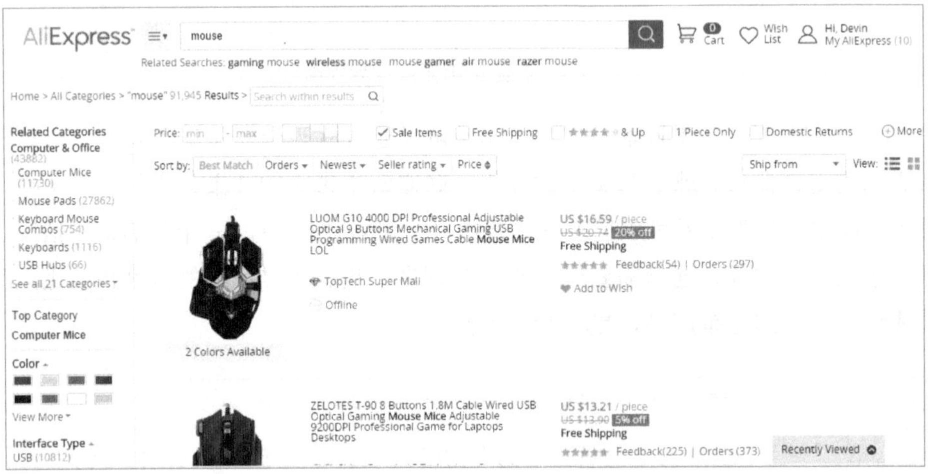

图 4-3　全球速卖通买家搜索页面的“Sale Items”功能

限时限量折扣的设置步骤如下。

第一步，登录用户后台，进入“营销活动”→“限时折扣”→“店铺活动”→“创建活动”。如图 4-4 所示，“活动基本信息”板块由“活动名称”“活动开始时间”“活动结束时间”构成。“活动开始时间”为美国太平洋时间，折扣商品会在 12 小时后展示给买家。每家店铺以月为单位，每月活动总数量为 40 个，总时长为 1 920 小时，不能跨月设置。每次活动设置的时间不能太长，这样对消费者没有吸引力，最好不超过 7 天。

第二步，创建好店铺活动后，选择参与活动的商品，每个活动最多只能选择 40 个商品。

第三步，设置“商品折扣率”和“促销数量”。设置限时限量折扣时，在上传产品时就要做好准备，价格设置要有折扣的幅度，要让消费者真正感觉到自己得到了优惠，不能有虚假折扣。X% off =（1－X%）折扣，如果一个商品的折扣率为 30%off，是指该商品打 7 折。针对不同商品的促销目标，采取不同的折扣力度。换季清仓商品的折扣力度一般较大；针对新品，为了积累销量，为后期做成爆品做准备，折扣力度也可以很大，甚至亏本销售。促销数量如果过少，产品一下子就会被抢光，达不到活动目的；如果过多，则无法给顾客产生下单的紧迫感。一般折扣时间持续 7 天，促销数量为 10 个左右比较合适。

图 4-4　限时限量折扣“创建活动”页面

第四步，单击“确定”按钮完成设置，活动将处于“未开始”状态，此时可以修改活动时间，增加或减少活动商品。活动开始前 6 小时将进入审核状态，活动会处于“等待展示”状态，活动开始后将处于“展示中”状态。当处于“等待展示”和“展示中”状态时，活动就不可编辑，也不可停止。另外，已设置限时限量折扣的商品将被锁定、无法编辑，但可以下架。

2．全店铺打折

全店铺打折是指卖家根据不同类目的利润率，对全店铺的商品按照商品分组设置不同的促销折扣，旨在吸引更多的流量，刺激买家下单，积累客户和销量。全店铺打折活动的持续时间不宜过长，一般 7 天之内结束较为合适。以月为单位，每月活动总数量为 20 个，总时长为 720 小时。全店铺打折对于新店铺的作用非常明显，能快速地提高店铺的销量和信用，提高店铺的综合曝光率。全店铺打折的开始时间为美国太平洋时间，创建活动后会在 48 小时后生效。

全店铺打折的设置步骤如下。

第一步，登录用户后台，进入“营销活动”→“店铺活动”→“全店铺打折”→“营销分组”。营销分组是根据折扣率的需要将商品进行分组的，将利润率相近的商品放在一个组中，这样全店铺打折在设置的时候，就可以针对不同的营销分组打折。在做全店铺打折前，卖家必须对所有产品有一个整体的利润把控，弄清楚每个产品最高能打多少折扣，利润是多少等。然后把最高折扣相同的产品统一放到一个组中。如图 4-5 所示，根据该店铺的不同产品的利润空间设置了 9 个营销分组。

第二步，创建全店铺打折。进入“营销活动”→“全店铺打折”→“创建活动”，然后填写“活动名称”“设置活动时间”“设置折扣”。由于全店铺打折的力度比较大，全店铺打折活动的持续时间不宜设置过长，一般持续 3 天即可。

图 4-5　营销分组设置界面

3. 店铺满立减

店铺满立减可以刺激买家多买，让买家对原本可买可不买的商品下单，从而提升客单价，可以作为店铺常规的促销活动，长期存在。卖家可以根据自身经营状况，对店铺设置“满 X 元减 Y 元”的促销规则。也就是说，如果买家订单总金额（包括运费）超过了 X 元，在买家付款时，系统将自动减掉 Y 元，无须卖家修改价格。店铺满立减不像限时折扣可以跨月，店铺满立减活动的开始时间和结束时间只能在同一个月。由于系统同步的原因，至少需要提前 48 小时来创建活动，可以设置 3 个活动，总时长为 720 小时，月初就要规划好整月的店铺满立减，最好把 3 个店铺满立减运用到整个月当中。

设置店铺满立减的目的是提高客单价，那么到底设置“满多少元减多少元”才能对买家有吸引力呢？首先，卖家要知道自己店铺的客单价，计算自己的客单价，设置合理的促销规则。以近 30 天为例，客单价=近 30 天的总支付成功金额/近 30 天购买人次。暂时没有交易的卖家，可以根据自身的商品定价，预估买家的可能购买金额，也可以参考平台各大行业的平均客单价，如表 4-1 所示。

表 4-1　各种类目客单价参考表

类 目 名 称	C 类买家客户/USD	B 类买家客户/USD
Apparel & Accessories	55	80
Automobiles&Motorcycles	62	85
Baby products	86	140
Beauty &Health	87	109
Computer & Networking	121	170
Consumer Electronics	90	124
Electrical Equipment & Supplies	78	130
Electrical Components & Supplies	67	120

续表

类 目 名 称	C 类买家客户/USD	B 类买家客户/USD
Fashion Accessories	34	61
Food	39	55
Gift&Grafts	73	94
Hardware	86	258
Home & Garden	45	87
Home Appliances	189	225
Jewelry	28	54
Jewelry & Watch	30	56
Light & Lighting	104	156
Luggage & Bags	43	113
Office & School Supplies	104	142
Phones & Telecommunications	117	141
Security & Protection	108	134
Shoes	51	65
Sports & Entertainment	151	176
Tools	49	82
Toys & Hobbies	49	76

然后根据客单价确定 X 为多少，如果客单价是 USD 80，可以把 X 设置成 USD 100，把 Y 设置成 USD 5，这样对买家就非常有吸引力了。

店铺满立减设置步骤如下。

第一步，登录用户后台，进入“营销中心”→“店铺活动”→“店铺满立减”→“创建活动”，如图 4-6 所示。

第二步，填写活动基本信息。时间填写不能跨月，并且需要提前 48 小时创建活动。

第三步，填写促销规则。

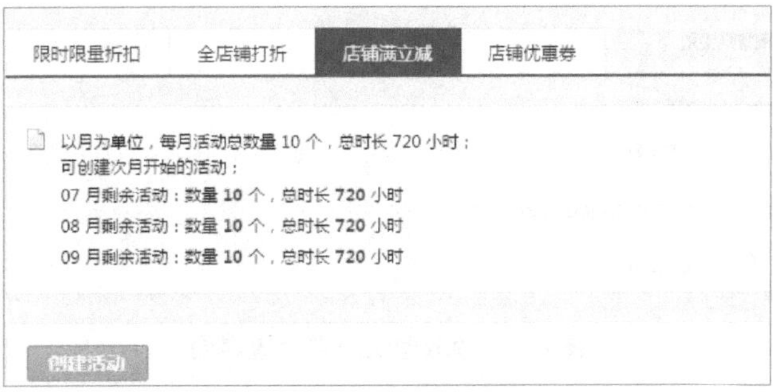

图 4-6　店铺满立减设置界面

4．店铺优惠券

店铺优惠券和店铺满立减一样，都是为了提高店铺的客单价，但不一样的是，店铺满立减最少优惠 5USD，而店铺优惠券可以设置小金额，是一种比较灵活的促销方式，能够大大增加二次营销的机会。优惠券在国外比较流行，深受国外买家的喜爱。买家在得到优惠券后就想用掉，这样就可以达到二次营销的目的。

店铺优惠券一个月只可设置 10 个，具体数量还与店铺的服务等级有关。卖家在月初的时候就要规划好当月的店铺优惠券，店铺优惠券有效期一般为 7～10 天。

店铺优惠券的设置步骤如下。

第一步，登录用户后台，进入“营销活动”→“店铺活动”→“店铺优惠券”→“添加优惠券”。在添加优惠券时，首先要选择“优惠券类型”。店铺优惠券有两种类型，分别是“领取型”和“定向发放型”。领取型优惠券活动以月为单位，每月活动总数量为 10 个。活动开始后，优惠券信息会在店铺内、商品详情页、买家购物车等地方展示，买家可通过领取按钮领取优惠券。定向发放型优惠券活动以月为单位，每月活动总数量为 20 个。活动开始后，需要添加相应的用户到发放列表中给用户发放优惠券，只有添加的用户才能收到优惠券。现以领取型优惠券活动为例，单击“添加优惠券”按钮后出现如图 4-7 所示的界面。

图 4-7　领取型优惠券设置界面

店铺优惠券的设置界面由 3 个板块构成，分别是“活动基本信息”“优惠券领取规则设置”“优惠券使用规则设置”。活动名称可以根据卖家促销目的来设置，活动周期一般为 7～10 天。店铺优惠券的面额和发放总数量要根据店铺的实际情况来设定，卖家可以在每个周期设置不一样的店铺优惠券，来测试哪种方案最适合。“优惠券使用规则设置”中的“使用条件”为“不限”，往往效果比较好，也可设置订单满多少金额才能使用店铺优惠券，但注意设置时不要跟店铺满立减相冲突。

5. 平台活动

平台活动是全球速卖通面向卖家推出的免费推广服务，是全球速卖通营销的营销利器之一，能为店铺快速带来高曝光率。目前常见的平台活动包括 SuperDeals 活动，Weekend Deal 活动，GaGa Deals，Today's Deal 活动，俄罗斯团购，巴西团购和在特定行业、特定主题下的产品营销活动。每期活动都会在“我的速卖通”的“营销中心”频道中进行招商。卖家可以将符合招商条件的产品报名参选，一旦入选，产品就会出现在活动的发布页面，获得推广。平台活动报名流程如图 4-8 所示。

图 4-8　平台活动报名流程

平台活动一般要求参加活动的产品具有一定的销量基础，折后价具有市场竞争力且折扣真实，并限制产品申报数量和要求某些国家包邮等。所以，卖家申报平台活动前要做好前期准备工作，首先认真分析每个平台活动的特点和要求，然后进行前期的选品和定价。对于没有销量的产品，前期要借助直通车或限时限量折扣进行营销，提高销量，这样可以大大增加入选平台活动的概率。当产品通过平台运营审核后，处于等待展示状态时，卖家要准备好产品库存，避免成交不卖。同时，卖家还要准备好回复和催款模板，活动一开始即安排客服人员进行催款。

亚马逊站内促销活动

全球速卖通五大促销活动的比较如表 4-2 所示。

表 4-2　全球速卖通五大促销活动的比较

促销活动名称		作　用	特　点
限时限量折扣		增强店铺人气，活跃气氛，调动客户购买欲望，常用于推新、打造爆款和清库存	（1）每月可创建 40 个活动，总时长为 1 920 小时； （2）创建后 12 小时生效，活动产品生效前 6 小时无法修改； （3）可跨月设置活动，可控制供应数量； （4）全店铺打折和限时限量折扣时间及折扣均以限时限量折扣优先
店铺优惠券	领取型优惠券	提高客单价、刺激买家下单，为店铺引流	（1）每月可创建 10 份优惠券，生效前可取消； （2）活动开始后，设置的优惠券信息会在店铺内、商品详情页、买家购物车等地方展示，买家可单击领取按钮领取优惠券

续表

促销活动名称		作　用	特　点
店铺优惠券	定向优惠券	提高转化率、促进更多新客户成交、提高客单价	（1）每月可设置发放 20 份定向优惠券； （2）服务等级为不及格时活动数量会减少； （3）只能向添加到发放列表的用户发放； （4）可以选择客户线上发放也可以选择通过扫描二维码发放
店铺满立减		提高客单价、提高关联产品转化率	（1）每月可创建 3 个活动，共 720 小时； （2）可以设置隔月活动，可以叠加使用； （3）活动设置后 48 小时生效； （4）可以设置多梯度满立减； （5）可以针对部分和所有商品来设置活动范围
全店铺打折		（1）强化转化率； （2）提升整体排序分值； （3）快速提高店铺销量和信用，增加店铺曝光； （4）增强店铺内人气，活跃气氛，调动顾客购买欲望； （5）推新款、推爆款、清库存和优化排名	（1）每月 20 次活动，共 720 小时，可以跨月设置活动； （2）创建后 48 小时生效； （3）可根据不同折扣力度设置营销分组
平台活动		（1）快速提高店铺销量和信用，增加店铺曝光； （2）打造爆款	（1）不同的活动有不同的招商条件； （2）平台会对申报活动的产品进行审核； （3）一般展示时间较短

相关链接 4-1：2016 年情人节，跨境电子商务卖家要如何营销

情人节对任何电子商务卖家来说都是一个很大的机遇，下面是一些有趣的事实。

1. 情人节消费支出数据

根据美国零售联合会数据显示，2015 年情人节，美国消费者支出达 189 亿美元，平均每人支出 142.31 美元。其中，96.63 美元用来为配偶或情人买礼物，剩下的 45.68 美元用来给其他家人、朋友、同事、宠物、孩子的同学或者老师买礼物。平均下来，男性花费 190.53 美元（其中 128.90 美元用来给情人买礼物），女性花费 96.58 美元（其中 62.47 美元用来给情人买礼物）。情人节最畅销的礼物是卡片，然后是花（主要为男性买家）、蜡烛、聚餐、珠宝、服装和礼品卡。

另一个有趣的事实是，过了 44 岁之后，人们对于情人节的热情就没那么高了。因此，情人节营销的焦点是年龄为 18～44 岁的男性，产品价位为 100～130 美元。

亚马逊数据显示，在搜寻礼物时，男性和女性有如下细微的区别。

（1）男性搜索：配套礼物/情人节女士礼物篮/性感礼物/项链/巧克力/服装/珠宝。

（2）女性搜索：情人节性感礼物/情人节男士礼物篮/搞笑礼物/“星球大战”模型/手

链/酒类饮品/足球产品。

2. 情人节电商营销策略

（1）更改网站首页标语和社交媒体主页，宣传情人节礼物创意。

（2）添加情人节礼物分类清单，可以分为“情人节男士礼物专区”“情人节女士礼物专区”“情人节孩子礼物专区”等，或者其他更好的分类。

（3）标明最晚下单日期，以便在情人节之前收到商品。

（4）提供卡片和礼物包装服务，来为产品增值。

（5）在 Pinterest（社交网站）描述中添加“情人节礼物”或者相关关键词，因为谷歌流行的搜索词包括“Valentines Gifts for Him Pinterest”和“Valentines Gifts for Her Pinterest”，表明人们开始在社交媒体上寻找礼物创意。

（6）1 月 20 日之前，向客户发送“情人节促销”邮件，产品可按“50 美元以下礼物”“25 美元以下礼物”等分类。

（资料来源：http://www.cifnews.com/article/18856）

相关链接 4-2：抓住海外节日商机

节假日营销是非常时期的营销活动，是有别于常规性营销的特殊活动，它往往呈现出集中性、突发性、反常性和规模性的特点。在国外，重要的节假日一般也会掀起购物热潮。尼尔森零售市场数据显示，节假日销售额较全年平均值增长了 30%～40%，可见节假日对跨境电子商务行业来说是一个非常重要的商机。好的节假日营销策略不仅能短时间内提高产品销量、快速打造爆款，而且还能培育客户的忠诚度、提高卖家服务等。要做好节日营销首先要进行活动策划，不同的节假日活动策划一般也是不同的，活动策划既要结合国外当地人的节日文化背景，也要考虑当地人的现代购物习惯及过节习惯等。要做好这项工作，卖家首先要熟悉目标市场国家的主要节日和风俗习惯。国外主要节日习俗和主要热销产品情况如表 4-3 所示。

表 4-3　国外主要节日习俗和主要热销产品情况

节日名称	时　间	习　俗	主要热销产品
圣诞节（Christmas 或 Cristo Messa）	每年的 12 月 25 日	西方人以红、绿、白三色为圣诞色，圣诞节来临时家家户户都要用圣诞色来装饰； 西方儿童在圣诞夜临睡之前，要在壁炉前或枕头旁放上一只袜子，等待圣诞老人在他们入睡后把礼物放在袜子内	圣诞装饰品、圣诞卡片、彩灯、礼物、纸花、蜡烛
情人节（Valentines Day）	每年的 2 月 14 日	男女在这一天互送巧克力、贺卡和鲜花，用以表达爱意或友好	巧克力、贺卡、鲜花

续表

节日名称	时　间	习　俗	主要热销产品
感恩节（Thanksgiving Day）	每年 11 月的第四个星期四	（1）人们按习俗前往教堂做感恩祈祷； （2）身处天南地北的人们聚到一起分享火鸡； （3）感恩节宴会后，有些家庭还常常做些传统游戏，如跳舞、比赛等； （4）孩子还会穿上奇特的服装，画上脸谱或戴上面具到街上唱歌、吹喇叭	装饰品、奇异的服装、礼物
狂欢节（Carnival）	节期各国不一，大多在二、三月间，为期 4 天	（1）举行化装舞会、彩车游行、带假面具和举办宴会； （2）全国上下共狂欢； （3）男女老少披红挂绿，艳装浓抹，载歌载舞，春潮决堤般地涌向大街	装饰品、面具、舞会服装等
万圣节（Halloween）	每年的 10 月 31 日	（1）人们戴着面具，打扮成动物或鬼怪； （2）万圣节前夕，孩子会提着南瓜灯，穿着各式各样的稀奇古怪的服装，挨家挨户地去索要糖果，不停地说："Trick or treat"	南瓜灯、奇特的服装、面具、蜡烛等
黑色星期五（Black Friday）	每年 11 月的第四个星期五	（1）在黑色星期五这天，绝大多数商店会在 5:00～6:00 就开门，有的甚至更早。商家还会采取提前在感恩节几天前的报纸上刊登广告，发放优惠券，对商品大幅降价等措施来吸引顾客。 （2）很多消费者把这一天看作准备圣诞礼物或买到便宜货的黄金时刻，由于降价商品数量有限，很多热门商店门前在前一天晚上就会排起长队。	现在西方很多国家将"黑色星期五"定为购物促销日

二、付费推广

（一）直通车推广

1．认识直通车

速卖通直通车是全球速卖通卖家通过自主设置多维度关键词，免费展示商品信息，大量曝光商品来吸引潜在买家，并按照点击付费的推广方式。也就是说，当买家搜索了一个关键词，如果卖家设置的推广商品符合展示条件时，就会在相应的速卖通直通车的展示区域出现，当买家进一步点击了推广的商品时才会进行扣费。在买家进行搜索或类目浏览时，搜索页第 1 页的第 12 位、第 20 位、第 28 位、第 36 位为"中国好卖家"推广位，第 2 页第 8 位、第 16 位、第 24 位、第 32 位、第 40 位为一般推广位，下方区域会同时展示 4 个直通车商品，如图 4-9 所示。

速卖通直通车对卖家收取一定的推广费用，该费用是由触发这次展示的推广关键词决定的。推广关键词的出价仅决定排名，而实际扣费金额则与卖家的推广评分、排在后面一名的卖家出价及推广评分有关。该金额表示的是卖家为一次点击支付的最高金额，但实际扣费小于或等于卖家的出价金额。大多数情况下，实际点击扣费会低于出价。每次发生扣费时，系统会根据对应展示区所监控到的关键词出价人数等情况，自动计算出保持关键词排名所需的最低价格。商品排名是由推广评分及出价两个因素决定的，推广评分与关键词出价越高，排名靠前的机会越大，而推广得分是由产品的属性、标题关键词和详细描述决定的。卖家实际扣费（元）=下一名出价×下一名推广得分+0.01 元。

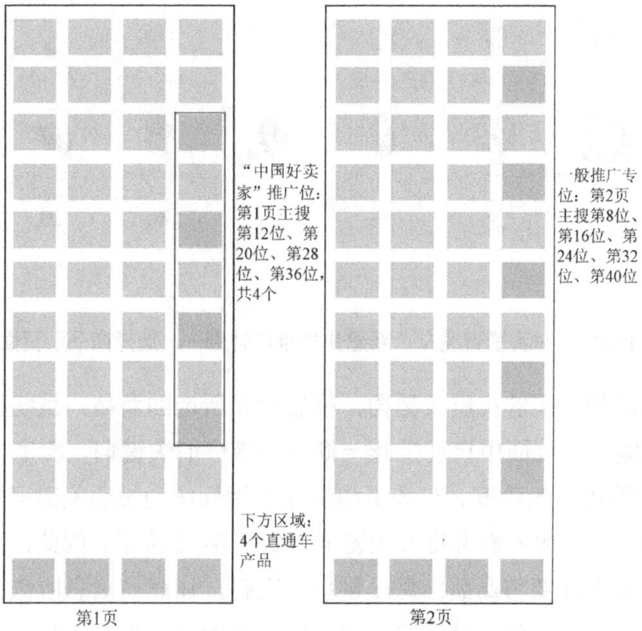

图 4-9　直通车推广位置

2. 直通车操作步骤

（1）新建推广。登录用户后台，进入"营销活动"→"速卖通直通车"→"直通车概况"→"新建推广计划"，出现如图 4-10 所示的页面，选择新建的计划类型和填写推广计划的名称后，单击"开始新建"按钮。

图 4-10　直通车"新建推广计划"页面

（2）选择推广商品。在速卖通直通车“新建快捷推广计划——选择商品”页面中，系统会按照商品组，列出所有可以推广的商品，如图 4-11 所示。建议在一个推广计划中只添加同属一类的商品，以便对推广信息进行分类管理、集中推广和重点优化。

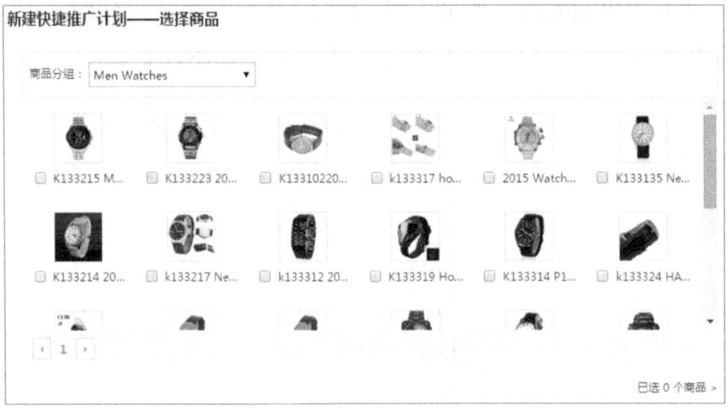

图 4-11　速卖通直通车“新建快捷推广计划——选择商品”页面

（3）选择与商品相匹配的优质关键词。根据卖家所选的商品，系统会在“新建快捷推广计划——选择关键词”页面中自动推荐一批适合推广的关键词，卖家可以将关键词的推广评分、30 天搜索热度、竞争度、市场平均价 4 个指标作为挑选关键词的依据。目前系统主要通过卖家的商品信息来判断并推荐关键词，如图 4-12 所示。因此，为了获得更丰富的推荐关键词，卖家首先需要将商品信息尽量填写完整，让商品信息所包含的信息更全面、更细致。除此之外，还可以使用搜索关键词来添加关键词，先输入某一关键词并单击“查询”按钮，然后，系统会自动根据输入的关键词列出与之相关的关键词及 30 天搜索热度、竞争度等信息。也可以批量添加关键词，快速添加已经整理好的商品的关键词。

图 4-12　速卖通直通车“新建快捷推广计划——选择关键词”页面

（4）关键词出价。为选择的关键词设定每单击最高扣费上限价格，单击每行关键词后面的“出价”输入框，会自动浮出“输入价格”页面。直接输入一个价格，然后单击“确认”按钮即设定完毕。设定关键词出价后，系统将实时显示该价格所对应的预估展示位置，如图 4-13 所示。

已选 0 个　移除　批量出价　输入关键词

关键词	推广评分	推广商品数	七日曝光量	七日点击量	七日花费	出价	预估排名
luxury brand watch men 2015	优	5	0	0	¥0	¥0.32	第二页主搜
luxury watch men 2015	优	5	0	0	¥0	¥0.43	第二页主搜
luxury watch men	优	5	0	0	¥0	¥0.11	其他位置
luxury brand watch men	优	5	0	0	¥0	¥0.86	其他位置
men brand watch	优	10	0	0	¥0	¥0.11	其他位置
analog wrist watch	优	5	0	0	¥0	¥0.11	其他位置
army green watch	优	5	0	0	¥0	¥0.11	第二页主搜
brand watch men	优	10	0	0	¥0	¥0.31	其他位置
calendar watch	优	5	0	0	¥0	¥0.11	其他位置
digital watch	优	5	0	0	¥0	¥0.21	其他位置

图 4-13　速卖通直通车“新建快捷推广计划——选择关键词”出价页面

3. 直通车推广思路

运用直通车推广的目的是提高产品的现有销量和测试产品的市场反应。下面以珠宝手表类目打造新品为例，介绍直通车打造新品的推广思路。

（1）选品。首先要确定选择什么样的新品来参加推广，新品的选择将会直接影响后期推广的点击量和订单的转化率。一般新品要具备如下要素：质量优、颜色全、款式新、功能多、有特色和价格具有竞争力。而具体选择什么产品要依据后台数据来确定。

第一步，分析行业数据，登录用户后台，进入“数据纵横”→“商机发现”→“行业情报”→“行业概况”，选择珠宝手表类目下的二、三级类目查看其行业概况。通过比较和筛选，最终选择二级类目下的电子腕表手表作为主推类目。图 4-14 所示为手表行业概况 7 天数据，数据显示手表的流量呈上升趋势，成交转化率较高。

图 4-14　手表行业概况 7 天数据

第二步，选择“数据纵横”→“选品专家”→“热销”→“珠宝手表”→“最近 7 天”→“下载原始数据”，然后选择“成交指数”降序排列、“购买率排名”从低到高优先选择，TOP 热销产品词和热销产品关键词表分别如图 4-15 和表 4-4 所示。

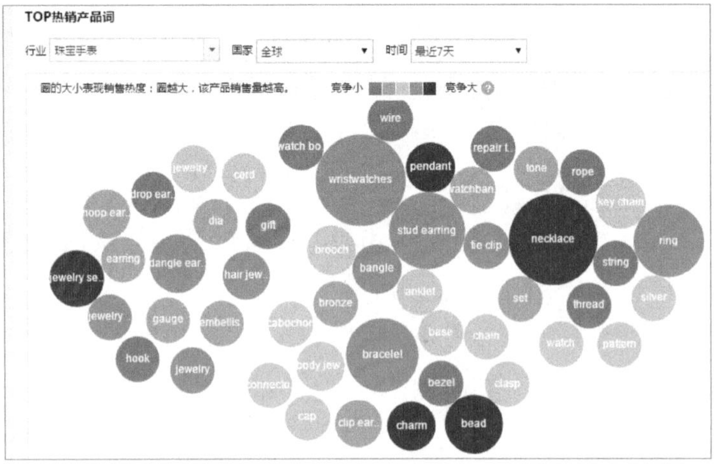

图 4-15　TOP 热销产品词

表 4-4　热销产品关键词表

行　业	国　家	商品关键词	成交指数	购买率排名	竞争指数
珠宝手表	全球	wristwatches	3 117 942	2	1.13
珠宝手表	全球	necklace	3 091 931	3	2.34
珠宝手表	全球	stud earring	2 159 134	1	1.43
珠宝手表	全球	bracelet	1 875 748	6	1.64
珠宝手表	全球	ring	1 853 542	4	1.78
珠宝手表	全球	bead	974 462	12	3.37
珠宝手表	全球	dangle earring	925 596	5	1.6
珠宝手表	全球	jewelry set	809 191	7	2.04
珠宝手表	全球	key chain	384 934	14	0.64
珠宝手表	全球	brooch	312 104	11	0.78
珠宝手表	全球	pendant	289 081	22	1.93
珠宝手表	全球	bangle	280 632	15	1.21
珠宝手表	全球	hoop earring	249 598	8	0.35
珠宝手表	全球	charm	245 191	31	1.97
珠宝手表	全球	body jewelry	212 963	9	1.05
珠宝手表	全球	hair jewelry	203 031	10	1.31
珠宝手表	全球	clip earring	135 176	16	0.27
珠宝手表	全球	jewelry packaging	125 956	17	0.7
珠宝手表	全球	tie clip	76 054	26	1.62
珠宝手表	全球	watchbands	71 892	20	0.36
珠宝手表	全球	jewelry	50 375	27	1.07

从表 4-4 中可以看出 wristwatches 成交指数最高，购买率排名第二，是珠宝手表类目下当前市场热卖品。然后在直通车后台，添加要推广的新品。第一个阶段，多对多撒网式推广，产品单一的、同属性的多个新品同时建立一个推广计划；如果产品类目多，建立多个推广计划，分别添加相同属性的新品。推广一段时间以后，结合曝光量和点击率选出表现最佳的产品进行第二个阶段的推广。

（2）选词。直通车推广的关键词一定是买家用来搜索的关键词，并且与这个产品相关的关键词的数量要多，要做到关键词覆盖，让买家不管如何搜索，卖家的产品都能在第一时间出现。以腕表为例，怎样才能尽可能多地找到国外买家搜索词呢？可以运用如下几个方法来选词。

方法一，从热搜词表、飙升词表中按照转化率或者点击率降序筛选出与产品相关性高的关键词。选择“数据纵横”→“搜索词分析”→“热搜词”→“手表”→“最近 30 天”→“下载最近 30 天原始数据”，整理原始数据如图 4-16 所示。

搜索词	是否品牌原词	搜索人气	搜索指数	点击率	浏览-支付转化率	竞争指数	TOP3热搜国家
watch		1,002,653	6,160,158	31.38%	0.52%	34	RU,UA,BY
часы женские		216,571	2,010,861	42.18%	0.84%	45	RU,UA,BY
часы		331,909	1,786,367	33.54%	0.67%	29	RU,UA,BY
часы мужские		189,614	1,349,025	44.16%	0.61%	41	RU,UA,BY
relogio masculino		190,799	894,320	44.05%	0.35%	17	BR,US,PT
watch men		151,324	824,145	44.15%	0.96%	80	CZ,US,TR

图 4-16　从“热搜词”表、“飙升词”表中选词

方法二，从客户页面搜索框中摘取联想词。在卖家首页搜索框中输入“watch”，会自动出现很多联想词，如图 4-17 所示。

方法三，利用“类目导航”栏选词。在卖家首页类目中单击“Jewelry & Watches”按钮会出现二级类目，由于要推广的产品为手表，所以把与手表有关的词选出来，如图 4-18 所示。

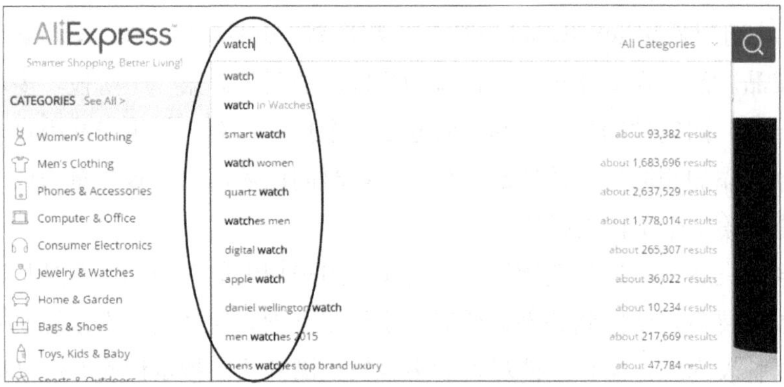

图 4-17　从客户页面搜索框中摘取联想词

图 4-18　利用“类目导航”栏选词

方法四，从“商品分析”中选词。选择“数据纵横”→“商品分析”→“展开数据分析”→“关键词分析”，选择曝光率高的关键词，如图 4-19 所示。根据上述方法整理好关键词，形成关键词表，并加入直通车的推广计划中。

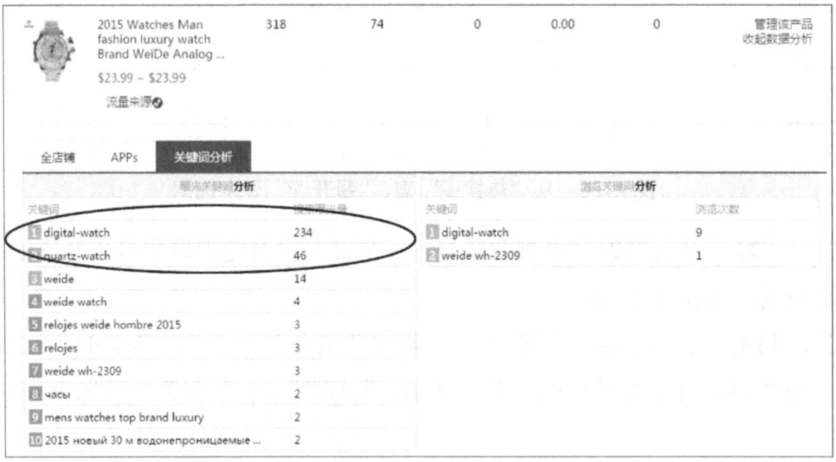

图 4-19　从“关键词分析”中选词

（3）关键词竞价。不同的关键词会有不同的竞价方法，考虑投入产出比，并不是所有的关键词都要排到第一页才好。关键词可以分为如下三类：第一类为精准词，如 Quartz Watch。这类词搜索热度高、竞价比较高，但由于这类词跟产品匹配度和转化率很高，虽然价格有点偏高，但仍需要全力竞价到第一页。第二类为蓝海词，如 Quartz Watch for Man 2015。这类词产品的针对性强、转化率高，但搜索热度不及精准词高，往往竞价不会很高，这类词应全部竞价到第一页。第三类为热门大类词，如 Watch。这类关键词，搜索热度大、竞价高，订单转化率没有精准词高，这类词一般应竞价到第 3～5 页。

（二）亚马逊站内广告

亚马逊站内广告推广分为商品推广和品牌推广广告，商品推广广告通过在搜索结果和商品详情页上展示的广告来帮助亚马逊买家发现和购买在亚马逊上销售的商品。品牌推广广告可以展示品牌 Logo、自定义文字和最多 3 个商品。这类广告会在搜索结果中展示，有助于树立品牌和商品组合的知名度。商品推广广告展示位置在搜索结果的顶部及搜索结果的其余位置旁边、商品详情页面非首屏位置，广告前台展示带有 Sponsored 或者 AD 字样。品牌推广广告位置在搜索结果上方和搜索结果内。

商品推广广告的投放方式为关键词投放和商品投放。关键词投放是指选择买家在购买商品时可能搜索的相关关键词。商品投放是指选择买家为了购买自己的商品而可能访问的相关商品详情页面。品牌推广广告的投放方式为关键词投放，即选择买家在购买商品时可能搜索的相关关键词。

亚马逊站内广告为付费广告，亚马逊的赞助广告采用的是 Pay-Per-Click（PPC）的收费方式。PPC 站内广告只有在广告被消费者点击的时候才会收费，这是亚马逊商品推广最常用的一种方法，具有增加产品的曝光率、有助于抢到 BuyBox 黄金位置、获得新品展示机会、盘活积压，提升资金周转率等作用。

相关链接 4-3：eBay 的促销管理工具

eBay 为卖家提供了 5 种自主促销的管理工具。

（1）扩大订单。该工具用于促销整家店铺、一个物品分类或者一组物品。扩大订单是一种操作简单的促销方式，可为买家在购买多件物品（或在每笔交易中消费超过一定金额）时提供一定的金额或百分比的折扣，还可附赠赠品，或以赠品加折扣的方式促进买家购买多件物品。

（2）优惠通道。该工具通过优惠券吸引买家，优惠券可通过电子邮件以链接的方式发送给买家，也可刊登到社交媒体网站和店铺等中，优惠券不会出现在自然搜索中，只有点击链接的买家才会看到。

（3）运费折扣。该工具用于推广设置免运费规则的所有物品刊登。卖家通过提供促销运费规则，可推广符合条件的物品以扩大订单。

（4）降价活动。该工具用于推广所有的打折物品，方便买家购买。可选择价格优惠的物品将其自动显示在打折页面，同时每件物品在主要的购物页面上都有链接，吸引买家访问此页面，可将通常会一起购买的产品作为补充产品进行分组促销。

（5）捆绑销售。该工具用于激励买家购买经常会一起购买的特定物品。通过将相关的物品捆绑到一件主要物品上，关联物品优惠可在物品刊登中促销特定的 SKU。只要买家购买主要产品，每种关联物品即可按不同百分比的折扣购买。

三、站外推广

（一）SNS 营销概述

社会性网络服务（Social Networking Services，SNS）专指帮助人们建立社会性网络的互联网应用服务。SNS 营销是指利用 SNS 网站的分享和共享功能，通过社交互助、用户自生内容等手段来辅助商品的购买和销售行为。例如，用户在社交平台上分享个人购物体验或者在社交圈推荐商品的应用，能够为其他用户购买该商品提供信息参考，并影响其购买行为。SNS 营销改变了传统的销售导向的营销模式，是一种关系导向的现代营销模式，强调“与消费者的互动”。企业的 SNS 营销团队不仅可以关注社交媒体上的用户，监控用户对于相关产品与服务的关注情况，并且可以实时发起与潜在用户的互动，持续深化与潜在用户的关系，促进其对企业产品与服务的兴趣，并且适时地发起社会化营销活动来促进成交。

在美国，许多零售企业通过 Facebook Ads 发布消息，利用网络下载优惠券，发起与产品有关的话题，监控感兴趣的客户行为，结合邮件营销和博客营销，带来了大量的销售机会。荷兰皇家航空公司（KLM）在 2011 年 3 月新开航的迈阿密航线上，成功地运用社交媒体营销传播，利用 Twitter 发起话题，通过 Youtube 实现视频分享，以极低的投入在这条新航线的推广上获得了意想不到的传播效果，同时也大大增加了 KLM 的品牌美誉率。

（二）国外常见的 SNS 网站

1. Facebook

Facebook 是目前全球最大的社交网站，于 2004 年 2 月 4 日发布上线。当时该网站针对的用户是美国的一些名校的在校学生，后因很好的社交用户体验带来用户的“病毒式”增长。2018 年年初，Facebook 拥有约 21.7 亿名用户。跨境 B2C 企业兰亭集势、DX 等都开通了 Facebook 官方专页。

2. Twitter

Twitter 是一家美国社交网络及微博客服务的网站，于 2006 年上线，是全球互联网访问量排名前 10 的网站之一，用户主要来自欧美地区。Twitter 的主要功能有发推文、搜索照片、新闻、视频、发送和接收私信，以及搜索热门主题、查看热门主题和趋势等。2012 年，Twitter 用户数量排名前 20 的国家分别是美国、巴西、日本、英国、印度尼西亚、印度、墨西哥、加拿大、西班牙、菲律宾、土耳其、哥伦比亚、委内瑞拉、俄罗斯、韩国、荷兰、阿根廷、法国、德国和意大利，如图 4-20 所示。根据 Twitter 财报统计，截至 2018 年 12 月 31 日，Twitter 的月度平均活跃用户数量为 3.21 亿人。

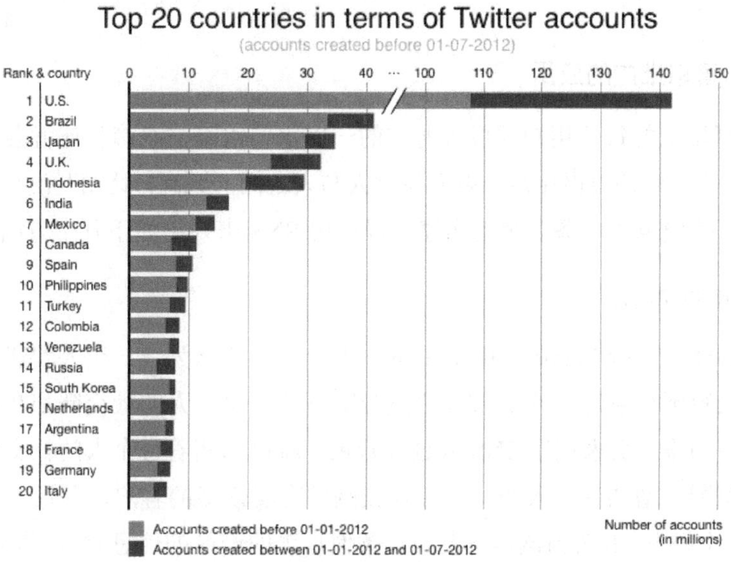

图 4-20 2012 年 Twitter 用户数量排名前 20 的国家

3. VK

VK 是俄罗斯的大型社交网站，最早是由创始人帕维尔 •杜罗夫（Pavel Durov）于 2006 年 9 月创立的。VK 即 VKontakte，来自俄语“ВКонтакте”，意思就是“保持联系”。VK 的地位类似于中国的开心网+人人网，不但在俄罗斯“一统江湖”，也覆盖了不少东欧国家。

4. YouTube

YouTube 于 2005 年 2 月由三名 PayPal 的前任员工所创，是世界上最大的视频分享网站，供用户下载、观看及分享影片或短片。YouTube 用“分享”视频的概念取代“发布”视频的传统概念，迎合了 Web 2.0 时代多对多的交流模式，为网民的进一步参与提供了广阔的发展空间。企业在 YouTube 上投放广告，能在很大程度上影响人们的购物决策，有效提升企业的知名度与销售额。

（三）红人营销

红人，又称意见领袖（Key Opinion Leaders，KOL），是指在各大社交咨询平台上自带流量的人。他们既可以是专职在网络上与粉丝每天进行互动的人，也可以是从事不同行业的专家，或者是热衷于研究某一领域事物并具有该领域特长的人。红人营销是一种数字营销手段，主要是依靠有影响力的红人在 Facebook、Instagram、Twitter、Youtube 等社交平台传递产品和品牌信息，来吸引潜在用户，实现转化。营销形式以短消息、图文、视频这 3 种形式为主，视频使用得最多。红人营销最大的挑战是如何筛选与自己产品匹配的红人，以及如何评估红人营销的效果。

DW 如何靠红人营销风靡时尚圈

（四）SNS 营销推广的应用

SNS 社交网站上的每位用户就像大海中的一滴水，水滴与水滴相连就会形成河、湖，甚至海。SNS 社交网站通过网络这一媒介拉近人与人之间的距离，让相互没有交集的人之间实现信息互通。跨境电子商务店铺的卖家可以利用 SNS 来开展如下几个方面的营销推广。

1. 提升店铺的知名度

哈佛大学心理学教授 Stanley Milgram 的六度分隔理论认为，一个人和任何陌生人之间所间隔的最少人数不会超过 6 个。按照六度分隔理论，每个人的社交圈都在不断放大，最后成为一个大型网络，卖家利用 SNS 来进行营销，就可以随着每个人的社交圈的扩大来扩大产品的营销范围，增加受众人数。SNS 社交网站有着众多的客户，假设一个客户的 SNS 账号中有 1 000 个好友，那么当该客户发布一条他喜欢的产品的信息时，该信息就会被 1 000 个人同时接收到，如果这 1 000 个朋友当中，有 20%的人，也就是 200 人去转发这条信息，该产品的受众将达到 1 000+200+N 人，因为这 200 个朋友的转发，又会吸引很大一批受众，这就是 SNS 中的阶梯效应。因此，卖家可以利用自己 SNS 账户中的好友或粉丝，打造店铺的口碑和良好的传播效果，吸引更多的客户进入店铺，迅速提升店铺的销量和知名度。由此可见，要提升店铺的人气首先要增加 SNS 账号中的好友或粉丝数量。卖家可以主动地加入一些群组或评论别人的文章或视频来扩大自己的影响力，也可以根据自己的产品的目标消费群体的喜好发布一些关注度高的文章。例如，做女装的卖家可以发布一些不同面料的特征介绍和辨认方法、不同面料衣服的洗涤方法、服装搭配的方法和拍摄自己店铺女装的时装秀的视频等，巧妙地将自己的产品和店铺无形地植入文章和视频中。

2. 开展互动性促销活动

互动性是 SNS 营销的基本属性，企业若想利用 SNS 社交网站这个平台推广产品达到良好的推广效果，就必须遵循它的这一基本特性。企业如果希望通过这个平台推广品牌、产品，就必须增加企业与粉丝之间的互动，只有不断更新自身的信息、发布活动、吸引粉丝关注并推荐其页面、与潜在客户之间产生互动，才能达到推广的目的。企业可以发布活动来同好友和粉丝进行互动，如产品的促销活动、折扣活动、新产品的体验等。例如，卖家可以策划“图片找茬送衣服的活动”“衣服洗涤方法英文讲座”“服装走秀活动”等，让客户参与互动。又如，在亚马逊平台利用 Facebook 群组进行半价促销（PP 返款方式或 Code 方式）。在 Facebook 群组中，发布要推广的产品信息、图片、折扣力度、购买方式等信息，设置大额度折扣，吸引 Facebook 上的中介、普通买家、海外华人、社区红人、二手商等，单击 Listing 外链、搜索关键词等，触发亚马逊平台算法，增加产品曝光率、点击率、转化率、Review 数量和 Q&A 数量，提高 Listing 销量、排名和权重。

3．调研国外客户对产品的需求

每个国家的客户对于产品的颜色、款式、性能的需求会有很大的差异，如果不了解国外客户的喜好，仅凭中国人的需求习惯来选品和经营店铺，那么店铺的产品在国外的销量是很难提升的。跨国界进行调研会大大增加企业的成本，对很多卖家来说是不现实的。然而，SNS 社交网站提供了一个很好的免费调研平台。因为，SNS 有着广大的客户群体，卖家可以通过关注好友发布的文章、图片和视频来判断他们的喜好，也可以设置问卷直接进行调研。

第二节　跨境电子商务店铺数据化运营

【任务导入】

深圳玖希贸易有限公司的跨境电子商务专员 Jenny 花费了一个月的时间利用站内的工具进行营销推广、投放广告，并利用站外平台进行了引流。功夫不负有心人，店铺的出单量有所提高，日均出单量上升到 10 个左右，但离公司设定的 6 个月日均出单量达到 100 个的目标，还有很大的差距。公司运营总监 Davin 建议他们分析后台数据，以数据的分析结果为依据，制订下一个阶段的运营计划。

知己知彼，百战不殆。随着“云”时代和大数据时代的来临，数据分析作为网站运营的基础性工作变得越来越重要，一切以数据说话，成为当今及未来互联网发展的趋势。现在的网站数据监测系统已经能够提供比较丰富和精准的原始数据。客户在互联网上的行为都是有迹可循的，客户只要登录卖家的页面，他们的一举一动就会变成数据被记载下来，如访问量来源、用户停留时间、页面访问数及访问的内容等。卖家会对各项指标进行综合分析，从而得出一份科学的、具有参考价值和执行力的分析报告，为跨境电子商务店铺的运营提供科学的指导和参考。但困难的是，跨境电子商务企业或个人卖家所面对的原始数据往往是巨大的、杂乱的，如何有效地利用这些数据来充分了解每个客户并挖掘出其背后的客户价值，成为跨境电子商务店铺成功运营的关键。

一、数据分析概述

（一）数据分析的作用

数据分析（Data Analysis）是指采用适当的统计分析方法对收集的数据进行处理，为提取有用信息和形成结论而对数据加以详细研究和概括总结的过程。数据分析是研究市场营销规律，制订店铺订货、补货、促销计划，以及调整经营措施的基本依据。跨境电子商务店铺卖家通过数据分析，将整家店铺的运营建立在科学分析的基础上，对各种指标进行定性分析和定量分析，从而为决策者提供最准确的参考依据。

数据分析的具体作用表现在如下几个方面。第一，及时掌握店铺推广的效果，减少盲目性。第二，分析各种网络营销手段的效果，为制定和修正店铺营销策略提供依据。第三，通过店铺访问数据分析进行店铺营销诊断，包括对各项店铺推广活动的效果分析、店铺优化状况诊断等。第四，了解客户访问店铺的行为，为更好地满足客户的需求提供支持。

对一个初学者来说，进行跨境电子商务店铺数据化运营主要应弄清如下几个问题：为什么要做数据分析、分析什么数据、从哪里获取数据、采用何种数据分析工具，以及如何做好数据分析。

相关链接 4-4：揭秘大数据玩家 eBay：猜出你的购买欲

在网络世界，数据就是金钱，eBay 对于这一点深有体会。眼下，eBay 对各种在线数据的分析无所不至，就像在每个顾客前面安装了摄像头一般。

毫无疑问，eBay 拥有的数据量是惊人的。其每天都要处理 100PB 的数据，其中包括 50TB 的机器数据。可以说，eBay 每天都面临着天文数字般的大数据的挑战。

早在 2006 年，eBay 就成立了大数据分析平台。为了准确分析用户的购物行为，eBay 定义了成百上千种类型的数据，并对顾客的行为进行跟踪分析。eBay 拥有约 2 亿名用户，网站的商品清单项目达 3 万多类。在平台的日常交易中，eBay 几乎每秒都要处理价值数千美元的交易。而这些交易数据，其实只是 eBay 全站数据信息总量的“冰山一角”。

基于大数据分析，eBay 每天要回答的问题很多，如“昨天最热门的搜索商品是什么？”而即便是这样的简单问题，都需要涉及 50 亿页面浏览量的处理。从这个角度看，任何一个基本的业务问题，对 eBay 来说都是一个相当巨大的问题。

就 eBay 来说，如何利用大数据来增加在线交易呢？举一个典型的例子，譬如，一位年轻的女性 10:00 在星巴克浏览 eBay 网站，eBay 应该推送给她什么样的商品呢？就这几个信息点，eBay 其实已经做了不少研究。事实上，用户在 10:00、12:00、19:00，浏览的商品是不同的。在餐厅或在家里，同样会对浏览和搜索产生影响。此外，用户的年龄、当时的天气等，都会对用户的购物产生影响。eBay 要做的，就是学习不同情景下的不同购物模式，并推送给用户最想要的商品。

据悉，eBay 可以从用户以往的浏览记录里“猜”她想要什么样的商品，也可以从设定的成百上千种情景模型中计算出用户可能的需求，或对照另一位有着相似特点的女性用户，看她当时买过什么样的商品，从而推断出这位用户潜在的需求。在综合各种考量因素后，eBay 的后台需要在短短几秒内将商品页面推送给用户。这意味着，eBay 需要建立运算速度非常快的运算模型。

这种运算模型，存在相当一部分人为的因素。例如，机器可以搜集上万个用户的数据，但 eBay 的工程师可以定义其中的 100 个数据为有效数据，而模型则建立在这些有效数据之上。此外，当计算机自动“学习”分析各种数据形成的趋势时，eBay 需要将机器学习的逻辑设定在与商品交易相关的行为上。

基于用户购物的数据，eBay 同样会给商家提供各式各样的“情报”。例如，eBay 会告诉制造商用户正在网上搜索什么商品，或各种出口行业的数据，制造商会立刻对此做出反应。

很多时候，eBay 会根据自身或其他电商网站的交易情况，向商家建议其应该销售的品类。例如，一个中国的商家希望将产品卖到澳大利亚，eBay 会通过数据分析可以告诉他，他一个月大约可以卖出多少产品，定价应该在什么范围内，市面上还有多少商家在卖同样的产品，他的市场占有率大概是多少。

在此基础上，eBay 还试图计算出商家的补货频率。事实上，海外仓储是商家非常头痛的问题，一旦计算失误，便可能造成库存积压或缺货。而在 eBay，一旦用户下单后发现商家缺货，将是非常严重的问题。这种情况下，eBay 可以通过过往的数据分析，得出商家第一批货的大概销量，以及按照过去销货的速度什么时候应该补货，物流的时间又是多久。通过这些数据的计算，eBay 可以测算出商家补货的逻辑。

（资料来源：http://tech.sina.com.cn/i/2014-09-08/04339599754.shtml）

（二）数据分析的关键指标

1．流量指标

店铺有销量的首要条件是有顾客进入店铺，而进入店铺的顾客的多少就代表了流量的大小，因此，流量数据是店铺的首要监控对象。店铺的流量根据是否付费可分为免费流量和付费流量，根据来源不同可分为自主流量和站外流量。免费流量是指没有付费做广告推广，而是通过关键词搜索等途径进入店铺中的客户流量。付费流量是指通过投放广告、按点击率计算费用等方法引入的顾客流量。站内流量是指客户自己前来访问店铺的流量，这样的客户通常在店铺中已经有过成功的交易经历，因此才会通过直接访问、收藏宝贝或店铺、购物车等渠道来回访店铺，这样的流量会十分稳定并且转化率也很高。站外流量是指访问者通过搜索引擎直达产品和通过其他网站进入店铺所产生的流量。衡量一家店铺流量的指标如下。

数据分析的关键指标解释

（1）页面浏览量（Page View，PV）是指店铺各页面被查看的次数，用户多次打开或刷新同一个页面，该指标值累加。PV 高不一定代表来访者多；PV 与来访者的数量成正比，但是 PV 并不直接决定页面的真实来访者数量。例如，一个网站只有一个人进来，通过不断地刷新页面，也可以制造出非常高的 PV。

（2）访客数（Unique Visitor，UV）也称独立访客数，是指在某一段时间内一个客户端进店访问的人数，不论重复访问了多少次都计一次。和 UV 相关的另外一个词是 PV。UV 和 PV 数字的区别在于，当一个客户 A 访问了某个店铺的 10 个页面，PV 为 10，而 UV 为 1。

2. 销售指标

（1）客单价（Per Customer Transaction）是指每个客户在一定时间内平均购买商品的金额。一家店铺的销售额是由客单价和顾客数（客流量）所决定的。因此，要提升店铺的销售额，除尽可能多地吸引进店客流、增加顾客交易次数外，提高客单价也是非常重要的途径。在同等客流量的情况下，客单价的高低将决定店铺销售额的高低。关联营销、降价促销、捆绑销售和买赠活动等都可以有效地提高客单价。客单价的计算公式如下：

客单价=销售总额/顾客总数

客单价=销售总额/成交总笔数

（2）转化率（Conversion Rate）是指一定时间内，产生实际消费的客户数（即成交客户数）和总访客数的比值，是将流量转化为实际的销售额的一种衡量方式。

成交转化率=成交客户数/总访客数

转化率是衡量一家店铺是否健康运营的重要指标，在分析该数据时不仅要注意全店的转化率，还要注意单品的转化率。转化率高并不代表店铺的成交金额高，所以，还要注意转化的订单笔数和转化的订单金额。同理，如果店铺的转化率很高但退款率也很高，那么出现退款情况的交易不仅等于没有转化，还会反过来影响店铺的声誉。

3. 客户行为指标

（1）跳失率（Bounce Rate）表示顾客通过相应入口进入、只访问了一个页面就离开的访问次数占该入口总访问次数的比例。通俗来讲就是访客不管通过什么渠道到达某店铺的目标页面，到达后没有继续访问该店铺的其他页面即离开，就称为一次跳失。跳失率是衡量被访问页面的一个重要因素，可以直接体现出店铺的登录页是否有足够的吸引力让访客深入访问下去。往往一家店铺的主图、定价和打开速度等都会影响跳失率。

（2）访问深度是指用户在一次浏览某店铺的过程中浏览了该店铺的页面数。顾客一次性浏览的该店铺的页面数越多，表明该店铺有其感兴趣的东西越多。用户访问网站的深度用数据可以理解为网站平均访问的页面数，即 PV 和 UV 的比值，这个比值越大，顾客的体验度越好，店铺的黏性也越高。

（3）停留时间是指所有访客的访问过程中，平均每次连续访问店铺的停留时间。

4. 服务指标

服务指标主要包括客服响应速度、纠纷率和发货速度等。

相关链接 4-5：成交转化率漏斗模型

漏斗模型（见图 4-21）适用于店铺中某些关键路径的转化率的分析，以确定整个流程的设计是否合理、各步骤的优劣、是否存在优化的空间等。试着去了解用户来网站的真正目的，为他们提供合理的访问路径或操作流程。用户访问过程中的每一步，都有可能产生用户流失，尤其是用户触达第一个页面（不一定是网站首页）的流失率往往过高，这里的影响因素很多。例如，用户因为被广告诱导进入网站，发现与预期严重不合，造成用户流失。接下来到商品目录页面，如果用户采用搜索方式，会进入搜索结果页，如果在这个页面按照各种排序也找不到预期商品，就会造成用户流失。然后，到达详情页面，如果用户评价过低、店铺客服不合格，用户难以进行下单决策，就会造成用户流失。最后，加入购物车。据经验数据可知，从访问到加入购物车，平均来讲，100 个人进来，只有 4.5 个人会把商品加入购物车，即便是加入了购物车，依然有较大流失，因此，一般的购物网站都设有“立刻购买”的按钮。后面的几步都有可能造成用户流失。

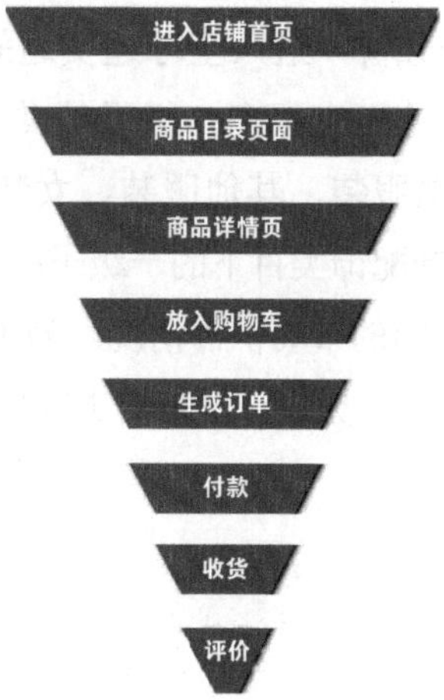

图 4-21　漏斗模型

产品运营分析，可以按照现存的用户路径逻辑，整理出各个环节的漏斗模型数据，考量有可能造成用户流失的因素，进行针对性的优化。需要提醒的是，整个用户行为是以最终的产品目标为评价标准的，各环节的转化率息息相关，不能简单地只提升某个环节的转化率，这样有可能会造成负面的用户体验，得不偿失。

二、跨境电子商务店铺数据化选品

选品的首要标准是迎合市场需求，卖家应该将市场容量大小作为选品考虑的一个重要思路，而不是以卖家自己对某个行业的熟知度和固有的认识作为选品依据。不同的跨境电子商务平台上的客户对产品的需求是不同的，eBay 上的热卖款，未必在亚马逊上卖得好；全球速卖通上的爆款，在亚马逊上甚至会滞销。所以，选品一定要以卖家所面对的市场为导向。跨境电子商务店铺的选品是数据化运营的基础，以数据来源看，通常可以分为站内选品和站外选品。

（一）站内选品

站内选品是指卖家根据跨境电子商务平台后台所提供的数据及自身的情况来选择要经营的行业及具体类目下的产品，具体分为行业选品、类目选品和产品选品。下面重点以全球速卖通为例来阐述，全球速卖通的“数据纵横”里面为卖家提供了“行业情报”和“选品专家”两个数据选品模块。

1．行业情报

行业情报的数据可以让卖家从市场需求和供给两个方面了解某个行业在某段时间内子品类的变化趋势，为卖家选品时避开竞争激烈的红海市场、找到蓝海市场、发掘市场商机提供帮助。

以服装/服饰配饰行业为例来分析，进入全球速卖通的“数据纵横”页面，选择 30 天的行业数据。在服装/服饰配饰行业下有很多一级子品类，分别是服装/服饰配饰、扮演服及配件、男装、新奇特及特殊用途服装、其他服装、女装和世界民族服装。假设某卖家根据自己的货源情况想发展服装/服饰配饰类目下的一级子品类服饰配饰、男装、女装中的某个品类，就需要知道这 3 个子品类目前的市场供需情况。为了解决这个问题，分别选择服装/服饰配饰类目下的一级子品类服饰配饰、男装、女装，生成如图 4-22～图 4-24 所示的数据。

行业数据

	流量分析		成交转化分析		市场规模分析
	访客数占比	浏览量占比	支付金额占比	支付订单数占比	供需指数
最近30天均值	30.21%	15.91%	17.55%	30.36%	85.52%
环比周涨幅	↓ -4.06%	↓ -1.12%	↑ 0.57%	↑ 0.46%	↑ 5.33%

图 4-22　服饰配饰 30 天的行业数据

行业数据

	流量分析		成交转化分析		市场规模分析
	访客数占比	浏览量占比	支付金额占比	支付订单数占比	供需指数
最近30天均值	30.16%	16.3%	22.54%	13.95%	85.81%
环比周涨幅	↑ 1.24%	↓ -0.37%	↓ -2.72%	↓ -3.59%	↓ -0.07%

图 4-23　男装 30 天的行业数据

行业数据					
	流量分析		成交转化分析		市场规模分析
	访客数占比	浏览量占比	支付金额占比	支付订单数占比	供需指数
最近30天均值	63.81%	67.02%	54.28%	51.36%	116.37%
环比周涨幅	↑ 2.64%	↑ 0.75%	↑ 1.02%	↑ 0.73%	↓ -0.94%

图 4-24　女装 30 天的行业数据

图 4-22～图 4-24 中涉及的数据指标的含义如下。

（1）访客数占比：统计时间段内行业访客数占上级行业访客数的比例。

（2）浏览量占比：统计时间段内行业浏览量占上级行业浏览量的比例。

（3）支付金额占比：统计时间段内行业支付成功金额（排风控）占上级行业支付成功金额（排风控）的比例。

（4）支付订单数占比：统计时间段内行业支付成功订单数（排风控）占上级行业支付成功订单数（排风控）的比例。

（5）供需指数：统计时间段内行业商品指数与流量指数之比。该值越大，竞争越激烈；该值越小，竞争越小。

由图 4-22～图 4-24 可知，同为服装/服饰配饰类目下的一级子品类，女装的访客数和流量占比远远超过男装和服饰配饰的访客数和流量占比，并有上升的趋势。同时，女装的成交转化情况也比男装和服饰配饰的成交转化情况要好，并有上升的趋势。女装品类的供需指数较高，但有下降的趋势；而男装品类和服饰配饰品类的供需指数较低，说明女装品类的市场竞争较为激烈。所以，综合考虑这 3 个维度可以得出结论：选择女装品类更好。

2．选品专家

确定选择女装品类，对卖家选品来说这个范围还是太广，因为在女装品类下还有很多的二级子品类，如休闲西装/正装西服、雪纺衫/衬衫、外套/大衣、连衣裙、卫衣帽衫、贴身衣物、牛仔裤、连体裤、打底裤、长裤/九分七分五分裤、短裤、半身裙、袜子、毛衣、泳衣/沙滩服、上衣、T 恤、女士套装和睡衣、家居服等。所以，卖家需要进一步分析这些二级品类中的商品的市场供需情况。全球速卖通后台的“数据纵横”中的选品专家为卖家提供了热销（代表卖家的角度）和热搜（代表买家的角度）两个角度的数据。

进入全球速卖通的“数据纵横”页面，选择“选品专家”中“服装/服饰配饰”行业下的“女装品类”选项，分别下载 30 天的热销数据和热搜原始数据，如表 4-5 和表 4-6 所示。表 4-5 和表 4-6 中涉及的数据指标的含义如下。

（1）成交指数：在所选行业和所选时间范围内，累计成交订单数经过数据处理后得到的对应指数。成交指数不等于成交量，但成交指数越大，成交量越大。

（2）转化率排名：在所选行业和所选时间范围内，浏览量与支付订单数之比的排序。

（3）竞争指数：在所选行业和所选时间范围内，产品词对应的竞争指数。指数越大，竞争越激烈。

表 4-5 女装 30 天部分热销数据排序

行　业	国　家	商品关键词	成交指数	浏览—支付转化率排名	竞争指数
女装	全球	dress	126 600	3	1.76
女装	全球	blouse	64 828	2	0.66
女装	全球	panties	52 054	1	1.08
女装	全球	T-shirt	47 938	8	1.02
女装	全球	tank	30 381	4	0.53
女装	全球	legging	26 841	10	0.82
女装	全球	bikinis set	26 235	5	0.74
女装	全球	bra	25 061	6	0.5
女装	全球	skirt	18 155	14	0.74
女装	全球	hoody	16 002	18	0.85
女装	全球	jumpsuits	12 942	13	0.79
女装	全球	sock	12 651	16	0.46
女装	全球	shaper	11 314	15	0.5
女装	全球	sweater	10 934	23	0.9
女装	全球	pants	10 919	20	0.47
女装	全球	jacket	10 544	24	0.53
女装	全球	one Piece	8 357	21	0.46
女装	全球	stocking	6 653	9	0.43
女装	全球	jeans	6 565	22	0.31
女装	全球	tights	6 496	11	0.51
女装	全球	intimate accessory	6 416	7	0.3
女装	全球	shorts	6 340	19	0.34
女装	全球	down	4 713	37	0.85
女装	全球	nightgown	4 326	26	0.27
女装	全球	bustiers	3 674	34	0.69
女装	全球	pajamas set	3 662	25	0.5

表 4-5 中女装 30 天部分热销数据按成交指数降序排列，其中前 10 名产品词分别为 dress、blouse、panties、T-shirt、tank、legging、bikinis set、bra、skirt 和 hoody。表 4-6 中女装 30 天部分热搜数据按搜索指数降序排列，其中前 10 名产品词分别为 dress、shirt、jacket、blouse、skirt、coat、jeans、bikini、bra 和 robe。dress 品类虽然成交指数和搜索指数都是最高的，但它的竞争指数也很高，说明竞争激烈，所以相对来说 blouse 品类是最理想的。

表 4-6 女装 30 天部分热搜数据排序

行　业	国　家	商品关键词	搜索指数	搜索人气	浏览—支付转化率排名	竞争指数
女装	全球	dress	262 884	118 217	14	331.19

续表

行　业	国　家	商品关键词	搜索指数	搜索人气	浏览—支付转化率排名	竞争指数
女装	全球	shirt	93 090	50 305	19	1 001.17
女装	全球	jacket	74 837	39 501	26	745.8
女装	全球	blouse	72 859	32 080	4	100.22
女装	全球	skirt	62 078	29 021	12	191.91
女装	全球	coat	44 855	22 897	35	2 815.89
女装	全球	jeans	41 905	21 397	36	554.71
女装	全球	bikini	34 654	16 624	20	222.07
女装	全球	bra	33 713	14 961	13	128.56
女装	全球	robe	27 499	12 371	25	1 818.79
女装	全球	clothing	27 061	17 655	46	4 349.11
女装	全球	suit	26 007	14 604	28	1 836.15
女装	全球	shorts	25 509	13 564	11	646.99
女装	全球	vestido	24 861	10 559	2	1 275.42
女装	全球	sock	22 843	10 885	3	141.1
女装	全球	clothes	19 467	12 750	45	3 338.88
女装	全球	sweater	18 328	10 142	21	653.17
女装	全球	size	18 132	8 312	29	3 728.72
女装	全球	underwear	16 967	9 630	1	1 223.8
女装	全球	vest	16 163	8 946	7	8 97.75
女装	全球	swimsuit	15 475	9 473	16	339.08
女装	全球	corset	14 066	6 744	18	57.45
女装	全球	hoodie	13 452	8 182	47	977.92
女装	全球	blazer	12 965	6 870	39	45.06
女装	全球	sleeve	12 789	6 820	23	2183
女装	全球	cardigan	11 750	5 758	43	198.41

blouse 的热销属性如图 4-25 所示。

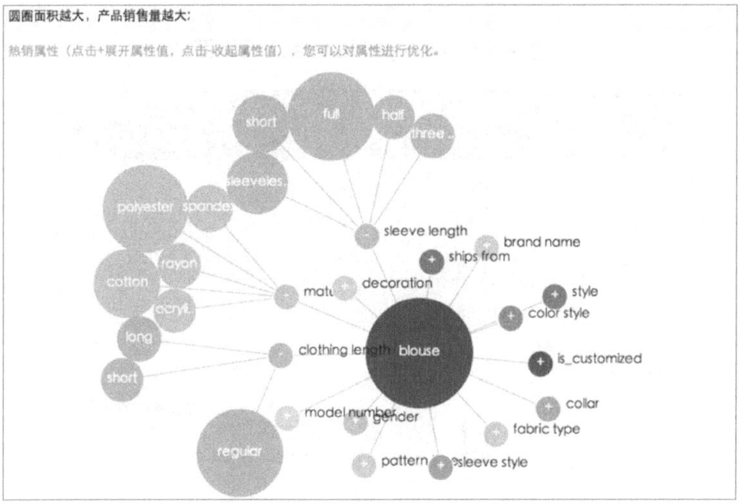

图 4-25　blouse 的热销属性

由图 4-25 可以看出材质为 polyester、袖长为 full、款式为 regular 的 blouse 目前是最热销的 blouse。

（二）站外选品

站外选品是指运用一些数据分析工具，获取跨境电子商务平台外部的数据，主要包括 Google Trends、Keyword Spy 和 Alexa。首先，利用 Google Trends 研究品类的周期性特点，获得一定的产品开发先机。其次，通过 Keyword Spy，搜索与产品品类相关的关键词和热词。最后，在确定一个品类后，可以借助 Alexa，到竞争对手的网站上选择三家经营该品类商品的店铺，进行分析、研究和参考。

1. Google Trends

Google Trends 是 Google 推出的一款基于搜索日志分析的应用产品，它通过分析 Google 全球数以 10 亿计的搜索结果，告诉用户某一搜索关键词各个时期下在 Google 被搜索的频率和相关统计数据。在 Google Trends 中，每个关键词的趋势记录图形显示分为搜索量和新闻引用量两部分，用户可直观地分别看到每个关键词在 Google 全球的搜索量，以及相关新闻引用情况的变化走势，并有详细的城市、国家/地区、语言柱状图显示。

进入 Google Trends 工具界面，如图 4-26 所示。现以关键词 blouse 为例，选择国家为美国、澳大利亚、巴西、俄罗斯和法国，进行对比，搜索结果如图 4-27 所示。

图 4-26　Google Trends 工具界面

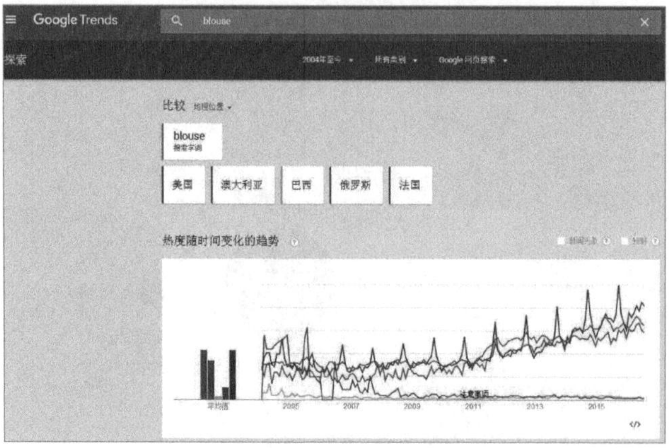

图 4-27　blouse 搜索结果

图 4-27 显示，美国、澳大利亚和法国 2005—2015 年 blouse 的搜索量总体保持增长的趋势，而巴西和俄罗斯对 blouse 的搜索量变化不大。从月份数据来看，美国、澳大利亚和法国在每年的 8、9、10 月对 blouse 的搜索量最大，为 blouse 需求的高峰期。因此，对于美国、澳大利亚和法国市场的产品开发，应在 5—7 月完成。如果卖家不知道目标市场品类热度的周期规律，则很可能会错过市场需求的高峰。

2. Keyword Spy

Keyword Spy 是一个在线的搜索关键词研究工具，直译为关键词间谍。进入 Keyword Spy 工具界面，如图 4-28 所示。以 blouse 为例，选择美国为分析市场，查询条件选择 Keywords，搜索结果如图 4-29 和图 4-30 所示。图 4-29 中的数据表明，在美国市场中 blouse 月搜索量达到约 224 万次，市场热度较高。同时，在搜索结果中还给出了如图 4-30 所示的与 blouse 相关的热门关键词。

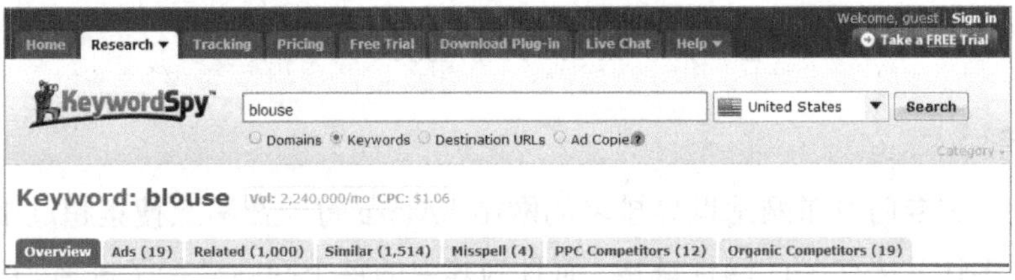

图 4-28 Keyword Spy 工具界面

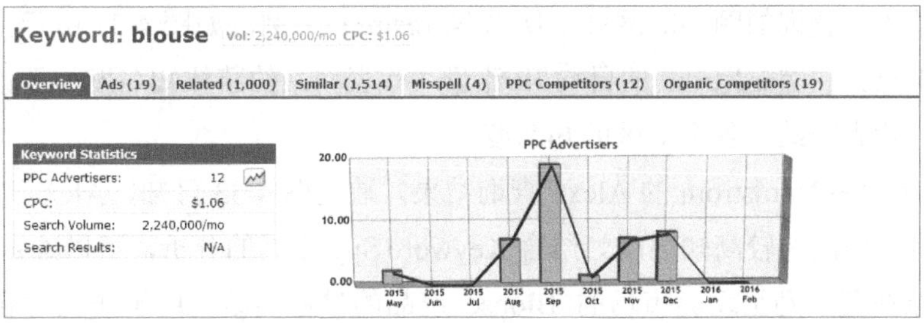

图 4-29 美国市场中 blouse 月搜索结果

Related Keyword Overview

Related (1,000)	Search Volume	CPC	Related	Search Volume	CPC
womens dresses	823,000/mo	$1.39	black dresses	1,220,000/mo	$1.04
blouses	1,220,000/mo	$1.14	sun dress	246,000/mo	$1.03
dresses	68,000,000/mo	$0.10	silk blouses	33,100/mo	$1.23
skirts	5,000,000/mo	$1.03	mini skirts	550,000/mo	$0.96
cardigans	1,500,000/mo	$1.31	leather jacket	1,500,000/mo	$1.17
summer dresses	450,000/mo	$1.20	swim suits	3,350,000/mo	$1.19
sun dresses	246,000/mo	$1.13	womens plus size clothing	110,000/mo	$1.86
summer dress	450,000/mo	$1.18	clothing catalogs	110,000/mo	$1.06
petite sophisticate	12,100/mo	$1.39	plus size womens clothing	110,000/mo	$1.70
petite clothing	135,000/mo	$1.33	tights	1,830,000/mo	$1.01

View More »

图 4-30 与 blouse 相关的热门关键词

如图 4-30 所示，搜索量最大的几个关键词是 blouse 的主关键词，如 blouses、silk blouses

等，而其他关键词可以作为长尾关键词。这些关键词用于产品搜索、产品信息加工中的命名及描述，会大大提升 SEO 的优化水平。

图 4-31 所示为 blouse 这个关键词所对应的主要竞争对手网站的站点列表，如该图中的 nordstrom.com。下面将以该图中通过 Keywords 发现的 nordstrom.com 为例，利用 Alexa 工具对该网站进行进一步分析，以确定是否可作为适合的参考网站。

Competitors Overview

PPC Competitors (12)	Keywords	Organic Competitors (19)	Keywords
nordstrom.com	135,411	hm.com	5,618
Zappos.com	164,584	en.wikipedia.org	33
Macys.com	292,417	anntaylor.com	17,678
SEARS.com	380,459	express.com	9,764
sammydress.com	68,512	forever21.com	2,881
rosewholesale.com	46,729	boohoo.com	50
easternthings.com	3,753	shop.nordstrom.com	43,132
trendsgal.com	27,149	modcloth.com	20,830
AnnTaylor.com	17,678	loft.com	7,406
Target.com	1,395,277	thelimited.com	4,977
	View More »		View More »

图 4-31　blouse 关键词竞争对手网站

3. Alexa

Alexa 是一家专门发布网站世界排名的网站。Alexa 每天在网上搜集超过 1 000GB 的信息，不仅给出多达几十亿条的网址链接，而且为其中的每个网站进行了排名。可以说，Alexa 是当前拥有 URL（统一资源定位符）数量最庞大、排名信息发布最详尽的网站。进入 Alexa 工具界面，输入要查询的网站的网址，现以 Nordstrom 为例，如图 4-32 所示。在查询结果页面，我们重点关注 Nordstrom 的日均 IP 流量（代表网站的整体知名度）及该网站在各个地区的排名（代表网站在各个地区的知名度）。

图 4-33 所示为 Nordstrom 的 Alexa 查询结果。通过图 4-33 可知，Alexa 以美国为主要目标市场，且在美国有较高知名度。结合 Keyword Spy 工具的分析，可以确定，Nordstrom 可以作为卖家在美国乃至北美市场的 Blouse 产品的参考网站，用于研究适合美国市场的 Blouse 产品的品相及价格。站外选品还可以结合 Watchcount 和 Watcheditem 两个常用的工具。前者可以查看 eBay 某个站点下某个关键词对应产品的销量、标题、售价和类似款式等信息，可辅助卖家选品。后者可以查看 eBay 某个站点下某个关键词的款式，也可辅助卖家选品。

站点名称：Nordstrom	网站站长：NIHC, Inc.	电子信箱：jennifer.martin@nordstrom.com
下期排名：535	收录日期：14-Jul-1994	所属国家：EN
编码方式：不详	访问速度：2755 Ms / 24分	成人内容：NO
反向链接：24898	联系电话：+1 503 299 2188	所属目录：General Merchandise/Major Retailers
详细地址：701 SW BroadwayPortland97205,US	网站简介：Upscale apparel and shoe retailer, headquartered in Seattle.	

图 4-32　Nordstrom 的 Alexa 查询详情

国家/地区名称 [9 个]	国家/地区代码	国家/地区排名	网站访问比例	页面浏览比例
印度	IN	5,420	1.2%	0.9%
美国	US	132	84.9%	79.6%
沙特阿拉伯	SA	762	1.0%	0.6%
英国	GB	3,323	0.3%	0.6%
韩国	KR	452	1.7%	2.6%
加拿大	CA	909	0.9%	1.2%
日本	JP	2,076	2.0%	2.5%
中国	CN	2,777	1.7%	3.0%
其他	O	--	6.2%	8.9%

图 4-33　Nordstrom 的 Alexa 查询结果

三、跨境电子商务店铺数据化管理

（一）全球速卖通店铺核心数据

1. 实时直播数据

全球速卖通“数据纵横”中的“实时风暴”为卖家提供 24 小时数据直播，通过“实时风暴”卖家可以即时查看当天（美国太平洋时间）主营行业实时交易额排名、店铺流量和销量数据的今日及周同比数据，及时了解店铺流量（含店铺的曝光量、浏览量和访客数等）的变化，判断优化商品信息、调整营销活动等带来的直接结果，掌握规律，不断对优化和提升。卖家可以在流量集中的时段调整客服的工作时间及付费广告的投放时间。

图 4-34 所示为 2014 年 5 月 2 日某全球速卖通店铺实时直播数据。俄罗斯买家在黄金时间段的流量最集中，事实上此店铺来自俄罗斯买家的流量占比超过 30%。在每次大促中，北京时间凌晨 3 点到上午 8 点是值班人员的休息时间，此时俄罗斯买家已经休息了，而巴西买家还没有起床。我们可以利用时区网站来了解各国的时间差。

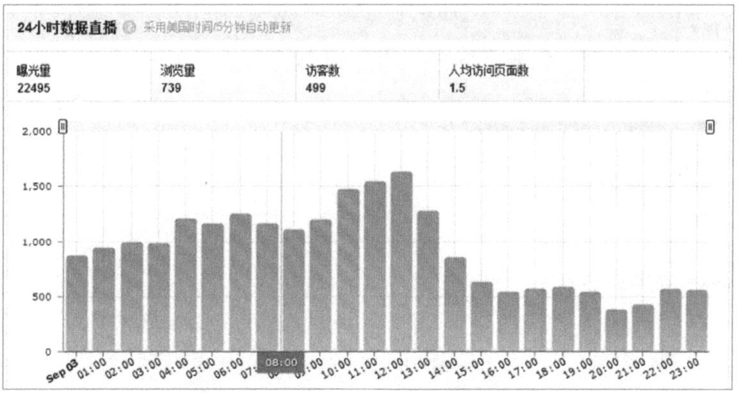

图 4-34　2014 年 5 月 2 日某全球速卖通店铺实时直播数据

2. 访客地域分布数据

通过全球速卖通后台可以查看所选时间段内，访问卖家店铺的买家地域分布，卖家可以根据目标买家所在的国家/地区，选择适合销售的产品，设定合理的物流方式。

3．店铺经营情况数据

全球速卖通后台为卖家提供了整家店铺在某段时期内的经营情况数据，主要包括流量概况和交易概况，如图 4-35 所示。

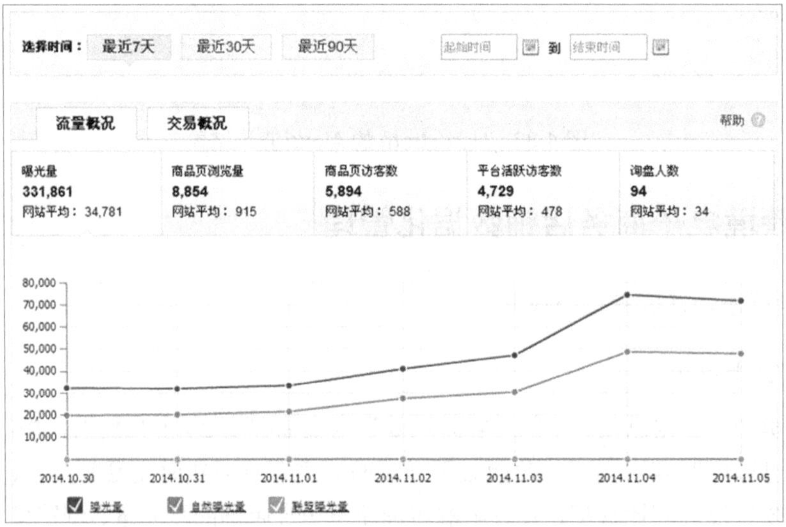

图 4-35　某全球速卖通店铺经营情况数据

（二）全球速卖通店铺流量来源数据

如图 4-36 所示，根据店铺流量来源数据可以查看店铺浏览量来源排行榜。

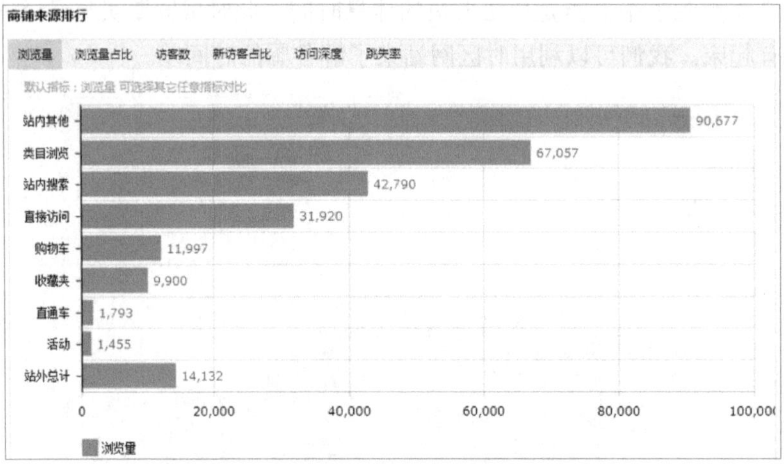

图 4-36　某全球速卖通店铺流量来源情况

查看本店最近某 1 天/最近 7 天/最近 30 天的流量来源渠道，了解本店流量来源分布，对于带来流量较少的渠道可做针对性提升，单击框内的指标按钮可以进行对比分析。如图 4-37 所示，活动、直通车带来的新客户最多，对店铺流量拓展很有帮助。

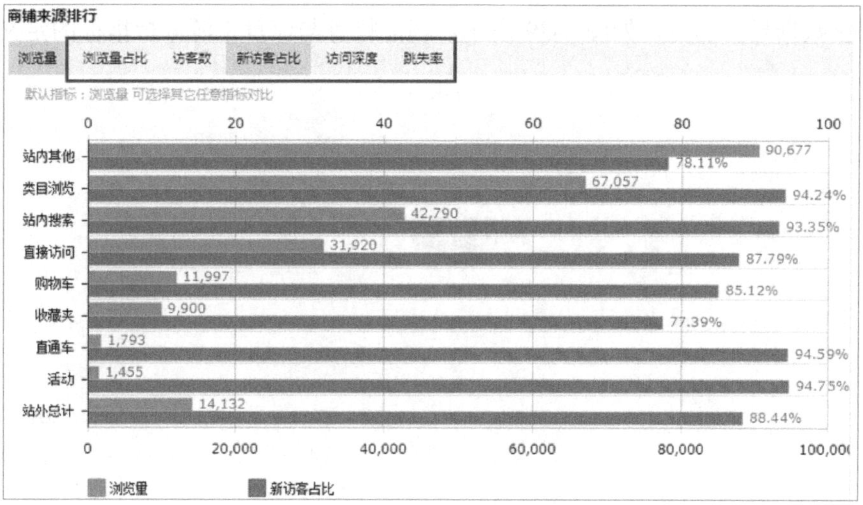

图 4-37　某全球速卖通店铺流量来源新访客占比情况

将鼠标移到趋势小图标上，将会展示渠道变化趋势，单击后还可以链接到该渠道的详情页面，如图 4-38 所示。

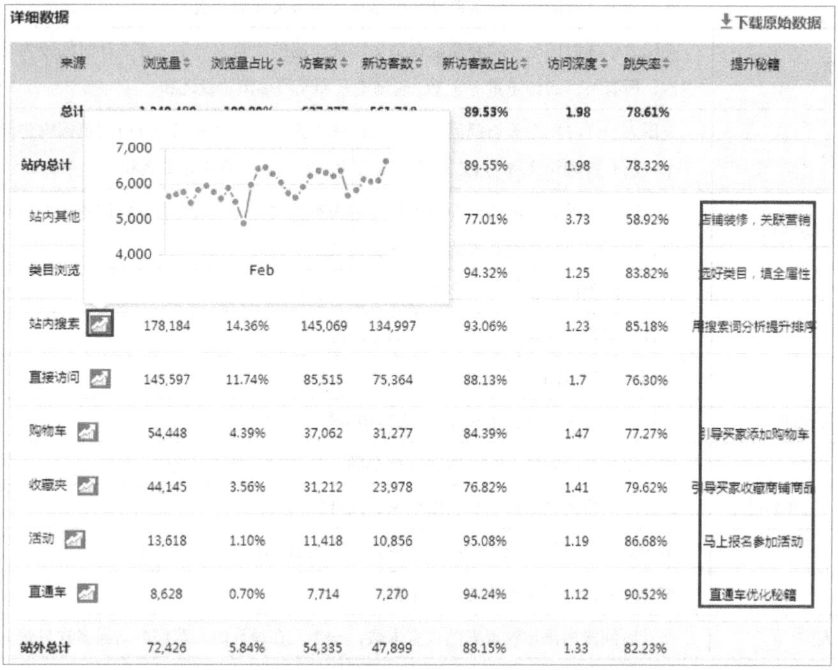

来源	浏览量	浏览量占比	访客数	新访客数	新访客数占比	访问深度	跳失率	提升秘籍
总计					89.53%	1.98	78.61%	
站内总计					89.55%	1.98	78.32%	
站内其他					77.01%	3.73	58.92%	店铺装修，关联营销
类目浏览					94.32%	1.25	83.82%	选好类目，填全属性
站内搜索	178,184	14.36%	145,069	134,997	93.06%	1.23	85.18%	用搜索词分析提升排序
直接访问	145,597	11.74%	85,515	75,364	88.13%	1.7	76.30%	
购物车	54,448	4.39%	37,062	31,277	84.39%	1.47	77.27%	引导买家添加购物车
收藏夹	44,145	3.56%	31,212	23,978	76.82%	1.41	79.62%	引导买家收藏商铺商品
活动	13,618	1.10%	11,418	10,856	95.08%	1.19	86.68%	马上报名参加活动
直通车	8,628	0.70%	7,714	7,270	94.24%	1.12	90.52%	直通车优化秘籍
站外总计	72,426	5.84%	54,335	47,899	88.15%	1.33	82.23%	

图 4-38　某全球速卖通店铺流量来源详细数据

（三）全球速卖通商品排行与流量来源数据

分行业查看店铺商品最近 7 天/最近 30 天曝光、浏览、访客、转化率等多维度数据，单击单个指标名称可实现排序功能。“自定义指标”可以修改优先展示的数据项，“下载”可以提供完整数据导出功能，如图 4-39 所示。商品排行与流量来源分析指标的定义如表 4-7 所示。

图 4-39　某全球速卖通店铺内某个商品排行与流量来源数据查询

表 4-7　商品排行与流量来源分析指标的定义

指　标	定　义
搜索曝光量	美国太平洋时间当天店铺商品在网站搜索结果页面曝光次数
商品页浏览量	美国太平洋时间当天所有商品详情页面被访问的次数，一个人在统计时间段内访问多次记为多次，所有终端的浏览量等于 PC 端浏览量和无线端浏览量之和
商品页访客数	美国太平洋时间当天访问商品详情页的去重人数，一个人在统计时间范围内访问多次只记为一个，所有终端访客数为 PC 端访客数和无线端访客数直接相加之和
老买家商品页访客数	美国时间当天老买家访问商品详情页的去重人数，一个人在统计时间范围内访问多次只记为一个，老买家是指之前在本店有过支付的买家
搜索点击率	统计时间段内搜索曝光访客数/搜索引导到商品页访客数
平均停留时长	统计时间段内访客访问店铺页面的平均时长
下单订单数	美国太平洋时间当天下单订单数
浏览—下单转化率	统计时间段内下单去重买家数/店铺访客数
支付金额	美国太平洋时间当天支付成功订单金额，含之前下单当天支付订单
老买家浏览—下单转化率	统计时间段内老买家下单去重买家数/店铺访客数
支付订单数	美国太平洋时间当天支付成功订单数，含之前下单当天支付订单
退款金额	统计时间段内确认退款的订单金额
添加收藏夹人数	统计时间段内添加收藏夹的去重人数，一个人在统计时间范围内访问多次只记为一个

（四）全球速卖通店铺装修效果反馈数据

图 4-40 所示为某全球速卖通店铺装修效果趋势图。查看店铺最近某 1 天/最近 7 天/最近 30 天的浏览量、访客量、平均访问深度、平均访问时间、跳失率及购买率的趋势，可以通过对比装修时间点前后的数据变化，判断装修效果，并进行优化。

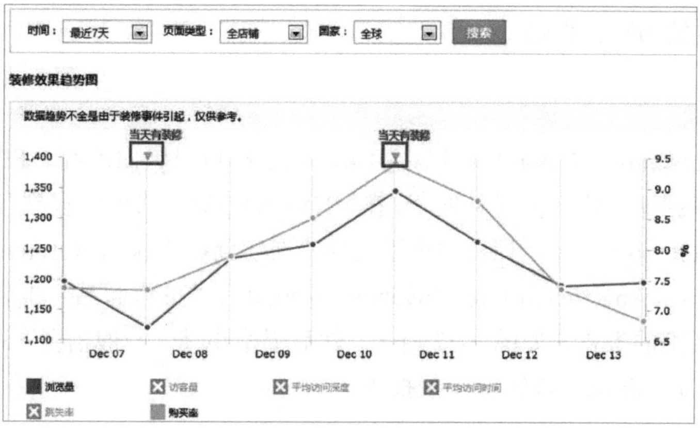

图 4-40　某全球速卖通店铺装修效果趋势图

店铺装修效果趋势图中指标解析如表 4-8 所示。

表 4-8　店铺装修效果趋势图中指标解析

指　　标	定　义
访客量	访客量是指全店各页面的访问人数。同一天同一访客多次访问会进行去重计算，多日合计不计算
平均访问深度	访问深度为用户在一次访问内访问店铺内页面的次数，平均访问深度即所有用户每次访问时访问深度的平均值；跨天查看时，该指标是所选时间周期内日数据的平均值
平均访问时间	访问时间为用户在一次访问内访问店铺内页面的时长，平均访问时间即所有用户每次访问时访问时长的平均值
首页跳失率	跳失率=跳失人次/登录首页的访问人次；首页跳失率即访问首页后，有多少百分比的用户访问直接跳出了店铺，分母是访问该首页的 PV 数，分子是在访问该首页时直接跳出店铺的次数
商铺跳失率	分母是访问店铺的所有次数，分子是用户在店铺只访问了一个页面就离开的总次数
购买率	访问该页面的访客中当天下单的访客数/访问该页面的总访客数
装修事件	当日发生的装修事件总数

图 4-41 所示为某全球速卖通店铺装修事件数据报表，展示了所有时间段的数据明细，而且数据可以下载。

装修事件数据报表　　下载原始数据

日期	浏览量	访客量	平均访问深度	平均访问时间	跳失率	购买率	是否装修
2013-12-7	1,196	776	2	88	13.01%	7.35%	N
2013-12-8	1,121	766	1	75	18.10%	7.31%	Y
2013-12-9	1,235	838	1	83	13.80%	7.88%	N
2013-12-10	1,258	870	1	80	15.62%	8.51%	N
2013-12-11	1,345	767	2	77	14.59%	9.39%	Y
2013-12-12	1,262	763	2	89	15.97%	8.78%	N
2013-12-13	1,190	695	2	97	16.19%	7.34%	N
2013-12-14	1,197	659	2	81	14.08%	6.83%	N

图 4-41　某全球速卖通店铺装修事件数据报表

（五）亚马逊站内数据报告

1. 库存报告

库存报告（Inventory Report）可以让卖家轻松了解自己国内库存、FBA 库存、在售商品的库存状况，根据库存状况及时补发货。在“INVENTORY”选项中找到“Inventory Report”入口，在“Select Report Type”列表中可以选择“在售商品”报告（Active Listing Report）、“FBA 库存”报告（Amazon-fulfilled Inventory Report）、“可售商品”报告（Open Listings Report）等不同类型的报告，如图 4-42 所示，然后提交申请，一般需要 15～45 分钟才能生成报告，单击“Download”按钮可下载报告。

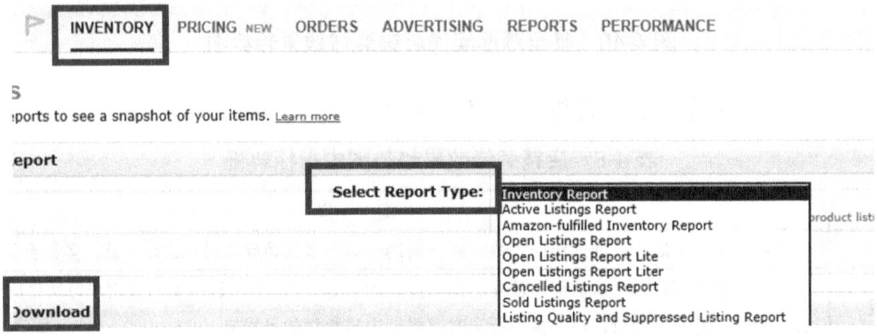

图 4-42　亚马逊库存报告

2. 订单报告

通过订单报告（Order Report）可以查看 1 天、2 天、7 天、15 天、30 天、60 天或 120 天内所收到的所有自配送订单信息，其中包括已经取消或已经确认为已发货的订单信息。订单报告有两种生成方式。一是手动生成订单报告。单击“ORDERS”按钮，在页面中选择想要下载报告的时间范围，最长可选择近 4 个月的，如图 4-43 所示。二是自动生成订单报告。在“ORDERS”页面的右下角有一个“Edit”按钮，如图 4-44 所示，在这里可以设置生成订单报告的时间周期，这样亚马逊后台就会帮卖家定期生成订单报告。

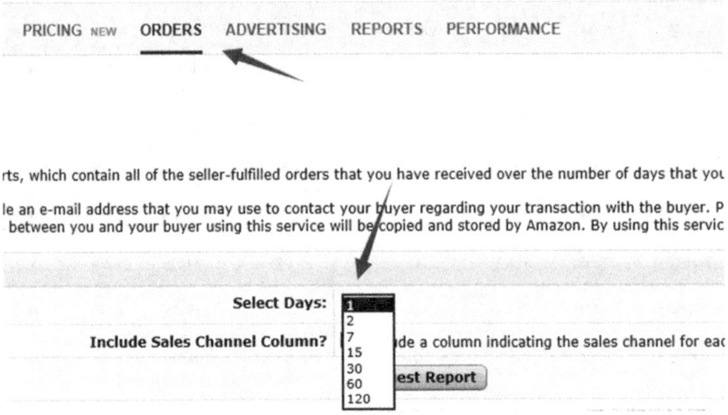

图 4-43　手动生成订单报告

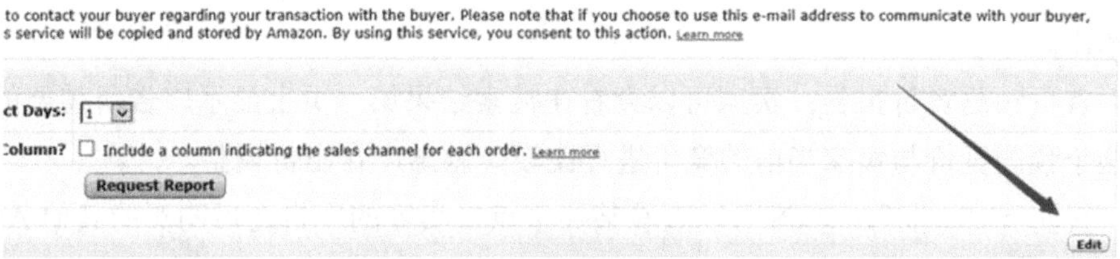

图 4-44　自动生成订单报告

3. 业务报告

业务报告（Bussiness Report）是亚马逊自动为卖家做的账号数据统计，通过该报告卖家可以看到具体某段时间内的销售额、销量、买家访问次数，订单商品种类数转化率等各类信息。单击“REPORTS”按钮，在页面左侧列表中选择“Bussiness Reports”选项，可以通过对“Date”“Product category”“Fulfillment channel”3 个参数的设置来查看不同时间段、不同产品的销售数据，如图 4-45 所示。

亚马逊业务报告

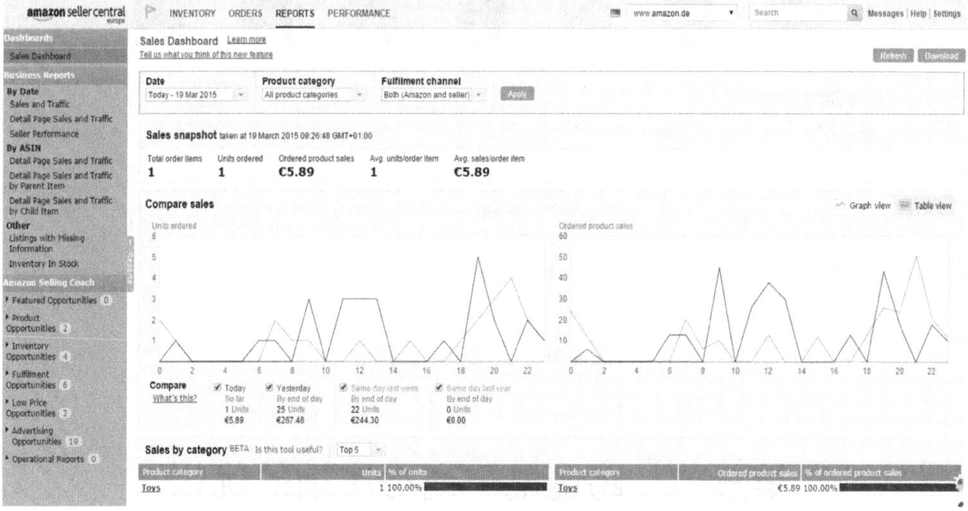

图 4-45　亚马逊业务报告

4. 广告报告

通过广告报告（Advertising Report）卖家可以了解所投入的广告的花费（Spend）、销售额（Sales）、曝光（Impressions）、广告投入产出比(ACOS)、点击（Clicks）等信息。单击“ADVERTISINGS”按钮，再选择“ Campaigns”选项，可以看到广告报告页面，如图 4-46 所示。在“Filter By”中可设置 6 种方式生成不同的报告，具体内容如下。

（1）按时间查看广告报告：卖家可以选择显示指定期限内所点击的内容及花费情况。

（2）按 SKU 查看广告报告：卖家可以查看每个 SKU 的展示量和点击的数。

（3）按关键词查看广告报告：卖家可以查看每个关键词的展示量、点击量、花费费用、销售成本比。

（4）首页预测竞价报告：卖家可以查看在搜索结果第一页上显示广告所需要的预测竞价，将这个预测竞价与卖家当前的竞价进行比较，做出广告出价调整。

（5）其他 ASIN 报告：卖家可以查看某买家点击卖家的广告之后购买的其他 ASIN（非广告 ASIN）的详细信息，可以根据它列出的其他 ASIN 来做广告调整的依据，增加某些 ASIN 的广告或者减少某些 ASIN 的广告。

（6）广告活动业绩报告：卖家可以查看过去 60 天内卖家的广告活动促成的业绩记录，如展示量、点击量、广告费用等信息。

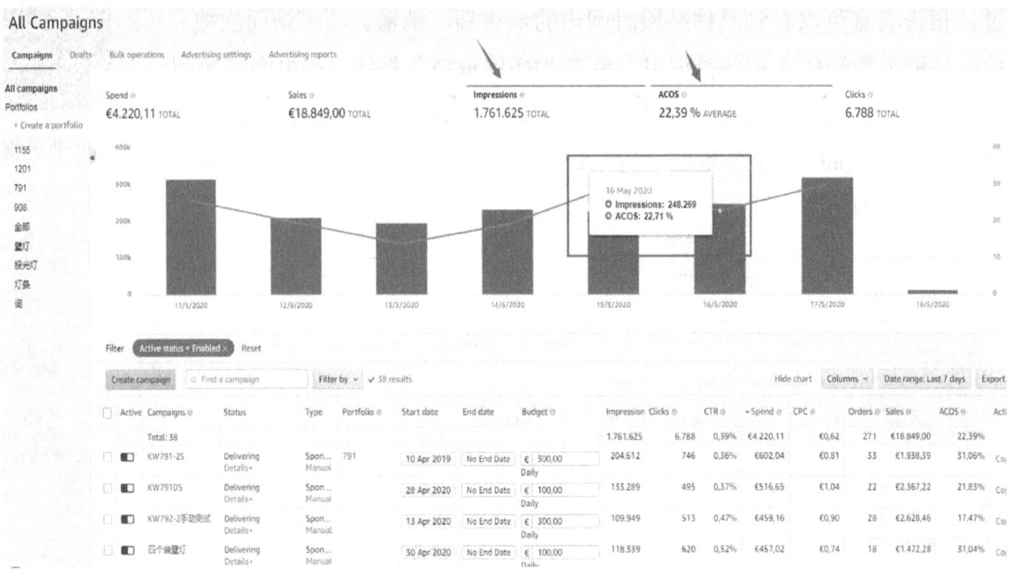

图 4-46 亚马逊广告报告

第三节 跨境电子商务店铺的优化

【任务导入】

深圳玖希贸易有限公司的跨境电子商务操作专员 Jenny 用了半个月的时间对店铺后台的数据进行了分析，同时还对 3C 行业内其他优秀的店铺进行了分析，发现公司的店铺和在线产品还存在很多问题。因此，她接下来的任务是熟悉全球速卖通的产品搜索排序规则，结合之前的数据分析结果，对店铺和产品进行优化。

跨境电子商务店铺的优化是指通过对店铺各方面进行优化设置，使店铺商品排名靠前、商品曝光率和点击率增加、店铺流量提高，同时提高进店顾客的购物体验，进而提高商品转化率。

一、产品搜索排序规则

产品搜索排序规则

产品搜索排序规则是指买家利用搜索功能查找产品后，平台将搜索结果按照某种顺序展现出来。一个平台实施产品搜索排序的目的是帮助买家快速找到想要的商品并且能够有比较好的购买交易体验，而进行搜索排名的目的就是要将最好的商品、服务能力最好的卖家优先推荐给买家，谁能带给买家最好的采购体验，谁的商品的排名就会靠前。例如，某个国外买家想在全球速卖通买一块男士手表，这位买家会在全球速卖通首页的搜索框中输入“watch man”，如图4-47所示，得到如图4-48所示的搜索结果。以关键词“watch man”搜索可以得到198 191个结果，如果每页显示48个产品，那么以关键词“watch man”搜索的结果共有49页。这198 191个产品的排序是由平台系统按照相关算法和产品搜索排序规则来确定的，一般来说这样的搜索排序规则并不是一成不变的。

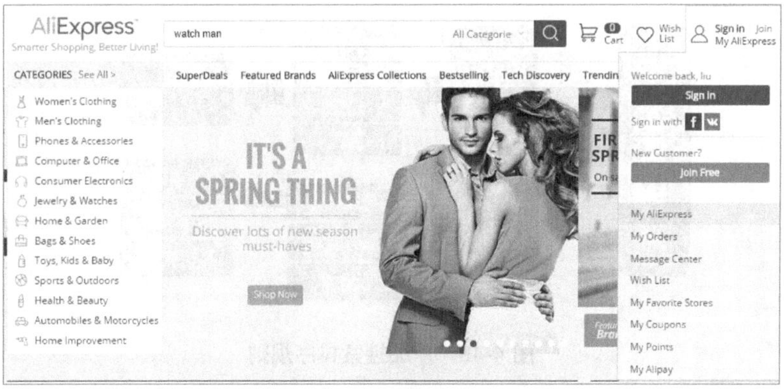

图4-47　全球速卖通买家首页

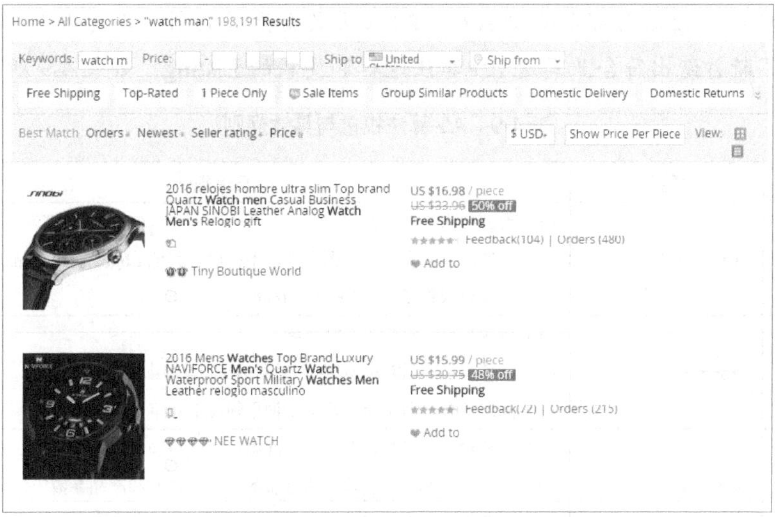

图4-48　关键词“watch man”的搜索结果

产品搜索排序规则由相关性得分和商业性得分两部分构成，如图 4-49 所示。相关性得分是指当客户搜索的关键词可以在产品的标题和系统提供的标准属性两项信息中找齐时，产品就会出现在搜索结果中。为了确定该产品的排序，系统先结合产品所在类目与搜索词的关系远近，以及产品的标题在语义上与所搜词的相关性和匹配度的高低计算出一个相关性得分。商业性得分主要是根据可成交性、服务能力和反作弊方面的得分，赋予不同的权重来计算的。可成交性是基础，曝光的目的是产生销售行为，得分越高，排名越高。但交易量不高的卖家和产品，服务再好，排名也上不去；而服务不好的卖家和产品，交易再好，排名也会降下去。作弊对卖家的影响很大，特别是存在重复铺货、搜索作弊、类目错放、销量造假、信用炒作、产品排名降权的情况时，产品的排名会被直接降到最后，甚至被屏蔽。同时，对整家店铺其他的产品也会造成排名降权、产品曝光受限的影响。

eBay 最佳匹配搜索排序

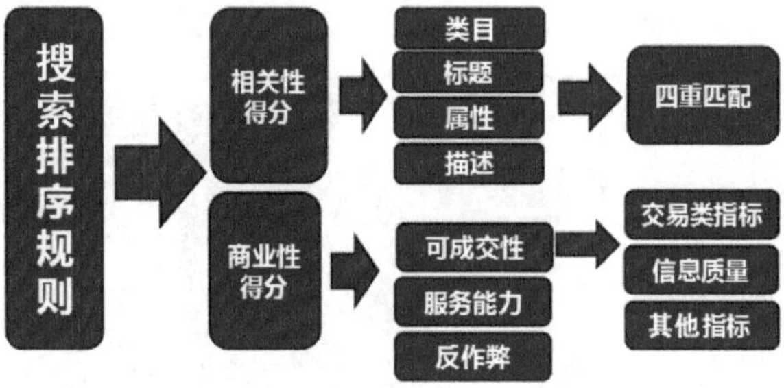

图 4-49　产品搜索排序规则

相关链接 4-6：亚马逊的 A9 算法在 Listing 编写中的运用

亚马逊的 Listing 编写都是基于 A9 算法的，无论是产品的新建或者推广，都要以 A9 算法为基准，不断打造出符合亚马逊 A9 算法逻辑和要求的 Listing，如表 4-9 所示。

表 4-9　A9 算法权重与具体规则

类　型	权重星数	具体规则
图片	★★★★★	（1）首图要求为白底图； （2）除产品本身和包装上图文外，不得出现其他 Logo、图标、品牌或者字符等； （3）像素要求最低为 1 000px×1 000px
标题	★★★★	（1）标题长度不得超过 250 个字符； （2）品牌+核心关键词+属性词+修饰词+量词等； （3）除连词外，首字母大写，量词用阿拉伯数字
卖点	★★★★	（1）字符数不宜过长，要求拼写准确，语法得当； （2）突出产品卖点、优势、售后服务、使用说明和产品参数等信息； （3）最多支持 5 个卖点

续表

类 型	权重星数	具体规则
产品信息	★★★	（1）产品不同，此栏权重程度不同，可根据产品情况，酌情填写； （2）不得过度夸大，虚假填写，上下内容填写要基本一致
产品描述	★★★★	（1）宣传品牌，增强影响； （2）介绍产品使用说明，进行问题解答； （3）A+界面可放置图文详情
Q&A	★★★	（1）回答顾客问题，解决产品和服务疑问； （2）无数量限制，不轻易触发 A9 审核机制； （3）权重日益增加
Review	★★★★★	（1）客户购买回馈展示，增加产品权重和转化率； （2）容易触发 A9 审核机制

二、影响产品搜索排序的因素

（一）产品信息描述的质量

产品信息描述主要包括产品的标题、发布类目、属性、图片和详细描述。产品信息描述的质量对买家快速做出购买决策来说非常重要。标题是产品搜索排序中非常关键的一个因素，卖家在标题中清楚地描述了产品的名称、型号，以及关键的一些特征和特性，帮助买家快速了解产品，从而吸引买家进入详情页进一步查看。发布类目的选择一定要准确，切忌将自己的产品放到不相关的类目下，否则，不但买家搜到此产品的概率比较低，而且情况严重的会受到平台的处罚。产品的属性填写一定要尽量完整和准确，因为这些属性将帮助买家快速地判断这个产品是否为他们想要的产品。产品的主图是产品信息描述不可或缺的一部分，买家更加喜欢根据实物拍摄的高质量、多角度的图片，因为这些能够帮助他们清楚地了解卖家的产品，从而做出购买决策。详细描述的信息一定要真实、准确，最好能够图文并茂地向买家介绍该产品的功能、能点、质量和优势，帮助买家快速理解。商品图片来自实物拍摄，页面排版设计美观、整洁、大方，才能吸引买家的眼球，提升商品成交率。

（二）产品与买家搜索需求的相关性

相关性是搜索引擎技术里面一套非常复杂的算法，简单来说，就是判断卖家的产品与买家输入的搜索关键词或类目浏览的相关程度，以及与买家实际需求的相关程度，越相关的产品，排名越靠前。在判断相关性时，最主要的是考虑该产品的标题，其次考虑发布类目的选择、产品属性的填写及该商品的详细描述的内容。

（三）产品的交易转化能力

符合海外买家需求、价格/运费设置合理且售后服务有保障的产品才是买家想要的产品。平台会根据一个商品的曝光量，以及最终促成了多少成交量来衡量一个产品的交易转化能力。转化率高代表买家需求高、有市场竞争优势，从而产品会排名靠前，而转化率低的产品会排名靠后甚至没有曝光的机会，逐步被市场淘汰。产品累积的成交率和好评率越高，越有助于帮助买家快速做出购买决策，产品的排名也会靠前。反之，如果产品的买家评价不好，则会严重影响该产品的排名。

（四）卖家的服务能力

除商品本身的质量外，卖家的服务能力是最直接影响买家采购体验的因素。

在搜索排序上，平台非常看重卖家的服务能力，能提供优质服务的卖家排名将靠前，服务能力差、买家投诉严重的卖家会受到排名严重靠后，甚至不参与搜索排序的处罚，同时也可能会受到平台网规的相关处罚。平台主要观察卖家在如下几个方面服务的表现。

1. 卖家的服务响应能力

卖家的服务响应能力主要体现在阿里旺旺（Trade Manager）、Contact Now 邮件等的响应能力上面，合理地保持旺旺在线，及时地答复买家的询问将有助于提升卖家在服务响应能力上的评分。

2. 订单的执行情况

卖家发布产品进行销售，承诺了发货时间，就应该兑现对买家的承诺。无货空挂、拍而不卖等行为将对买家的体验造成严重影响，还会严重影响卖家所有产品的排名情况，情节严重的卖家，其所有产品将不参与搜索排序。此外，为了规避拍而不卖而进行虚假发货的行为，视为欺诈行为，将受到更加严厉的处罚。

3. 订单的纠纷、退款情况

卖家在发布商品进行销售时，应该如实描述，向买家真实准确地介绍自己的商品，保证商品的质量，避免买家收到货以后产生纠纷、退款的情况。如遇到买家有不满意的情况，应该提前积极主动地与买家沟通、协商，避免纠纷的产生，特别是要避免纠纷上升到需要平台介入处理的情况。平台会对纠纷少的卖家进行鼓励，纠纷严重的卖家将会受到排名严重靠后，甚至不参与搜索排序的处罚。

4. 卖家的好评率

卖家的好评率直接代表着交易结束后买家对于商品、卖家服务能力的评价，是买家满意与否的最直接的体现。平台会优先推荐好评率高的商品和卖家，给予其更多的曝光机会和推广资源，对好评率低的卖家进行大幅的排名靠后，甚至不参与搜索排序的处罚。在订单的执行、纠纷退款、好评率等维度上，平台会同时观察单个商品和卖家整体的表现情况，个别商品表现差，影响个别商品的排名，卖家整体表现差，将影响该卖家销售的所有商品的排名。

（五）搜索作弊的情况

对于搜索作弊骗取曝光机会、排名靠前的情况，平台会进行日常的监控和处理，及时清理作弊的商品，处理手段包含将商品的排名靠后、商品不参与搜索排序或者隐藏该商品。对于作弊行为严重或者屡犯的卖家，会进行店铺一段时间内整体排名靠后或者不参与搜索排序的处罚，情节特别严重者，甚至会关闭其账号，进行清退。常见的搜索作弊行为如下：黑五类商品的乱放、重复铺货骗曝光、重复开小账号抢曝光、商品标题、关键词滥用、商品发布类目乱发、商品超低价骗曝光、商品价格与运费倒挂、发布广告商品、商品销量炒作、卖家信用炒作。

小思考 4-1：

长沙三维贸易公司在全球速卖通上的店铺创建于 2014 年 10 月，主要经营女士鞋类产品。最近公司经过精心选品开发了一个女士休闲鞋的新品类，刚入职的跨境电子商务操作专员李佳在店铺运营经理张强的指导下，上传了 40 个女士休闲鞋产品，产品上架已有 15 天。为了了解这些产品的经营情况，张强查看了后台的商品排行与流量来源数据、店铺实时直播数据、店铺经营情况数据、店铺装修效果等数据，发现这些产品的曝光量、浏览量和访客数等指标表现不佳，同时发现整家店铺的成交转化率较低，还有提升的空间。进一步查看具体产品时，张强还发现产品在标题、主图、属性、详情页等方面均存在一些问题。其中某产品的部分信息如图 4-50 所示。

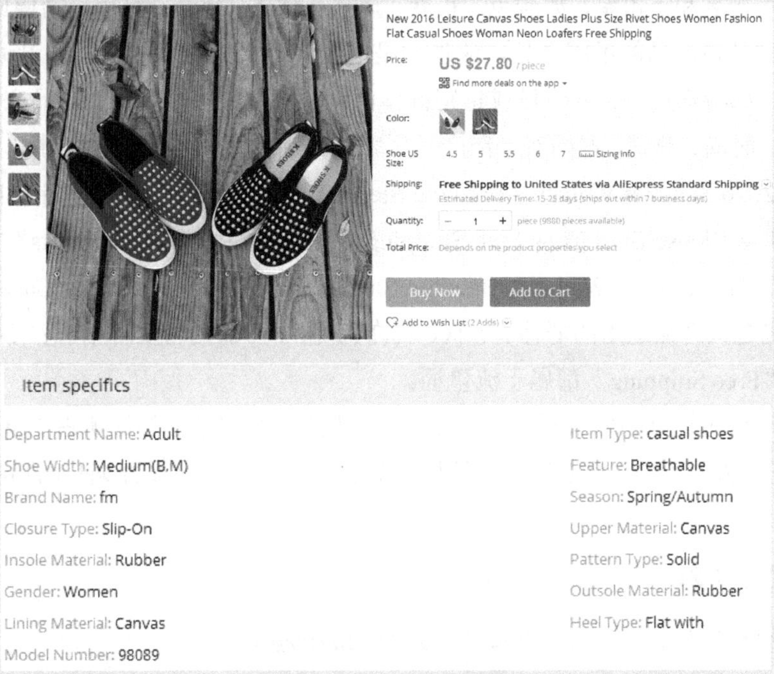

图 4-50 某产品的部分信息

为此张强决定优化在全球速卖通上的店铺。如果你是该公司店铺运营经理张强，你会如何优化该店铺呢？

三、店铺的优化

（一）优化产品标题

根据产品搜索排序的原理可知产品的标题会影响产品的相关性得分，一个好的产品标题能够使产品获得好的搜索排序结果，让买家容易看到该产品，能够帮助买家快速地了解该产品的信息，并带来高的转化率。好的产品标题能够吸引买家、增加店铺的曝光量，从而给店铺带来更多的流量，而销售额=流量×转化率×客单价，也就是说，在转化率和客单价不变的情况下，流量的增加就是销售额的增加。如果一种在线产品长期处于低曝光、低流量和低转化的情况下，卖家就应该对该产品进行优化，首先应该优化其标题。

1．产品标题的构成

标题的制作通常采用“三段法”，即核心词+属性词+流量词。核心词是顶级热搜词，该词会影响产品的搜索排名和点击率。核心词可以是产品的名称、所属类目，甚至某个知名品牌，买家主动搜索时，往往会输入核心词。属性词用于表示产品特定的属性，该词会影响产品的搜索排名和点击率，如颜色、长度、风格、款式、包装、品牌、销售属性等，用以区分该产品与其他产品的不同之处。流量词是能给产品带来流量的词，流量词也称为长尾词或促销词，如特殊尺码、为节日或特别群体而制、特色服务如定制、产品来源如工厂店、全网最低价、时尚、热销、品质高、新产品厂家直销、大促销、便宜等。例如，女士衬衫的标题“New 2016 Summer Women’s Batwing Sleeve Lace Chiffon Blouses Shirts Ladies Casual Loose Plus Size Blouse Shirt Tops Free Shipping”，该标题中“Blouses Shirts”“Blouse Shirt Tops”是产品的核心词；“Women’s Batwing Sleeve Lace Chiffon”“Ladies Casual Loose”属于属性词，包含该产品适用的群体、形状、装饰、风格、产品的材质等信息；“2016 Summer”“Plus Size”“Free Shipping”都属于流量词。

不同的平台对标题的要求不同。在亚马逊，根据A9算法，标题所占Listing的权重非常大，一个符合亚马逊A9算法的标题结构为品牌词+主关键词+属性词+属性词+修饰词+量词+其他等。

小思考4-2：

分析下列标题的构成，找出核心词、属性词和流量词。

- 2019 New Arrival Women Polka Dot Chiffon O-Neck Long Sleeve Women Blouses Fashion Blusa Feminina Women Tops Plus Size.
- 2.4G Wireless Optical Mouse Fashion Ultra-thin Mouse With USB Receiver for Laptop Notebook PC Desktop Computer Wholesale Price.

- 2015 New Brand Fashion Men Sports Watches Men's Quartz Hour Date Clock Man Leather Strap Military Army Waterproof Wrist Watch.
- FLYING BIRDS! 2015 New Free Shipping Women PU Leather Handbag Messenger Bags Women Shoulder Bag Hollow Out Totem Tassel LS1727.

2. 产品标题选词策略

市场上有很多的卖家，也有很多的词可供卖家设置产品标题。比较理想的情况是市场上的卖家不分大小、买家搜索词的流量均等，但在现实的市场中，卖家有大卖家、中卖家、小卖家之分，买家搜索词也有大词、中词、小词之分，如图 4-51 所示。

大卖家会占据绝大多数的流量，中卖家占据一部分流量，小卖家基本没有流量。词也呈现类似情况，有的词占据了绝大多数流量，称为大词；有的词占据了一部分流量，称为中词；有的词没有太多的人搜索，称为小词，如图 4-52 所示。

所以，不同的卖家选词的策略是不同的。对大卖家来说，只要抓住大词就可以占据足够多的流量，因为大卖家商业性得分高，一般相关性得分也会很好，买家搜索大词就能搜索到他们的产品。而对中、小卖家来说，除了要进行词语覆盖，达到流量最大化，还要运用小词或长尾词，才能够带来精准的流量。

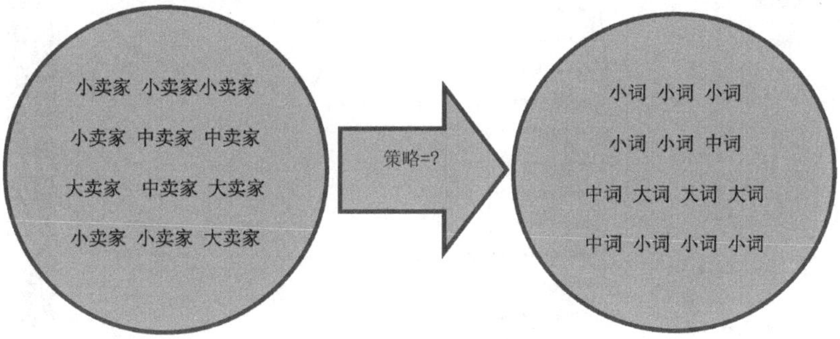

图 4-51 卖家、买家搜索词分类

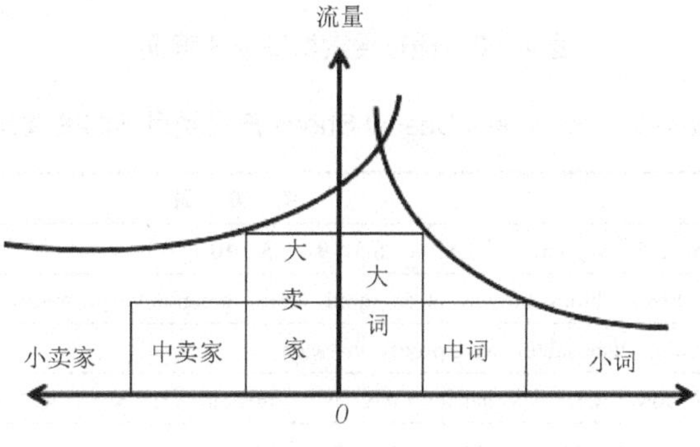

图 4-52 不同卖家和不同的词所占流量情况

3．建立产品关键词库的方法

跨境电子商务平台的搜索机制是通过关键词进行搜索，因此，想要制作一个优质标题，首先必须知道热搜关键词有哪些。那么，如何通过搜索词分析，找到符合自己的关键词，主要有如下几种方法。

第一，通过搜索框获取关键词。进入跨境电子商务平台的买家首页，在搜索框中输入产品关键词，例如，在全球速卖通买家首页的搜索框中输入“Casual Shoes”，系统会自动出现很多与 Casual Shoes 有关的词，如 Casual Shoes、Casual Shoes Men、Casual Shoes Women、Casual Shoes Breathable、Casual Shoes Men High Quality、Casual Shoes 2016、Casual Shoes Luxury Brand、Casual Shoes Canvas、Casual Shoes Women Air、Casual Shoes Women 2016 等近一段时间内的热搜词，那么卖家在优化标题时可以根据所优化的产品选择关键词，如图 4-53 所示。

第二，在类目中获取关键词。例如，打开全球速卖通买家首页，找到“Shoes<Women's Shoes<Women's Casual Shoes”的产品类目，可以看到如表 4-9 所示的关键词。这些关键词都是与 Women's Casual Shoes 有关的属性词，可以运用到标题中。

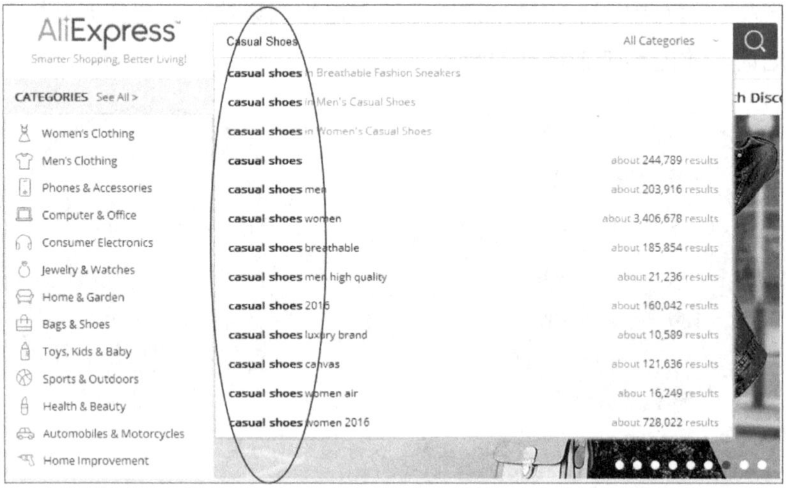

图 4-53　通过搜索框获取关键词

表 4-9　Women's Casual Shoes 产品类目下的关键词

属　性	关 键 词
Shoes US Size	4，4.5，5.5，6，6.5，7，7.5，8，8.5，9，9.5，10……
Color	beige，black，blue，brown，clear，gold，gray，green，ivory，multi，pink，red
Feature	breathable，disposable，waterproof，massage
Shoes Width	extraNarrow（AAA+），narrow（AA，N），medium（B，M），wide（C，D，W），traWide（E+）
Closure Type	lace-Up，elastic band，hook & loop，zip，slip-On
Heel Type	flat with，platforms，wedges，height，increasing，low-heeled，in with，high-heeled

续表

属　性	关 键 词
Pattern Type	striped，gingham，checkered，animal prints，patchwork，geometric，bordered，paisley，plaid，polka dot，print，floral，solid
Season	autumn，summer，winter
Upper Material	stretch，sheepskin，fabric，mesh（air mesh），hemp，synthetic，patent，suede，leather，rubber，genuine leather，satin，snakeskin

第三，从 TOP 卖家的标题中获取关键词。例如，在全球速卖通的买家首页搜索框中输入“shoes woman”，在搜索的结果中按照销量进行排序，可以得到如图 4-54 所示的 TOP 卖家的标题，还可以在 Weekly Bestselling、Superdeals 等热卖产品的标题中获取关键词。

第四，利用跨境电子商务平台提供的数据进行分析获取关键词，如图 4-55、图 4-56 所示。进入全球速卖通卖家后台，选择“数据从横”→“搜索词分析”。

（a）

（b）

（c）

（d）

图 4-54　从 TOP 卖家的标题中获取关键词

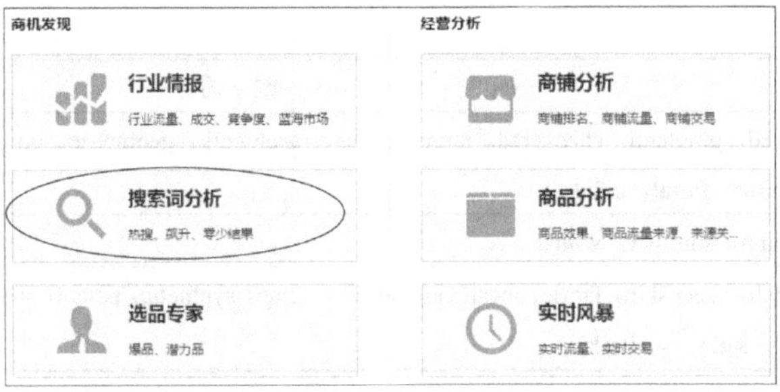

图 4-55 “数据纵横”中的“搜索词分析”

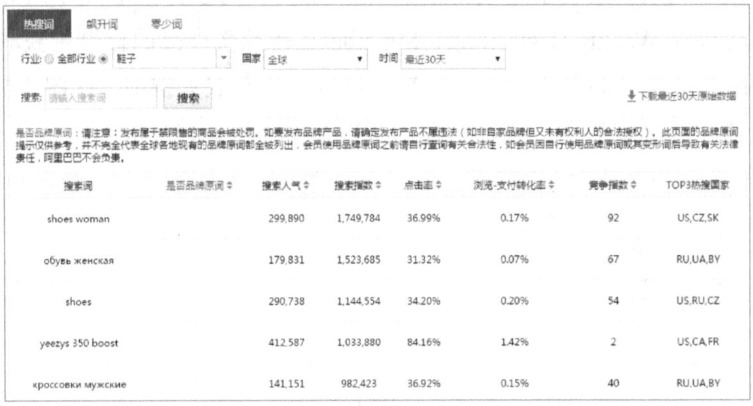

图 4-56 利用跨境电子商务平台提供的数据进行分析获取关键词

选择“鞋”→“休闲鞋”，下载原始数据，如表 4-10 所示。表 4-10 给出了搜索词、是否品牌原词、搜索人气、搜索指数、点击率、转化率、竞争指数和 TOP 3 热搜国家的数据和信息。

表 4-10 部分原始数据

NO.	搜索词	是否品牌原词	搜索人气	搜索指数	点击率	转化率	竞争指数	TOP 3 热搜国家
1	yeezys 350 boost	N	412 484	1 032 274	84.21%	1.42%	2.00	US，CA，FR
2	кроссовки мужские	N	140 927	951 388	37.30%	0.16%	34.00	RU，UA，BY
3	shoes	N	287 741	940 701	29.85%	0.20%	27.00	US，CZ，RU
4	кроссовки женские	N	148 393	939 301	33.10%	0.12%	16.00	RU，UA，BY
5	кеды женские	N	122 384	644 742	28.62%	0.07%	15.00	RU，UA，BY
6	men shoes	N	118 962	612 465	42.15%	0.48%	74.00	US，IL，GB
7	shoes men	N	128 941	592 569	45.70%	0.37%	66.00	US，FR，IL
8	women shoes	N	106 762	550 051	15.13%	0.09%	27.00	US，HU，CZ
9	yeezy	N	261 351	495 522	51.05%	0.36%	7.00	US，DE，FR
10	sneakers women	N	84 050	432 993	37.90%	0.18%	70.00	NL，US，FR
11	superstar	N	208 363	426 502	21.39%	0.18%	11.00	FR，ES，IT
12	обувь мужская	N	67 287	425 669	35.65%	0.14%	40.00	RU，UA，BY
13	jordan shoes	N	206 518	420 227	26.22%	0.12%	3.00	US，FR，ES

续表

NO.	搜索词	是否品牌原词	搜索人气	搜索指数	点击率	转化率	竞争指数	TOP 3 热搜国家
14	zapatillas deportivas mujer	N	98 159	372 429	42.00%	0.32%	20.00	ES，AR，CL
15	zapatos mujer	N	96 434	372 072	13.52%	0.06%	11.00	ES，CL，AR
16	roshe run	N	103 293	334 190	56.98%	1.39%	5.00	ES，US，HU
17	led shoes	N	99 713	316 810	59.57%	1.42%	27.00	US，NL，LT
18	обувь	N	75 336	313 137	20.62%	0.07%	23.00	RU，UA，BY
19	кросовки женские	N	55 457	293 906	33.33%	0.11%	24.00	RU，UA，BY
20	кросовки мужские	N	35 641	246 932	33.07%	0.20%	37.00	RU，UA，BY

下载原始数据后，首先全选数据，单击右边的小感叹号，在弹出的快捷菜单中选择“转换为数字”命令，将文本转为数字形式。为了从多个维度对关键词进行分析，需要计算出成交指数（搜索指数×转化率）和点击指数（搜索指数×点击率），最后对成交指数和点击指数分别进行降序排列，找出搜索指数和成交指数高的关键词，如表 4-11 和表 4-12 所示。

表 4-11 按点击指数部分数据排序表

搜 索 词	搜索指数	点击率	转化率	点击指数	排 序
yeezys 350 boost	1 032 274	84.21%	1.42%	869 277.935 4	1
shoes	940 701	29.85%	0.20%	280 799.248 5	2
shoes men	592 569	45.70%	0.37%	270 804.033 0	3
men shoes	612 465	42.15%	0.48%	258 153.997 5	4
yeezy	495 522	51.05%	0.36%	252 963.981 0	5
roshe run	334 190	56.98%	1.39%	190 421.462 0	6
led shoes	316 810	59.57%	1.42%	188 723.717 0	7
sneakers women	432 993	37.90%	0.18%	164 104.347 0	8
zapatillas deportivas mujer	372 429	42.00%	0.32%	156 420.180 0	9
roshe	185 637	67.99%	1.28%	126 214.596 3	10
stan smith	189 763	66.29%	1.67%	125 793.892 7	11
golden goose	175 211	65.95%	0.49%	115 551.654 5	12
jordan shoes	420 227	26.22%	0.12%	110 183.519 4	13
nmd	118 268	92.24%	0.90%	109 090.403 2	14
yeezy boost 350	144 548	74.78%	1.22%	108 092.994 4	15
canvas shoes	217 438	46.38%	0.45%	100 847.744 4	16
ultra boost	123 019	75.29%	1.06%	92 621.005 1	17
stansmith	123 949	74.41%	1.87%	92 230.450 9	18
superstar	426 502	21.39%	0.18%	91 228.777 8	19
yeezys	124 305	70.06%	0.84%	87 088.083 0	20
women shoes	550 051	15.13%	0.09%	83 222.716 3	21
zapatillas hombre	190 815	43.32%	0.32%	82 661.058 0	22
zx flux	147 902	52.43%	0.39%	77 545.018 6	23
janoski	123 121	62.65%	1.80%	77 135.306 5	24

续表

搜　索　词	搜索指数	点击率	转化率	点击指数	排　序
sneakers men	185 011	40.16%	0.34%	74 300.417 6	25
yeezy 350 boost	85 965	83.20%	1.84%	71 522.880 0	26
yeezys 350 boost men	88 571	80.71%	1.48%	71 485.654 1	27
yeezy boost 350 moon rock	90 678	78.32%	1.23%	71 019.009 6	28
zapatillas deportivas hombre	159 294	41.22%	0.38%	65 660.986 8	29
basket femme	169 974	37.86%	0.20%	64 352.156 4	30

表 4-12　按成交指数部分数据排序表

搜　索　词	搜索指数	点击率	转化率	成交指数	排　序
yeezys 350 boost	1 032 274	84.21%	1.42%	14 658.290 8	1
shoes	940 701	29.85%	0.20%	1 881.402 0	2
men shoes	612 465	42.15%	0.48%	2 939.832 0	3
shoes men	592 569	45.70%	0.37%	2 192.505 3	4
women shoes	550 051	15.13%	0.09%	495.045 9	5
yeezy	495 522	51.05%	0.36%	1 783.879 2	6
sneakers women	432 993	37.90%	0.18%	779.387 4	7
superstar	426 502	21.39%	0.18%	767.703 6	8
jordan shoes	420 227	26.22%	0.12%	504.272 4	9
zapatillas deportivas mujer	372 429	42.00%	0.32%	1 191.772 8	10
zapatos mujer	372 072	13.52%	0.06%	223.243 2	11
roshe run	334 190	56.98%	1.39%	4 645.241 0	12
led shoes	316 810	59.57%	1.42%	4 498.702 0	13
canvas shoes	217 438	46.38%	0.45%	978.4710	14
shoes woman	210 038	15.69%	0.12%	252.045 6	15
chaussure femme	201 545	27.72%	0.16%	322.472 0	16
huarache	198 334	14.86%	0.46%	912.336 4	17
zapatillas hombre	190 815	43.32%	0.32%	610.608 0	18
stan smith	189 763	66.29%	1.67%	3 169.042 1	19
roshe	185 637	67.99%	1.28%	2 376.153 6	20
sneakers men	185 011	40.16%	0.34%	629.037 4	21
tenis	180 850	29.91%	0.09%	162.765 0	22
golden goose	175 211	65.95%	0.49%	858.533 9	23
basket femme	169 974	37.86%	0.20%	339.948 0	24
zapatillas deportivas hombre	159 294	41.22%	0.38%	605.317 2	25
tenis feminino	152 675	29.43%	0.05%	76.337 5	26
zapatillas	152 098	37.29%	0.29%	441.084 2	27
zx flux	147 902	52.43%	0.39%	576.817 8	28
yeezy boost 350	144 548	74.78%	1.22%	1 763.485 6	29
sport shoes woman	142 242	43.41%	0.21%	298.708 2	30

最后，根据表 4-11 和表 4-12 找出点击指数和成交指数都排在前面的关键词。例如，yeezys

350 boost、shoes、men shoes、shoes men、zapatillas deportivas mujer、yeezy、sneakers women。

第五，利用其他方式获取关键词。例如，利用 Google Adwords 关键词工具、Watcheditem、国外的时尚网站等来获取关键词，或者利用辅助软件来获取关键词。

采用上述方法，获取关键词后，可以构建一个关键词库，如表 4-13 所示。构建关键词库可以大大提高批量优化同类产品标题的效率。

表 4-13　构建关键词库

		关　键　词
核心词		women shoes，canvas shoes，women's casual shoes，sneakers women，zapatos mujer，casual ladies shoes，zapatos mujer，leisure female shoes，Zapatos de piso mujer
属性词	颜色	beige，black，blue，brown，clear，gold，gray，green，ivory，multi，pink，red
	尺码	extraNarrow (AAA+)，narrow (AA，N)，medium (B，M)，wide (C，D，W)，traWide (E+)，4，4.5，5.5，6，6.5，7，7.5，8，8.5，9，9.5，10……
	材质	stretch，sheepskin，fabric，mesh (Air Mesh)，hemp，synthetic，patent，suede，leather，rubber，genuine leather，satin，snakeskin
	款式	lace-Up，elastic band，hook & loop，zip，slip-On，flat with，platforms，wedges，height，increasing，low-heeled，in with，high-heeled
	流行元素	striped，gingham，checkered，animal prints，patchwork，geometric，bordered，paisley，plaid，polka dot，print，floral，solid，hollow out，rivet
	形状	flat with，platforms，wedges，height，increasing，low-heeled，loafers in with，high-heeled
流量词		free shipping，wholesale，sale，promotion，hot，fashion，designer，cheap，new 2016，new arrive，wholesales，large size，the lowest price，best selling，factory shop，hot sale，summer，spring，autumn

4．拟写标题

标题的字符数一般都有限制。例如，全球速卖通规定标题不能超过 128 个字符，敦煌网规定标题不能超过 140 个字符，亚马逊规定标题不能超过 250 个字符。在拟写标题时，标题字符数要尽可能多地达到规定的上限，实现关键词的全覆盖。考虑到买家的阅读习惯，以及全球速卖通展示位一般只自动展示前面 35 个左右的字符的特点，所以在标题中，要把产品的材质、特点、推销方式、产品名称等关键词放在前面，把物流、运费、服务等关键词放在后面。标题的语法要尽量简单，同一个单词只能用一次，不能出现和实际产品属性无关的词。按照上述原则，将关键库的词组合起来就可以得到优化的标题。例如，上述小思考 4-2 中的产品标题可以优化成“2019 New Arrive Medium Mouth Canvas Women's Casual Shoes Fashion Rivet Flat Breathable Ladies Shoes Solid Loafers Zapatos Mujer”。

相关链接 4-7：全球速卖通“搜索作弊”规则

对于以下情形，全球速卖通将对该产品进行搜索排名靠后处理，并将该商品记录到搜索作弊违规商品总数中，当店铺搜索作弊违规商品累计达到一定量后，全球速卖通将对整家店铺进行不同程度的搜索排名靠后处理；情节严重的，全球速卖通将对店铺进行屏蔽；情节特别严重的，全球速卖通将冻结账户或直接关闭账户。

1. 类目错放

类目错放是指商品实际类别与发布商品所选择的类目不一致。为了避免在商品发布过程中发生类目错放，首先，卖家要对平台的各个行业、各层类目有所了解，知道自己所售商品，从物理属性上来讲属于哪个大类，如卖家准备销售手机壳，则应知道手机壳属于手机大类。其次，卖家可在线上通过商品关键词查看此类商品的展示类目，作为参考；最后，卖家应根据自己所要发布的商品逐层查看推荐类目层级，也可以参考使用商品关键词搜索推荐类目，从而在类目推荐列表中选择最准确的类目，发布时要注意正确填写商品重要属性（发布表单中标星号或绿色感叹号的属性）。

案例 1：手机壳错放到“化妆包（Cosmetic Bags & Cases）”类目中。正确的类目应该为“电话和通信（Phones & Telecommunications）> 手机配件和零件（Mobile Phone Accessories & Parts）> 手机包/手机壳（Mobile Phone Bags & Cases）”，如图 4-57 所示。

图 4-57　类目错放案例

2. 属性错选

属性错选是指卖家在发布商品时，类目选择正确，但选择的属性与商品的实际属性不一致。卖家可参考如下做法，避免在商品发布过程中发生属性错选。首先，卖家要对平台的各个行业下所设属性有所了解，知道自己所售商品，物理属性和营销属性都有哪些，如“T 恤”，可能会有“颜色，尺码，材质，袖长，领型”等属性。其次，可在线上通过商品关键词查看此类商品的展示属性，作为参考。最后，根据自己所要发布的商品选择好类目，逐一考虑发布时待选的属性，避免错选；避免遗漏，如商品发布时忘记选择“袖长”属性；避免多选，如商品无风格属性，却选择了波希米亚风格。

案例 2：从图 4-58 中可以明显看出，该商品为“short sleeve”，但是在商品发布时卖家选择了属性“sleeve length”的“full”属性值，那么在前台导航时，若买家选择了“full”属性值，则该商品会被展示出来，属于错误曝光的一种，影响了这件商品的成交转化。

图 4-58　属性错选案例

3. 标题堆砌

标题堆砌是指在商品标题中出现关键词使用多次的行为。

案例 3：商品的描述使用相同或近似的关键词堆砌，如图 4-59 所示。

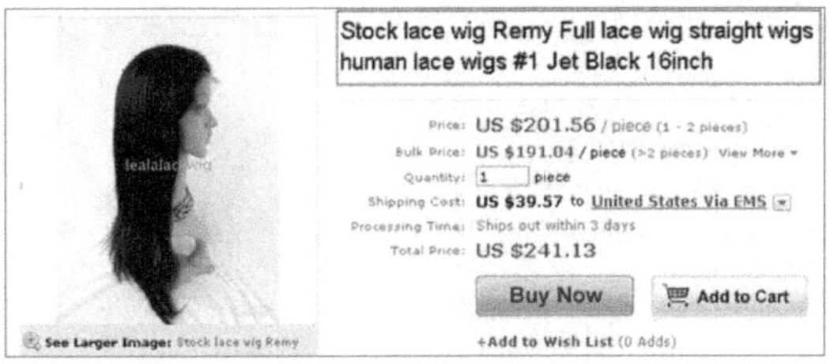

图 4-59 标题堆砌案例

（二）优化产品属性

产品属性是指产品的特质、特征、性质。例如，卖家销售的产品是服装，则服装的风格、款式、面料、品牌等，都是该产品的属性。详细填写产品属性，可以吸引更多客户、增加成交机会，建议卖家尽可能将产品属性填写完整。卖家在优化产品属性前一定要选择正确的类目，只有在类目正确的前提下系统才会给出正确的属性栏。产品属性的填写完整准确、详细描述真实准确，有助于买家通过关键词搜索、属性筛选快速定位到该商品。和产品类目一样，正确、丰富的产品属性除了可以帮助买家更好地了解产品特性，还可以在买家不同的搜索方式下得到更多的曝光机会。相反，如果选错了属性，该产品的排名将靠后，甚至会影响到店铺的整体排名。例如，前面的小思考中店铺运营经理张强查看了李佳上传的产品的属性，发现属性填写率只有 50%，没有达到后台系统给出的 78%，这说明李佳填写的产品属性是不完整的。经过进一步检查，张强还发现，该产品有些属性填写错误，可能是李佳对产品不熟悉造成的。最后，张强将该产品的属性进行了优化，如图 4-60 所示。

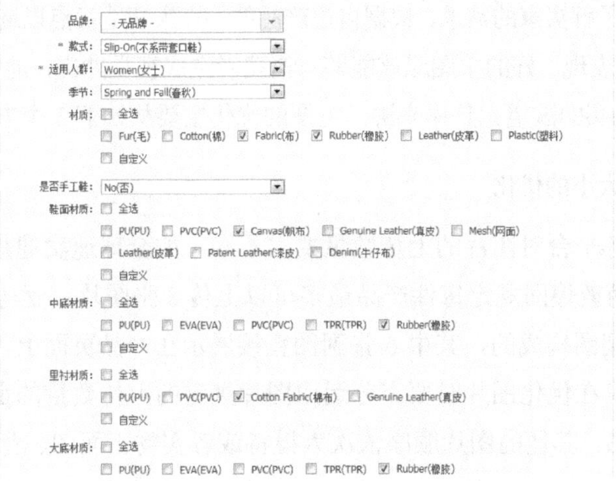

图 4-60 女士休闲鞋产品属性优化结果

图 4-60　女士休闲鞋产品属性优化结果（续）

（三）优化产品主图

有人说网络销售就是卖图片，其实这句话不无道理。在电子商务网站上，要想在大量的同行产品中脱颖而出，第一时间抓住买家的眼球，有机会向买家展示自己的产品详细信息，产品图片起着至关重要的作用。跨境电子商务店铺的图片分为主图、细节图和颜色图等，无论买家是通过关键词搜索还是通过类目搜索，展现在买家眼前的第一张图片就是商品的主图。90%以上的买家是根据主图选择是否进入店铺的，主图在很大程度上决定了店铺的点击率，所以当一家店铺的点击率低时，卖家应该对产品的主图进行优化。在同样的位置上，展现量不变，如果首图点击率从0.25%提升到0.5%，则流量提升两倍，若精准度相同，则销售额提升两倍。卖家在优化主图前首先要充分认识自己的产品的特点及卖点。其次，卖家要了解不同的电子商务平台对主图的要求，特别是申报活动的产品对图片的要求，否则将会影响相应产品的曝光率及入选平台营销活动的概率。最后，卖家应了解买家的需求，根据自己产品的特点来塑造卖点以迎合买家的需求，而这种卖点要通过主图来表现。好的主图应该能够对消费者造成视觉冲击，能够引起消费者继续点开图片了解详情和购买的欲望。具体来讲，主图的优化主要从如下 3 个方面展开。

1. 图片数量和大小的优化

不同的电子商务平台对图片的上传数量要求不一，如全球速卖通规定每件产品最多可以上传 6 张图片，而敦煌网规定每件产品最多可以上传 8 张图片，亚马逊 Listing 的图片是由 1 张主图和 8 张副图构成的，其中 6 张副图直接展示在产品页面上，另外 2 张副图需要点开才能查看。卖家在优化图片时要充分运用图片规定的上传数量的上限。主图一般要全面、真实地反映产品，其他的图片顺序依次为模特或者实物正面图、背面、侧面和细节图。图片的格式为 JPEG 格式，文件大小不宜太大，太大会影响买家的浏览速度，一般控制在 5MB 以内。对于主图尺寸的要求，不同的跨境电子商务平台要求也不一样，如全球速卖通要求图片尺寸不低于 800px×800px，敦煌网要求图片尺寸至少为 250px×250px，亚马逊要求图片尺寸不低于 1 000px×1 000px。图片的横向和纵向比例一般为 1:1～1:1.3。

2. 图片背景与文字的优化

一张产品图片，需要配上合适的背景色和文字，才能够更好地展示产品的卖点，进一步刺激买家的购买欲望。国外客户一般喜欢简明清晰、色彩对比鲜明的产品图片，所以，建议卖家在优化主图时采用白色背景（RGB 值为 255、255、255）或纯色背景，背景颜色和主题不能过于接近，否则会影响视觉效果。如果要采用场景作为背景，如时尚产品背景多为生活场景或街拍图，尽量选单一色，生活化背景要尽量虚化以凸显产品。主图中的产品图占据图片大约 85%的空间，避免出现过于空荡或者过于填满的情况。Logo 一般放在图片的左上方，主图最好不要加边框和水印，以免影响买家的购物体验。图片上的文字不能太过夸张，如 Hot、% off、New、Free Shipping 等一般不要出现在主图中。而亚马逊对主图的要求更严格，主图片不能包含配件，不能有水印、Logo、文字及促销信息。

3. 图片构图的优化

图片构图不专业、无重点，会影响买家对产品的判断。图片的构图主要有如下几种方式。第一种方式，当产品颜色较多时，重点突出一个单品，其他做小图展示，不要 N 个小图平等展示。可选择当前流行的颜色款产品，或颜色最热销的产品作为主推产品，将其图片放大，而将其他颜色产品的图片缩小，如图 4-61 所示。第二种方式，单品+多图不同角度展示，展示更多商品细节。第三种方式，单品+特写图，可展示商品卖点。第四种方式，单品+效果图，用模特效果图可以更好地展示商品用途和使用效果，如图 4-62 所示。

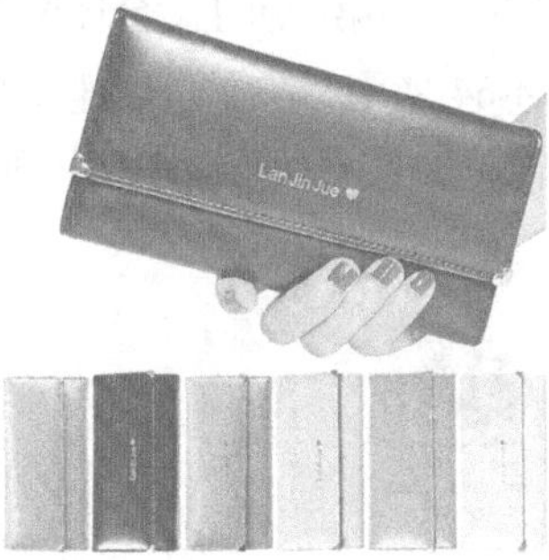

图 4-61　单品+多图不同角度展示方式

图 4-62　单品+效果图方式

主图做好之后，根据搜索测试或者直通车测试来进一步调整，查看点击率，不断优化。

（四）优化产品详情页

详情页也称内页，在亚马逊也称 Listing，是指能帮助买家进一步了解产品详情、消除购买疑虑，并能供卖家展示产品、展示企业形象、进行产品促销、提高客服和售后服务质量，以及培养用户黏性的一个区域。详情页的好坏将直接影响产品或店铺的转化率、平均访问深度、平均页面停留时间、跳失率和客单价等。优秀的详情页应该风格统一、简洁美观，能够充分展示产品、充分体现产品卖点，有令人印象深刻的文案，以及吸引人的关联营销和店铺促销活动等。不同平台的详情页所包含的内容往往不同，下面以全球速卖通详情页优化为例进行介绍，主要包括如下几个方面。

如何优化亚马逊 Listing 五大卖点和 Q&A

1．优化广告区

广告区的主要功能是告知买家本店铺近期所参加平台活动的产品、正在进行的促销活动或者店铺的宣传等，一般放在详情页的第一屏上。如图 4-63 所示，卖家通过这张图片告知买家“OUKITEL A8 SMART FINDWE”这款产品在 2016 年 4 月 1 日—19 日活动期间只需 19.99 美元。

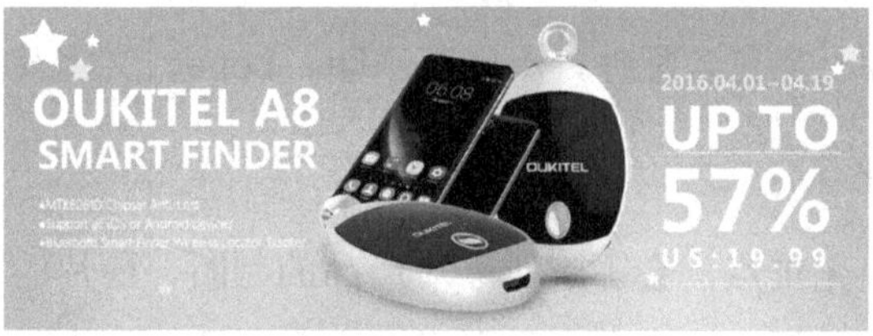

图 4-63　广告区促销信息

2．优化关联营销区

关联营销可以增加买家的访问深度和提高客单价，也可以以引流款产品来带动其他商品的销售。不同产品的关联产品，应该放在不同的位置。建议将转化率高的产品的关联营销信息模块放在后面，而转化率较低的产品的关联营销信息模块放在详情页的第一屏上。全球速卖通后台系统自带的关联营销信息模块可以设置 8 个关联产品，如图 4-64 所示。除了全球速卖通后台系统自带的关联营销信息模块，卖家也可以在自定义模块中编辑、加入关联营销产品（数量不限）。

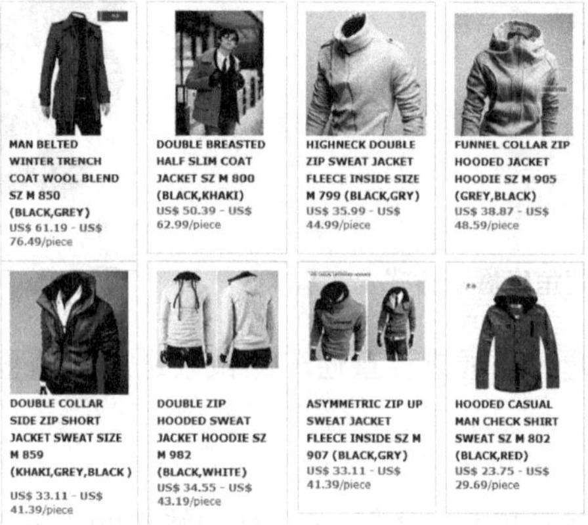

图 4-64　关联营销信息模块

相关链接 4-8：利用切片工具制作自定义关联营销模块

在全球速卖通的产品详情页，大部分卖家在做关联营销的时候，都会在后台设置关联营销模板，但是这种方式做出来的关联营销模块既不美观，也不突出，无法达到预期的效果。下面就教给大家如何用代码做出美观的关联营销模板。

第一步，挑选出几款产品作为关联产品，然后让美工做出关联模块的排版设计，一般情况下，关联营销模块中图片的宽度和详情页中图片的宽度是一样的，均为 750～790px。

第二步，图片做好之后，存储为 JPG 格式，一定要注意，存储的文件名一定不能包含中文字符。然后用 PS 软件给图片切片，并保存为 Web 所用格式，如图 4-65 所示，质量一般控制为 80～90。

图 4-65　利用切片工具制作自定义关联营销模块

第三步，进入全球速卖通后台，将保存的切片图片上传到图片银行，如图 4-66 所示。

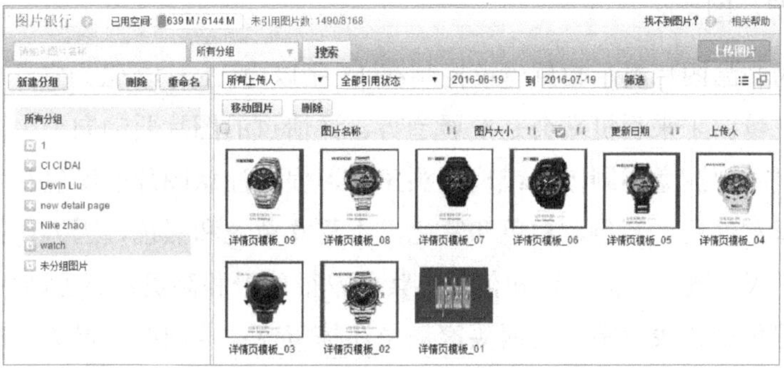

图 4-66　将切片图片上传到图片银行

第四步，进入“产品管理”→“模板管理”→“产品信息模块”→“新建模块”→“自定义模块”，插入图片银行中的图片，最后给每张图片插入超链接，如图 4-67 和图 4-68 所示。

图 4-67　新建自定义关联营销模块

图 4-68　新建自定义关联营销模块最终效果图

3．优化产品的图片区

详情页中的产品图片展示数量建议控制在 15 张以内，8～12 张为宜，以节省买家打开网页的时间和流量。未来手机端会是发展趋势，详情页的图片要趋向于少而精。卖家在优化产品的图片区时要注意不同国家或地区买家的习惯，注意图片的颜色和背景。例如，俄罗斯买家一般喜欢红色、蓝色、白色和紫色，不喜欢黄色和黑色，因为在俄罗斯红色象征美丽、吉祥和喜庆，蓝色象征忠诚和信任，紫色象征威严和高贵，黄色则代表忧郁、离别、背叛和发疯，黑色则代表黑暗；巴西买家最忌讳棕黄色；美国买家最关注的是商品质量，其次是包装，最后是价格。所有的图片要风格统一，图片的优先级别是先正面图、再模特图、最后是细节图。产品图片作为最基本的展示点，也是卖家最容易忽视的地方，卖家在做到产品图片清晰、美观的同时，也要考虑到是否存在修图过度的情况，以免造成产品与图片相差过大，从而在后期产生纠纷。

4. 优化文案区

卖家主要依靠色彩、图片和文字来传达信息。视觉让人们看到的只是表象，思想才是隐藏在背后的核心和灵魂。好的文案可以体现卖家对产品的熟悉与喜爱，以及对于买家的理解和尊重，从而影响页面停留时间和转化率。

（1）设置问候语。当买家光临店铺时，卖家要积极回应。因此，在展现产品之前，要设置问候语，欢迎买家光临店铺并表达感激之情，预祝买家购物愉快。例如，“Welcome to my store,thank you for your custom and wish you have a nice shopping journey!”或者“Welcome to our shop,we hope you enjoy a happy shopping experience”。

（2）产品描述。产品描述要更加专业、简洁，能突出产品的特性、特点，并能准确快速地传达信息。不同的产品，其产品描述的内容也是不同的。例如，服装类产品的描述包括款式、图案、颜色、材质、尺码对照表、测量方法、误差范围等，特别要注意的是，我国尺码和欧美尺码是不同的，因此，在制作尺码表的时候要注意两者的区别，如图 4-69 所示。3C 电子产品的描述往往很专业也很复杂，主要包括配置和型号等技术参数，通常用表格的形式来表示，如表 4-14 所示。

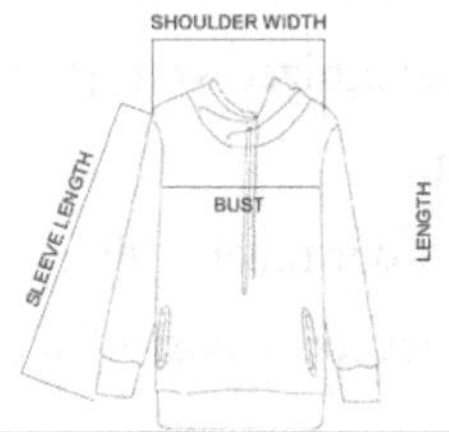

SIZE	BUST		LENGTH		SHOULDER WIDTH		SLEEVE LENGTH	
	cm	inch	cm	inch	cm	inch	cm	inch
S	88	34.65	65	25.59	40	15.75	57	22.44
M	92	36.22	66	25.98	41	16.14	58	22.83
L	96	37.8	67	26.38	42	16.54	59	23.23
XL	100	39.37	68	26.77	43	16.93	60	23.62

图 4-69　女装测量方法与尺码表

表 4-14　3C 电子产品的描述

Chipset	Realtek8188
Wireless Standards	IEEE 802.11n，IEEE 802.11g，IEEE 802.11b
Frequency Band	2.4GHz ISM （Industrial Scientific Medical） Band
Peak Throughtput	150Mbps
Channel	1~14 channels （Universal Domain Selection）
Data Security	16/128-bit WEP Encryption WPA，WPA-PSK，WPA2，WPA2-PSK，TKIP/AES
Support Operating System	Windows 2000，XP，Vista，Win7，Linux，MAC
Host Interface	High speed USB2.0/1.1 Interface
Antenna Gain	2dBi
Environment	Operating Temperature: 0°C～40°C Storage Temperature: -20°C～75°C Operating Humidity: 10%～90% RH，noncondensing Storage Humidity: 5%～95% RH，noncondensing
Package Size	14.8cm × 9.8cm × 1.8cm
Packed Weight	36g

续表

Chipset	Realtek8188
Package Including	1 * USB Wireless LAN Adapter 1 * Software Driver 1 * Antenna

（3）交易说明。交易说明中主要展示与支付方式、购买方式、发货、快递、退换货服务、质量保证等相关的政策和购物须知，打消买家的最后一层购买顾虑。下面举例介绍交易说明书写方式。

About Payment:

a. We accept Alipay, West Union, TT. All major credit cards are accepted through secure payment processor ESCROW.

b. Payment must be made within 3 days of order.

c. If you can't checkout immediately after auction close, please wait for a few minutes and retry payments must be completed within 3 days.

About Shipping：

We will send the goods within 5 business days as aliexpress recognized your payment.

a. We ship worldwide by China post air ,To USA ,by E-packet.

b. We send your goods for free shipping by DHL/EMS when order reach 200$.

c. if you do not get package in long time ,please try to contact local post office,sometimes package be there.

Delivery time 20～60 working days China post air（To Brazil,Russia ,takes long）.

Delivery time 5～8 working days Epacket.

Delivery time 8～20 working days EMS/DHL.

About Feedback：

a. We do want to establish long-term friendly business relationship with you, so your feedback is very important to us. Please leave us your positive back.

b. When you receive the item and satisfied with the product, please leave positive feedback with 5 stars.

About Return：

a. If there are some damage during shipping or quality. please, contact us within 3 days, email with the photo of products. We will offer you refunds or exchanges for compensation.

b. We accept item returning without reason, but buyer have to pay the returning shipping cost.

（4）实力展示。在商品详情页的最后一屏可以把店铺实力展示出来，包括实体店展示、工厂展示、先进的生产设备展示、品牌展示、资质展示、销量展示、仓储展示、荣誉展示、企业文化展示、产品质检报告、企业营业执照等。

（五）优化店铺首页

1. 首页布局

（1）合理布局，分清主次。平台数据显示，一个新买家进入一家店铺以后，前三个模块的点击率最高，而产品展示越靠后的模块点击率越低，所以，要将店铺的热销产品和潜力款产品放置在最佳的位置，并且要根据店铺的销量数据和转化数据及时进行更新。避免将过时或者没有销量的商品盲目地展现给买家。另外，要将整体模块从主到次依次陈列。前三个模块的布局也较为讲究，模块一放置轮播图作为店铺的广告区，用来展示店铺主推的活动和产品信息；模块二和模块三用来放置热卖款和潜力款商品。这里不仅要用大模块来展示从而放大商品的卖点，还要让商品有主次之分。在模块中主推店铺最热销的产品，然后根据热销顺序依次排列。

（2）区域划分条理清晰。区域划分需要将同一主题的分类商品放在首页进行陈列，总体依循主营商品对各个模块进行浏览的原则，有条理地引导买家对各个模块进行浏览。根据不同店铺的类目，可以按照品牌、属性、功能、价格或者人群进行区域划分使得买家能准确定位到适合自己的消费目标，从而引导买家进入商品详情页。

（3）结合轮播突出重点。在将商品进行区域划分后，可以在每个区域上方放置轮播模块，这样可以使整个页面更具视觉节奏，还可以将产品以最简单直观的方式介绍给买家。轮播图片要突出重点，可以是该区域的主推产品，也可以是该区域的活动。

2. 店名设置

好的店名不仅可以为买家和卖家节约沟通成本，还能为店铺带来更多的流量。一个好的店名需要具备如下几个条件。第一，店名最好与经营的商品相吻合，让买家能够通过店名了解到店铺的主营类目，方便买家搜索。例如，店铺主营类目是箱包，那么店名建议带有表示箱包的英文单词。第二，店名应该简单响亮，避免出现生僻的字词，简洁明了的店名有助于买家记忆。

3. 店招制作

店招是指店铺的招牌，是店铺文化的浓缩，会在店铺首页上方出现。因为其关键的位置，一定要精心布置，既要让新买家印象深刻，又要让经常来的买家有新鲜感。因此，卖家要认真地思考一下，店招要为客户展示什么内容，最重要的要突出显示。店招设计的整体理念为大气、精致，目的是达到对店铺最有效的阐释。店招上的文字可以使用英文字母，但要有设计感和层次分明感，避免买家觉得盲从。店招的整体风格要与店内产品统一，不要剑走偏锋。

4. 轮播图制作

轮播图是一个自由展示 1～5 张图片的模块，可以放置一张或多张图片，并且这些图片设置有指定的链接，可以链接到商品的详情页面，或者某个分组的页面，或者活动产品列表页面。

5．自定义分类模块制作

自定义分类模块相当于一家店铺的横向目录，通过点击不同的分类项可以展示不同的页面，加深店铺的浏览深度，这也是买家经常重点关注的模块。好的自定义分类模块，可以突显店铺风格定位、商品重点推荐、特惠活动、与买家的互动等。由于这个模块是可以自定义的，卖家可以精心设计，让买家感觉到店铺独具的气质。

第四节　本模块小结

在日常的运营工作中，我们不能只看重店铺的推广，或者仅关注销售的结果，也不能把推广和营销看成独立的行为，需要结合买家需求、店铺产品等因素，因时、因地、因人制宜，形成前后统一、目标一致的整体推广营销方案，这样才能产生良好的推广效果和优秀的销售业绩。通过本模块的学习，可以得出如下两个基本结论。

1．社交媒体是卖家低成本进行有效推广的重要武器

如今，在关系导向型的营销时代，社交媒体凭借天然的“强互动”属性，将卖家和买家紧密结合在一起，帮助卖家以很低的成本达到品牌推广的目的。跨境电子商务卖家应该对社交媒体给予足够的重视，通过精细化运作，让社交媒体成为真正有效的跨境营销方式。

2．数据化运营跨境电子商务店铺是企业制胜的法宝

21 世纪是互联网时代，是大数据时代，是现代企业进入数据化运营的时代，数据分析与数据挖掘在其中扮演着重要的角色，跨境电子商务店铺的运营也不例外。但数据化运营是建立在对数据正确分析的基础上的，数据分析是一门艺术，也是一门科学，我们每天会得到大量的、杂乱无章的数据，如果分析方法使用不当，反而会给我们带来灾难。所以，作为刚刚入职跨境电子商务的新手，除认识数据化运营的重要性外，还要熟练地掌握数据分析的工具、方法和技巧。因篇幅有限，本书中的一些方法介绍只是起到抛砖引玉的作用，数据化运营的知识还需读者通过实践来掌握。

知识闯关

一、选择题

1．在亚马逊上，“Sales Dashboard”中的数据是多久更新一次？（　　）

A．24 小时　　B．2 小时　　C．1 周　　D．1 小时

2．全球速卖通中大促活动的价格门槛维度是多少天的最低价？（　　）

A．30 天　　B．90 天　　C．120 天　　D．180 天

3．在全球速卖通的“我的速卖通”中可以查看店铺运营能力综合得分，它用于衡量商家的运营能力，是通过几项能力得分综合分析得出的？（　　）

A．5 项　　B．6 项　　C．7 项　　D．8 项

4．“全球速卖通，所选行业、所选时间范围内，搜索该关键词的人数经过数据处理后得到的对应指数。”这句话是以下哪项名词的解释？（　　）

A．搜索指数　　B．搜索人气　　C．购买率排名　　D．竞争指数

5．速卖通直通车的“月累计推广花费”最多是多少元？（　　）

A．10 000 元　　B．20 000 元　　C．30 000 元　　D．40 000 元

6．全球速卖通的 4 种店铺促销活动中，不可跨月设置活动的是下面哪一个？（　　）

A．限时折扣　　B．满立减　　C．店铺优惠券　　D．全店铺打折

7．全球速卖通店铺运营每天需查询的数据有（　　）。

A．交易额排名　　B．店铺流程　　C．上周同比数据　　D．销售数据

8．好的标题和关键词能给产品带来更多的点击量和（　　）。

A．更高的转化率　　B．更多的交易量

C．更多的流量　　D．更高的跳失率

9．“在全球速卖通，卖家以超低价格发布商品，同时调高运费价格，吸引买家注意，骗取曝光。”这属于以下哪种搜索作弊行为？（　　）

A．重复铺货骗曝光　　B．商品标题、关键词滥用

C．商品销量炒作　　D．商品价格与运费倒挂

二、判断题

1．考虑到买家的阅读习惯，标题中的关键词应该前置。（　　）

2．全球速卖通将不同属性的商品捆绑成不同套餐或捆绑其他配件放在一个链接里出售属于 SKU 作弊。（　　）

3．全球速卖通同个卖家，不同商品，商品主图不同，但标题、价格、属性完全相同的行为不会被认定为重复铺货。（　　）

4．关键词越简短，客户需求越模糊。（　　）

5．P4P 产品排名=关键词出价×推广评分。（　　）

三、案例分析

长沙达清贸易有限公司在全球速卖通的“Consumer Electronics>Smart Electronics>Wearable Devices>Smart Watches”栏目下发布了一块智能手表，具体信息如下。

1. 主图

2. 标题

iRULU GT08 Smart Watch Bluetooth Smartwatch for iPhone 6/puls/5S Samsung S4/Note 3 HTC Android Phone Smartphones Android HOT.

3. 属性

Type:On Wrist

Application Age Group:Adult

Function:Passometer,Message Reminder,Call Reminder,Answer Call,Dial Call,Remote Control,Push Message,Altitude Meter

Language:English,Russian,Spanish,Portuguese,Turkish,Italian,French,German

Compatibility:All Compatible

Style:Fashion

Color:red, black,gold,

Model:smart

Time:2015

Style:sport

请分析该产品的主图、标题和属性存在哪些问题？怎样优化？

技能实训

技能实训 4-1：利用跨境电子商务店铺自主营销工具进行促销活动

“双 11”不仅是中国人的疯狂购物节，自 2014 年以来阿里巴巴在国外大力宣传，也为国外客户打造了一个“双 11”。2015 年，全球速卖通在“双 11”期间，在全球 214 个国家与地区成交 2 124 万笔，平均全球（除中国外）每 100 人之中就有 1 人逛了全球速卖通。今年的“双 11”过几天就要来了，为了回馈老客户，争取新买家，请运用跨境电子商务店铺的自主营销工具为你的全球速卖通店铺或敦煌网店铺的产品进行促销活动，并对促销活动的效果进行分析，完成表 4-15 中的实训任务。

表 4-15 利用跨境电子商务店铺自主营销工具进行促销活动

序号	活动产品的选择		促销前该产品近7天的曝光量	促销前该产品近7天的点击量	促销工具组合	促销活动的起止时间	折扣力度	活动后近7天的曝光量	活动后近7天的浏览量（或平均停留时间）	加入购物车次（人）数	出单数及支付金额
	提供产品链接	选择的理由									
1											
2											
3											
4											
5											
6											
7											
8											
促销活动的效果分析：											

技能实训 4-2：运用社交媒体进行营销推广

请根据你店铺的目标市场和目标买家群体选择合适的社交媒体进行营销推广，并完成表 4-16 中的实训任务。

表 4-16 运用社交媒体进行营销推广

注册账号	账　号	密　码	注册过程中遇到的困难及解决办法
添加粉丝（个）			
加入社区（个）			
活动策划			
营销推广			
实施效果分析：			

技能实训 4-3：利用站内、站外选品工具进行选品

长沙三维贸易公司于 2015 年 7 月在敦煌网注册了店铺，主要经营女士休闲鞋。最近该公司为了进一步扩大海外市场，拓展经营品类，决定发展男士休闲鞋品类，但什么样的休闲鞋才受国外的买家欢迎呢？请你依据所学的知识帮该公司进行选品分析，并完成表 4-17 中的具体任务。

表 4-17 利用站内、站外选品工具进行选品

选 品 工 具		分 析 过 程	结　论
站内	行业分析		
	Top 卖家分析		

续表

选品工具		分析过程	结论
站外	Google Trends		
	Keyword Spy		
	Alexa		
选品结论：			

技能实训 4-4：运用获取关键词的常用方法构建关键词库

某公司新入职的跨境电子商务操作专员谭莉近半个月来在全球速卖通和敦煌网共发布了 100 件女士 T 恤产品，但查看后台数据发现有些产品的曝光率和流量很高，但有些产品的曝光率和流量几乎为零。为此，谭莉首先需要优化产品标题，但在优化产品标题前需要构建产品关键词库。请你运用所学的关键词获取方法帮谭莉构建关键词库，并完成表 4-18 中的任务。

表 4-18　运用获取关键词的常用方法构建关键词库

具体方法	实施步骤	所获关键词
构建关键词库		
核心词	属性词	流量词

技能实训 4-5：跨境电子商务店铺的优化

请运用所学知识优化你的全球速卖通店铺或敦煌网店铺，并在 15 天后对优化的效果进行跟踪评估，完成表 4-19 中的各项任务。

表 4-19　跨境电子商务店铺的优化

任务分解		优化前				优化后				对优化的效果进行跟踪评估			
优化产品	优化标题	产品 1	产品 2	产品 3	产品 4	产品 1	产品 2	产品 3	产品 4	产品 1	产品 2	产品 3	产品 4
	优化属性												
	优化主图												
	优化详情页												

续表

任务分解		优化前	优化后	对优化的效果进行跟踪评估
优化店铺首页	页面布局			
	店招			
	轮播图			
	产品类目优化			
	自定义模块			
跨境电子商务店铺的优化心得：				

模块五

跨境电子商务店铺订单管理与客服

知识目标

- 了解跨境电子商务店铺订单管理流程。
- 跨境电子商务客服工作中常用的沟通工具及所针对的客户沟通技巧。
- 跨境电子商务客服的工作范畴与目标。
- 纠纷的类型及相应的解决办法。
- 处理纠纷、投诉、差评的流程。

能力目标

- 能处理跨境电子商务店铺订单。
- 能解答客户产品和服务咨询。
- 能根据买家需求提出各类问题处理办法。
- 能积极有效回应客户或竞争者的投诉。
- 能对纠纷及差评进行处理。

第一节　跨境电子商务店铺订单管理

【任务导入】

深圳玖希贸易有限公司的跨境电子商务操作专员小静因为最近店铺表现优异得到了经

理的表扬。经过前期对产品和店铺的优化及推广，产品的访客数等关键指标得到了大幅度提高，店内的询盘数、订单量也不断增加，小静接下来的工作任务是处理店铺订单，但她之前从未接触过这项工作，请问她应该怎么做？

跨境店铺订单处理

一、订单管理流程

（一）接受订单，拟写感谢函

作为跨境电子商务的卖家，每天都要到后台打理店铺，查看店铺每天的交易订单，如新订单、待付款订单、待评价订单等，最重要的是待发货的新订单。2020 年 3 月 26 日，小静在后台看到一个新订单，如图 5-1 所示。小静首先需要检查订单的资金审核状态。若审核成功，小静则要给客户写感谢信，并准备发货。

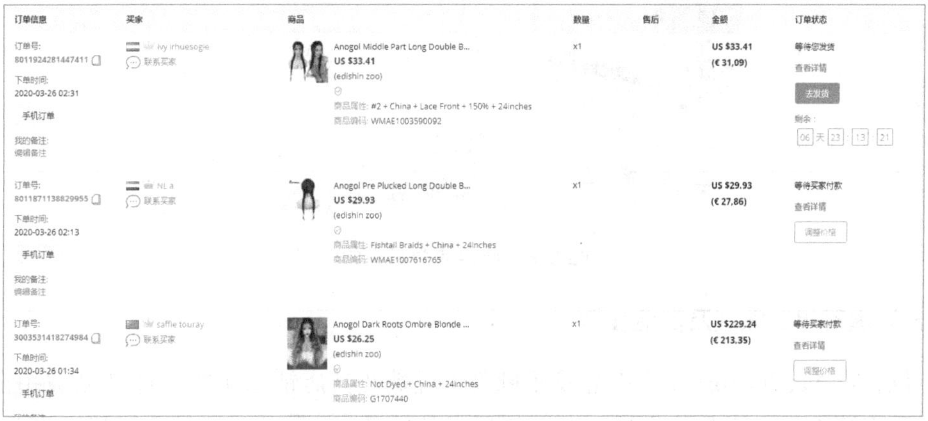

图 5-1　新订单

（二）选择合适的跨境物流并及时发货

要想顺利地完成一笔交易，可靠且快捷的国际物流环节是必不可少的。对卖家来说，跨境物流有很多不同的选择，有各种国际商业快递、邮政大（小）包、e 邮宝，以及各种线上的物流商等。卖家在面对不同的产品订单时，要综合考虑运费、安全度、运送速度，以及买家的实际需要等因素，选择合适的跨境物流。

（三）对货物进行合适的包装并打包

跨境电子商务平台销售的产品类目繁多，如服饰、数码产品、玩具、五金产品等，不同产品对应的包装也是不一样的。例如，服装类产品的包装比较简单，一般的快递袋都可以用来包装及打包，但五金产品、数码产品等容易在长途运输中被压坏的产品，以及易碎的产品就需要在包装外面包几层气泡垫，以防产品受损。

小静的全球速卖通店铺中有客户订了 1 个不锈钢纸巾盒（见图 5-2），需运到巴西，小静需对产品进行合适的包装并打包。由于纸巾盒是不锈钢材质的，在运送到巴西的长途运输过程中容易被压坏，因此要特别注意选用合适的包装。

（四）填写跨境物流单据并打印

跨境电子商务卖家可以注册全球交易助手（一款针对外贸平台打造的线下管理软件），一个账户可以绑定后台的两家店铺。跨境物流单据就是卖家平时所说的货物面单，用普通的打印机打印就可以，上面会有国外客户的具体收货地址、联系方式、产品的基本信息、价格，以及物流跟踪号和跟踪条形码。

图 5-2　速卖通商品页面

（五）填写报关凭证及商业发票

一位客户 Natalia Torres 给小静发了邮件，说她在其店铺购买的一件产品被扣在了海关，需要陈情提供该产品的发票，内容包括产品的品名、价值、收货人等基本报关信息，如图 5-3 所示，以便她去海关清关拿货。

Anogol Hair Wigs Factory

Pro forma Invoice

Name : Vonvy shopper
Addres: PO Box 2285 ABG Sebele Gaborone Botswana Plot 37681, Block 8, Gaborone , Gaborone , South East District , Botswana, 267
Postal Code: 267
Phone: +26773825595

Date: March.26, 2020
PI No. : 2020.03.26Jolly
FOB The order number: 9268590001023974

Line	Item No.	Pictures	Descriptions:	Qty. (pcs)	Unit Price (USD)	Amount (USD)	Length(inches)
1	X170726526		Synthetic Lace Front Wig	3	32	US$96.00	24
4	**Items Total Amount**	US$96.00					
5	**Freight**	55					
6	**Total Amount**	US$151.00					
7	**Say:急速DHL包税，3pcs Synthetic Wig，5 USD Per wig，15 USD as customs for value**						
8	Tracking number:	DHL					

图 5-3　客户需要卖家提供发票的邮件

（六）食品类目产品报检准备工作

全球速卖通经营的类目有很多，如服装、电子、家居、五金、食品等，但是对于食品类目产品的规定比较严格。食品类目下面的 7 个子类目包括咖啡、干果、干货/土特产、谷物制品、枸杞、坚果、茶叶。

假设有位冰岛的客户在店铺拍了一袋“大白兔奶糖”，那么卖家应该做哪些方面的报检相关工作？

二、操作示范

（一）接受订单

小静接到一笔新的订单，客户已经付款成功，卖家要确认订单的资金审核状态，一般情况下订单资金在 24 小时之后便会通过审核，如图 5-4 所示。

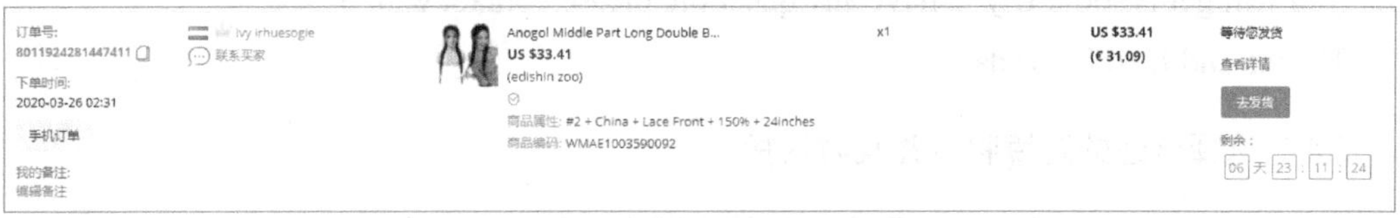

图 5-4　客户的新订单

（二）点击后台的新订单，查看订单的资金审核状态

订单的资金审核状态一般分 3 种。第一种状态是“客户已完成付款订单”，对于这种新的订单，卖家可以直接备货、发货、发感谢信给客户；第二种状态是“资金审核中”，一般对于这种状态下的订单，卖家需要在 24 小时后资金通过审核后再确认发货，因为部分订单会因为客户存在盗卡风险或者支付问题等原因未通过审核；第三种状态是“客户未付款订单”，对于这种状态下的订单，卖家可以发送如下一封邮件给客户，委婉提醒其付款。

Dear Buyer,

We have got your order of ×××, But it is seems that the order is still unpaid. If there’s anything we can help with the price, size, etc., please feel free to contact with us. After the payment is confirmed, we will process the order and ship it out soon. Sooner payment will help you get the product earlier.

Thanks.

（三）检查库存

卖家应根据客户的新订单检查库存量，如果库存量不足，卖家就要及时补充货源或买货。例如，现在很多全球速卖通卖家没有自己的库存，店铺中销售的很多产品的货源都来自其他网站，所以卖家要定期查看代销店铺的产品实时状况，以避免国外客户下订单后没货的情况发生。

（四）写感谢信给客户

Dear×××,

Thanks for your order.The order number is ×××.

We are now preparing the shipment for you.We will ship out the products in 2～3 working days by China Post Air Mail to you.We will keep you noted by he shipping tracking number sooner.

Keep in contact.

Thanks and Best Regards.

（五）发货后发信给客户告知已经发货和物流查询的单号

Dear×××,

The item ××× you ordered has already been shipped out by China Post Air Mail. The racking number is RJ22527898245CN. We will also keep you noted of the shipping status. We hope you will get is soon. If you have any question, please contact with us.

Thanks and Best Regards.

（六）选择合适的跨境物流并及时发货

（1）确认订单的具体内容、国家，计算不同物流的不同运费。

这笔订单的客户来自乌克兰，现在从中国到乌克兰的跨境物流方式有好几种，如邮政小包、e 邮宝、线上发货及其他商业快递。小静要做的是综合考虑几种物流方式的运费和运达时间，选择出最适合这笔订单的跨境物流。

（2）如果选择商业快递，卖家一般不会选择 DHL，因为 DHL 的运费比较贵，即使是小件货物的运费也会达到 200～300 元，成本太高。

在综合考虑价格的基础上，小静最终选择发邮政小包到乌克兰。在选择了跨境物流邮政小包之后，接下来小静就应该在后台填写发货通知。

（七）对货物进行合适的包装并打包

不锈钢纸巾盒在跨境运输中容易出现的是压坏、出现不同程度的磕碰等问题，为了让客户能够收到满意的货物，卖家在对该品类产品进行包装时要特别注意。

（八）确认自己的货物不会违反运输规定

卖家在进行货物包装前应该和物流公司或者货代确认运输的物品不会违反跨境物流及货代公司的规定，因为部分货物在运输中是带有不安全性的，如液体、烟花等，如果货物体积太大或者包装材料特殊，可能需要支付额外的费用。该订单的纸巾盒属于五金卫浴类目，只要包装得当，一般不会出现问题。

（九）适当安全的包装

使用一个新的、坚固的箱子，并使用缓冲材料，如气泡膜（见图 5-5）把空隙填满，但不要让箱子鼓起来，如果是旧箱子要把以前的标签移除，并且需要确保其足够坚固。由于气泡膜的中间层充满了空气，因此气泡膜重量轻、富有弹性，且具有隔音、防震、防磨损的性能。气泡膜可替代发泡塑胶颗粒填充物之类的防护用品，是电子产品、化妆品、音像 CD 等卖家的防护包装首选。

图 5-5　货物外包装气泡膜

（十）封装

用十字交叉法将薄膜拉紧，如果是胶带，至少要 6cm 宽。借助薄膜超强的缠绕力和回弹性，将产品紧凑地、固定地捆扎成一个单元，使零散小件成为一个整体，使产品即使在不利的环境下也无任何松散与分离的可能，而且没有尖锐的边缘和黏性，以免造成损伤。

（十一）贴物流面单

用剪刀把物流面单沿打印的边缘小心剪下，然后用透明胶带将物流面单平整地贴在外包装的表面（见图 5-6），尤其要注意物流面单上的物流条形码不能有皱褶，以便通过海关时顺利通过扫描，卖家也能跟踪到全面的物流信息。跨境的物流面单和国内的快递面单不一样，不能使用带有不干胶的打印纸，只能用透明胶带全部贴好，这是为了防止在国际运输中淋湿等情况下物流面单受到破坏。

图 5-6　用透明胶带贴物流面单

（十二）通过全球交易助手填写打印跨境物流单据

小静的这笔订单是通过邮政小包将货物发往乌克兰的，现在打印邮政小包面单的软件比较正规的有全球交易助手。全球交易助手目前支持全球速卖通、eBay 等跨境电子商务平台的产品发布、导出、订单管理、订单导出、图库管理，以及后台的多账号管理。

第一步，下载全球交易助手并注册账号。

注册账号之后在 1 个月内是可以免费试用账号的，后台可以绑定 2 家店铺，过了 1 个月后期就要续费。这个软件比较适合后台订单比较多的卖家，可以批量处理后台的物流信息。

第二步，添加店铺（见图 5-7）。

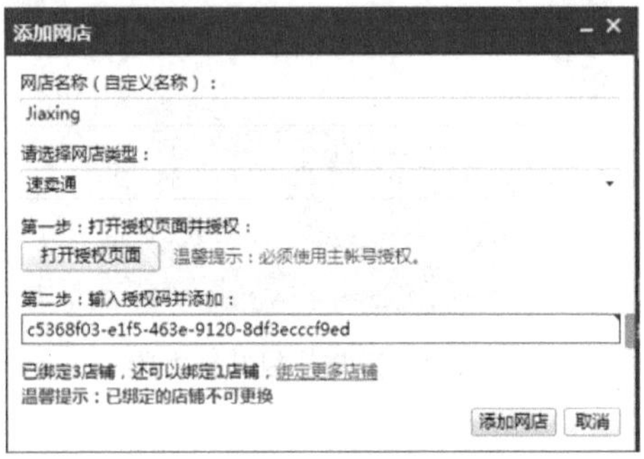

图 5-7　添加店铺

第三步，输入确认码（见图 5-8）。

图 5-8　输入确认码

第四步，预览拟打印的邮政小包面单（见图 5-9）。

图 5-9　拟打印的邮政小包面单

第五步，确认报关签条的相关内容。

（十三）通过平台的线上发货可以直接在后台填写物流单据

中国邮政平邮小包、速优宝-Itella、新加坡小包、航空专线-燕文、俄航空专线线上发货只需要在包裹外粘贴线上发货标签（见图 5-10），包裹到仓后，仓库将统一更换对应物流渠道的标准面单。

亚马逊订单处理

图 5-10　线上发货标签

第二节　跨境电子商务客服的工作范畴与目标

【任务导入】

小静所在的跨境电子商务店铺马上要迎来欧美“黑色星期五”购物狂潮。因店铺客服工作人员不足，经理把小静临时调到了跨境客服岗位，但经理让小静先别急着上手工作，而是先做好准备工作，并建议小静先了解后台客户数据，安装好沟通工具后再做安排。小静觉得很奇怪。请思考，为什么经理建议小静先做好准备工作而不是马上着手客服服务？请讨论并回答，跨境电子商务店铺中客服工作包括哪些具体事宜？好的客服工作对店铺有何作用？

一、客服的工作范畴

跨境零售电商的商品本质是“零售业”的分支，而基于零售行业的特点，客户必然会对卖家提出大量关于“产品”和“服务”的咨询。客服工作分为售前客服、售中客服、售后客服。售前客服要做好充分的准备工作，遇到客户询盘，要亲切、热情地和客户打招呼并且了解客户的需求，向客户推荐产品并把产品信息介绍清楚，进行议价催付，完成销售。客户完成下单后，售中客服要注意进行发货提醒和预计到货时间告知，及时追踪货物物流情况。包裹成功投递后，售后客服要向客户确认货物送达并且鼓励客户给予好评，如有纠纷产生，灵活进行退换货或者投诉处理。客服的工作流程如图 5-11 所示。

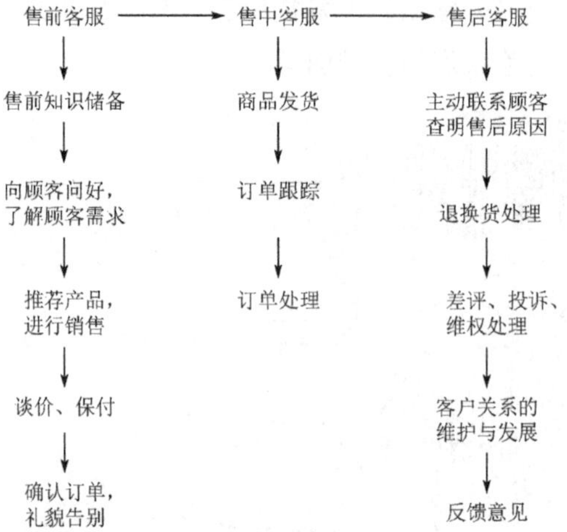

图 5-11　客服工作流程

（一）解答客户咨询

1. 解答关于产品的咨询

产品规格存在巨大的国内外差异。例如，令许多卖家头疼的服装尺码问题，欧洲尺码标准、美国尺码标准与国内尺码标准存在差异，如图 5-12 所示。又如，电器设备的标规问题，欧洲、日本、美国电器产品的电压都与国内标规不同，即使是注入电源插头这样一个小问题，在各国之间也有巨大的差异，中国卖家卖出的电器可能适用于澳大利亚的电源插座，但是到了英国就可能完全不能用了。以上这些问题都增加了客服人员解决客户关于产品咨询的难度。而我们的客服人员最重要的工作任务就是当客户提出任何关于产品的问题时，无论多么复杂，都要为客户做出完整的解答，提出可行的解决方案。

客服的工作范畴

国际对照表 女装，套装，外套 Women's Dresses, Suits And Coats											
美国 US	0	2	4	6	8	10	12	14	16	18	20
美国 US	XS	XS	XS	S	S	M	M	L	L	XL	1L
欧洲 EU	30	32	34	36	38	40	42	44	46	48	50
英国 UK	4	6	8	10	12	14	16	18	20	22	24

图 5-12　国际女装尺码对照表

2. 解答关于服务的咨询

跨境电子商务行业的另一个特点在于服务实现的复杂性。因此客服人员对跨境电子商务整个行业的流程都要透彻掌握，包括对产品开发、物流方式、各国的海关清关政策等步骤如何实现、如何运作都需要有基本的了解。只有这样，客服人员才能有效地解答客户疑惑，促成客户下单。

（二）解决售后问题

跨境电子商务行业有一个非常有趣的特点，即在正常情况下，客户在下单之前很少与卖家进行沟通，这就是行内经常提到的“静默下单”。当客户联系卖家时，往往是客户发现产品或物流运输，或者其他服务方面出现了问题，而且这些问题是客户依靠自己的力量无法解决的。在跨境电子商务中，绝大部分情况下，当客户联系客服人员时会涉及某一方面的投诉。数据显示，许多跨境电子商务卖家每天收到的邮件中约 70%是关于产品和服务投诉的，也就是说客服人员在日常工作中很大程度上都是在解决各种麻烦。欧美专业售后客服对这项工作有种说法——Trouble Shooting。

（三）促进销售

销售与促销往往被认为只是业务销售人员的工作。但实际上，在跨境电子商务领域中，客服如果能够充分发挥主观能动性，也能够为企业和团队创造优秀的销售成绩。以全球速卖通为例，该平台上成交的订单大多是面向欧美、俄罗斯、巴西等国的零售型产品，但不可否认的是，国外买家中有很大的比例的人群习惯于在全球速卖通寻找优质廉价、品种丰富的中国产品供应。这些客户模式往往是挑选几家中国卖家的店铺做小额的样品采购。在确认样品的质量、款式，以及卖家的服务水平之后，这些客户会试探性地增大单笔订单的数量和金额，渐渐发展为稳定的“采购—批发供应”关系。其中，美国的拉美裔、亚裔小店铺业主，以及澳大利亚客户和俄罗斯客户等，是进行跨境小额批发业务的主要人群。在这些客户中，他们与卖家接触时往往不是通过业务人员，而是通过客服。因此，好的客服人员需要具备销售意识和技巧，能够把零售客户中的潜在批发客户转化为实际的批发订单。这就是所谓的客服的促销职能，也是被许多跨境电子商务团队所忽略的地方。

（四）管理监控职能

跨境电子商务由于其跨国交易、订单零碎的属性，在日常的团队管理中往往容易出现混乱的情况。无论是产品开发、采购、包装、仓储、物流或是海关清关等环节，可能出现问题的概率都会比国内电商更大。在某个环节出现问题并不可怕，可怕的是出现问题之后由于涉及环节多，责任无法确认到位，导致问题进一步扩张与恶化。如果团队工作流程中的缺陷在导致几次问题发生之后仍然不能被有效地发现和解决，那么对团队来说无异于存在一个长期的定时炸弹并有可能引起更加严重的损失。而在跨境电子商务中有一个岗位先天就适合充当处理这些问题的角色，也就是我们的客服岗位。首先需要明确的是，客服人员并不一定会直接参与团队的管理，但是作为整个团队中每天直接面对客户的一个岗位，客服是团队中最先意识到所有问题的接触点。

二、客服的工作目标

客服的工作范畴探讨的是客服究竟是干什么的，而客服的工作目标探讨的是客服人员需要设立与达到什么样的工作目标，也就是客服工作岗位的考核设置。

（一）保障账号安全

在明确“保障账号安全”这一职责之前，我们需要了解跨境电子商务行业中何为“账号安全”。跨境电子商务对卖家的信誉及服务能力的要求要高于国内电子商务。例如，全球速卖通便设置了“卖家服务等级”这一概念。

“卖家服务等级”本质上属于一套针对卖家服务水平的评级机制，共有 4 个层级，分别是优秀、良好、及格与不及格。在此机制中评级越高的卖家得到的产品曝光机会越多，平台在对其推广资源进行配置时，也会更多地向高级卖家倾斜。反之，当某个卖家的等级处于低水平，特别是“不及格”层级时，卖家的曝光机会及参加各种平台活动的资格都会受到极大的负面影响。

卖家服务等级的分级标准和资源奖励如图 5-13 所示。从现实层面考虑，受制于卖家的产品结构在短期内不可能进行频繁调整，卖家团队运营水平的提高也只能循序渐进。所以，一般来说，一个卖家的产品质量与整体运营水平在一定时期内是相对稳定的，因此，想要在其他因素相对稳定的前提下，达到更高的卖家服务等级，就需要客服人员通过各种工作方法与沟通技巧，维持以上提到的各项指标。也就是说，指标越好，卖家账号的安全度越高。

服务等级的分级标准和资源奖励

当月服务等级是根据上月的每日服务分均值计算得来，用以给予每日服务分持续较好的卖家更多的奖励；

不同等级的卖家将在橱窗数量、平台活动、店铺活动等方面享有不同的资源。等级越高的卖家享受的资源奖励越多，指标表现较差的卖家将无法报名平台活动，且搜索排序上会受到不同程度的影响。详见下图：

	不及格	及格	良好	优秀
定义描述	上月每日服务分均值小于60分	上月每日服务分均值大于等于60分且小于80分	上月每日服务分均值大于等于80分且小于90分	上月每日服务分均值大于等于90分
橱窗推荐数	无	无	1个	3个
平台活动权利	不允许参加	正常参加	正常参加	优先参加
直通车权益	无特权	无特权	开户金额返利15%，充值金额返利5%（需至直通车后台报名）	开户金额返利20%，充值金额返利10%（需至直通车后台报名）
营销邮件数据量	0	500	1000	2000

每月1—3号 是服务等级计算及资源发放周期，期间会逐步完成各项奖励资源的发放，请耐心等待。

您可以在卖家后台首页，或卖家服务等级页面查看您的每日服务分、当月服务等级、产生不良体验的订单或商品

备注：

1、搜索排序曝光受每日服务分影响，与当月服务等级无关；

2、提前放款享受最高比例特权，不再与服务等级挂钩

图 5-13　卖家服务等级的分级标准和资源奖励

（二）降低售后成本

下面以处理成本占原始订单总金额的比例为标准，从高到低排列，依次进行介绍。

1. 买家不退货，卖家退全款（销售额 100%亏损）

当以这种方式进行处理时，卖家不但无法收回已经发出的产品成本和运输费用，还需将从客户处收取的订单金额全部退回。因此，这是最极端的一种方式，但也是最干脆利落地解决买家投诉的方法。在现实操作过程中，特别是新手卖家，在了解到卖家服务等级的重要性之后，往往会大量使用这种方式，从而有效地防止客户留下中、差评或开启纠纷、裁决等，但由于损失额度太大，长期使用会严重拉低整家店铺的利润水平。因此，这是一种非常不鼓励卖家使用的一种处理方式。

2. 免费重发（65%～80%亏损）

免费重发指的是客户并不将第一件有问题的产品退回卖家，卖家为了解决客户的产品问题，会安排免费重发一个没有问题的产品。在这种操作方式下，卖家所支付的实际成本由两部分构成：一是重发产品的进货成本，二是重发产品的运输费用。一般来讲，这两项费用的总和大约占原始订单的 65%～80%，这个数值也就是在“免费重发”方式下卖家所需承担的损失。

3. 部分退款或其他补偿（20%～50%亏损）

在买家投诉的产品问题并不是特别严重，并非无法解决的情况下，卖家可以与客户商议，以部分退款成其他方式对买家进行补偿。例如，当美国客户购买了中国尺码的帆布运动鞋后，由于中美鞋型、鞋楦的差异，导致鞋子在客户上脚后有一定的紧绷或不适感，但不影响穿着。卖家可以尝试建议退还一部分金额给客户作为解决问题的补偿。基于当时客户的态度，一般情况下可以用这种方式解决，这时，部分退款的金额也就是此次的客服售后成本。

4. 下次购买的优惠券（10%～20%亏损）

在某些投诉所反映的问题并不影响客户正常使用的情况下，卖家可以通过向客户提供一定金额的定向优惠券，为客户在下一次在本店铺下单购买提供优惠来弥补买家的损失。例如，在全球速卖通销往美国的产品，如使用中国邮政挂号小包运势方式，正常投递时间一般为 10～20 个工作日。如果客户投诉“运输时间过长”，如 40 天才签收，那么我们可以判定在这种情况下产品本身不影响客户使用，客户所需要的就是一个合理的解释，以及一个合适的心理补偿。这种类似的情况就非常适合用“下次购买优惠券”的方式来解决。从另一个角度来说，优惠券可以促使买家再次下单，进而获得新的订单和利润，这是我们非常推荐的一种方式，如图 5-14 所示。

图 5-14　店铺优惠券界面

5．技术层面解决问题，解决疑惑（0 亏损）

在所有解决客户投诉问题的方法中，我们最推崇的方法毫无疑问是 0 亏损的方法，这种方法指的是通过客服人员的答疑，解决客户关于产品、服务、运输的所有问题，让我们的客户理解整个服务过程，并接受我们的产品。例如，一些消费类电子产品，或近年来流行的智能家居产品，往往由于国产产品缺少详细的英文说明书，以及客户缺乏相关的产品操作经验，导致客户使用困难。这类产品的投诉会比较集中在使用方法不明确上，某些缺乏耐心的客户可能就会提起纠纷，甚至要求退款。而我们的客服人员就需要通过巧妙的方式，用简单易懂的语言向我们的客户说明产品的使用方法，解答一切关于产品本身的技术性问题。这就要求客服人员对产品要有充分的认识，同时在沟通方法上更加灵活、巧妙。

（三）促进再次交易

跨境电子商务的客服人员除了了解客户的问题，还有一个非常重要的职责，就是促成潜在批发客户的批发订单成交，这一工作范畴本身就是促进客户再次交易的一种途径和目标。除了促进批发订单，客服人员通过自己的努力，也完全可以有效地帮助零散客户再次与我们进行交易。很多国外客户很少与我们的跨境电子商务零售团队进行深入交流，也就很难形成“黏性”的老客户。因而，当客服人员遇到客户的投诉问题时，不要感觉麻烦与烦躁，应当将这种沟通作为展示自己团队服务水平的一次机会。

三、跨境客服沟通工具

无论是 B2B 跨境电子商务客服还是 B2C 跨境电子商务客服，常常会通过站内信、电子邮件等与客户进行沟通。由于跨境电子商务客服人员面对的客户来自世界各地，不仅语言不通，且需要处理的贸易问题具有时效性和复杂性。因此在解决咨询和售后问题时，客服人员首先需要学会准备及综合利用多种沟通工具。

（一）跨境电子商务平台提供的即时通信工具——Trade Manager

Trade Manager 又称国际站旺旺，是阿里巴巴国际站（包括全球速卖通）提供的即时聊天工具。使用 Trade Manager 可以实现与国外买家的实时与非实时沟通。Trade Manager 首页如图 5-15 所示。

图 5-15　Trade Manager 首页

1．Trade Manager 基本设置

为了让买家快速联系到客服，并了解更多产品及公司信息，应填写以下信息以完善联系方式。

（1）昵称：除了自己的姓名，还可以加上公司的简称。

（2）电话：填写正确的国家区号。

（3）销售：填写主营业务。

（4）网址：填写后要测试是否能正常打开。

（5）签名设置：可以设置 5 条可滚动的签名作为广告，如产品推荐、公司宣传、活动营销等。

2．Trade Manager 翻译设置

单击“Trade Manager”工具栏中的“翻译设置”按钮，在弹出的“系统设置”页面中，单击“聊天设置”选项下的“翻译设置”按钮，勾选“开启翻译”复选框，在“目标语言”的下拉菜单中选择“英语”选项，单击“确定”按钮，翻译设置成功（见图 5-16）。通过翻译设置，可实现将接收的英语翻译为中文或将接收的法语、葡萄牙语、俄语等翻译为英语等功能。

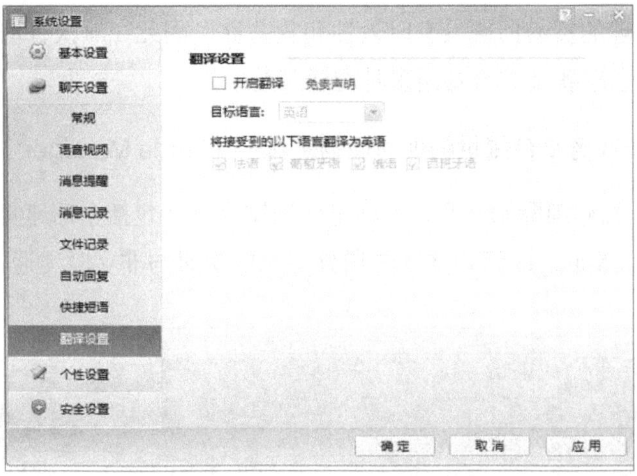

图 5-16　Trade Manager 翻译设置

（二）WhatsApp

WhatsApp 是一款方便用户发送信息又无须支付短信费用的跨平台应用程序。作为 Facebook 旗下的应用程序，WhatsApp 在欧美、东南亚、南美等地区的下载量多居首位。WhatsApp 具有免费短信、多媒体短信、离线消息、显示状态等功能，以及手机号码注册、无须登录或退出、支持群组对话、保密性强等特点。

（三）Skype

Skype 是目前流行的语音沟通软件，是清晰的网络电话，同时具备即时通信所需的其他功能，如文字聊天、视频聊天、传送文件、多人文字语音视频会议等。Skype 间的通话完全免费，通过 Skype 拨打全球任何一部座机或手机则是收费服务，但费用低廉。此外，Skype 还提供一系列增值服务，且 Skype 支持联系性实时口语翻译。

（四）Viber

Viber 是一种智能通手机用的跨平台网络电话及即时通信软件。Viber 用户无须付款，只要双方都已经安装了这个软件就能实现免费通信，还可以通过 Wi-Fi 与其他用户传送短信、图片、视频和音频文件。目前 Viber 支持包括中文在内的多国语言。用户使用手机号码免费注册后，Viber 会读取用户手机上的通讯录，如果发现通讯录上的朋友已经注册过 Viber，就会自动识别并标示出来，这就能通过网络直接拨打或发短信给对方了。

（五）Hootsuite

Hootsuite 是一个社交媒体管理平台。它可以关联 Twitter、Tumblr、Instagram、Youtube 等，同时还具有提前设定发帖时间、通过关键词来筛选关注者等功能。

小思考 5-1：

小静所在的店铺中最近遇到一位来自德国的客户，在全球速卖通站内信中提供了自己的脚的长度，询问应该穿哪个尺码的鞋子。请你查询欧洲鞋的尺码和亚洲鞋的尺码后，帮小静回复客户，给出咨询意见。以下是客户询盘函：

Dear friend, my foot is 24.5,which shoe size should I order?

Greeting!

第三节　解 答 咨 询

一、解答产品咨询

在大多数情况下，B2C 跨境电子商务平台上买家会根据卖家发布的产品价格和销售量来决定是否下单，不会讨价还价。但是由于中国制造有着物美价廉的特点，尤其是在 3C、玩具、服装、配饰、家具等行业，许多国外的批发商也可能成为 B2C 客服人员的服务对象，他们往往关注的是购买价格区间上限以外的商品数量是否会有优惠价格，以及能否提供更多的商品细节。

以下是常见的价格沟通模板，仅供参考。

1．折扣

Dear buyer,

Thanks for your message. Well, if you buy both of the ××× items, we can offer you ××× % discount. Once we confirm your payment, we will ship out the items for you in time. Please feel free to contact us if you have any further questions.

Thanks & Best regards!

2．买家议价

Dear buyer,

Thank you for taking interests in our item. I'm afraid we can't offer you that low price you bargained as the price we offer has been carefully calculated and our profit margin is already very limited. However, we can offer you ××× % discount if you purchase more than ××× pieces in one order. If you have any further questions, please let me know.

Thanks!

3．大量订单询价

Dear buyer,

Thanks for your inquiry. We cherish this chance to do business with you very much. The order of a single sample product costs $××× USD with shipping fees included. If you order ××× pieces in one order, we can offer you the bulk price of ××× USD piece with free shipping. I look forward to your reply.

Regards!

4．买家要求免运费

Dear buyer,

Sorry, free shipping is not available for orders sent to ×××. But we can give you ×××% discount of the shipping cost.

二、解答服务咨询

跨境电子商务客服工作复杂性的另一个原因来自问题一订单、国际支付方式、物流方式等。客户通常会询问物流状态、通关时间、关税等问题。这就要求客服人员掌握交易相关的所有关键信息，如物流公司特点、各国海关清关政策及特点等。以下是解答服务咨询的站内信及邮件例文，仅供参考。

1．买家建议其他付款方式

问题：Do you accept check or bank transfer? I do not have a PayPal account.

回答：

Thank you for your inquiry.

For simplifying the process sake, I suggest that you pay through PayPal. As you know, it always takes at least 2-3 months to clear international check so that the dealing and shipping time will cost too much time.

PayPal is a faster, easier and safer payment method. It is widely used in international online business. Even if you do not want to register a PayPal account, you can still use your credit card to go through PayPal checkout process without any extra steps.

Hope my answer is helpful to you.

Yours sincerely,

Seller's name or ID

2．买家咨询关税问题

Are there any import taxes or customs charges that I need to be aware of if I purchase this and have it shipped here to Louisiana in the United States?

回答：

Thank you for your inquiry.

I understand that you are worrying about any possible extra expense for this item. According to past experience, it did not involve any extra expense at buyer side for similar small or low cost items. Please do not much worry.

However, in some individual cases, buyer might need to take some import taxes or customs charges in import countries. As to specific rates, please consult your local custom office. Appreciate for your understanding.

Yours sincerely,

Seller's Name or ID

3．未付款订单

Dear buyer，

Much appreciate your purchase from us, but we haven't received your payment for that item yet.

As a friendly reminder, the instant payment is very important. The earlier you pay, the sooner you will get the item.

Please make your payment as soon as possible, so we can send you the item in time. If you have any problems during paying, or if you don't want it any more, please feel free to let us know. We can help you to resolve the problems or cancel our transaction.

Thanks again and looking forward to hear from you soon.

4．已付款订单

Hello, dear customer,

Your item has just been sent out via China International Shipping service which may take about 15～20 business days to arrive at you.

The tracking number of your parcel is: RR123456CN, and you can track the shipping status on the website bellow in a few days: http://intmail.183.com.cn/item/itemStatusQuery.do?lan=0

Besides, as we all know that International shipping requires more complicated shipping procedures, such as both countries' customs clearance, transit stations etc., it will probably take longer time for your item to arrive at the final destination.

Much Appreciate for your understanding on this uncontrollable matter. If you have any other concerns, feel free to let me know.

Thanks.

5. 未付款订单改完价格再次催款

Dear buyer,

We've reset the price for you . We have given you a ××% discount on the original shipping price. Since the price we offer is lower than the market price and as you know the shipping cost is really high, our profit margin for this product is ver limited. Hope you are happy with it and you are welcome to contact me if there's anything else I can help with.

Best regards!

6. 售后物流咨询

Dear friend,

Thanks for shopping with us!

Really sorry to hear that and surely we will help you solve this problem.

（在邮件的开头展示感恩的心态，并明确表明我们会帮助客户解决问题，以便安抚客户，让客户有耐心，继续看我们下面提出的解释与方案。）

You know, when parcels are sent to the Customs, it will be opened to finish the "Customs Inspection". That's be the reason why your parcel opened and the retail package damaged.

（通过向客户解释当包裹通过海关时有可能面临开包检查，为包装的破损找到合理的原因。）

As sellers, we really don't want to give you an unpleasant shopping experience.

Thus, if you need, we would like to resend you a new retail package. And you don't have to afford extra shipping cost.

What's your opinion?

Sincerely apologize for causing you any inconvenience.

And thanks for your kindness and tolerance for this problem.

（再次向客户致以歉意，并感谢客户理解与宽容。）

Looking forward to hearing from you.

Yours sincerely,

Seller's name or ID

第四节 纠纷处理与管理评价

【任务导入】

小静的一个美国客户因为包裹一直没有收到发起了退款申请，但是小静注意到此时并没有超过承诺运达时间，因此小静联系客户表明包裹正在运输途中请放心等待，客户表示可以再等。不过当客户接到包裹后，非常气愤地给了一个差评，经过一番沟通后小静发现该客户给差评只是因为商品不符合客户预期值，但是商品和详情页所描述的完全一致。这时小静该如何处理？

一、纠纷处理

（一）什么是纠纷

在交易过程中，如果买家提起退款/退货退款申请，即进入纠纷阶段，需要与卖家协商解决。全球速卖通纠纷处理流程如图 5-17 所示。

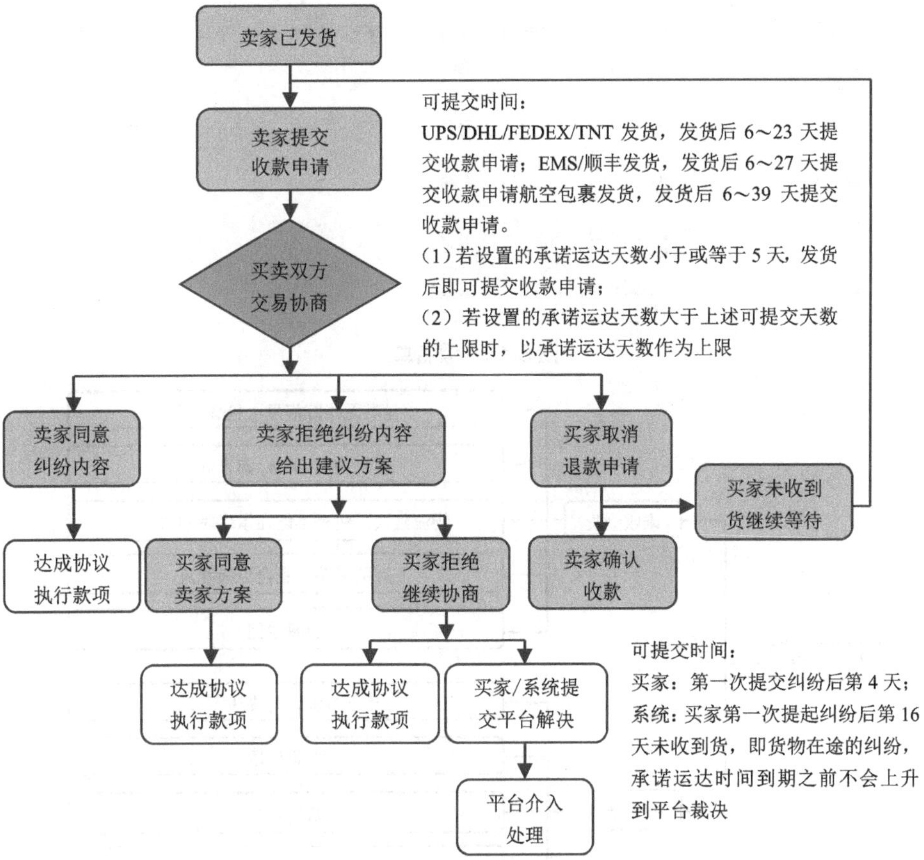

图 5-17　全球速卖通纠纷处理流程

（二）纠纷处理

1．恶意纠纷

提起纠纷，很多客服人员都感觉非常害怕，但正确地对待纠纷，及时与顾客进行沟通交流才能避免更大的损失。客户纠纷从动机来说分为两类：善意的和恶意的。针对善意的客户，客服人员要高度重视并且妥善处理；针对恶意的客户，客服人员可以通过“营销活动—客户管理—客户管理与营销”，将其拉入黑名单，如图 5-18 所示。

全球速卖通交易纠纷后台操作

2. 纠纷种类及解决方案

纠纷的种类主要分为未收到货物和收到货物，未收到货物又分为包裹异常、卖家着急、物流延误、海关扣关、包裹退回，收到货物又分为货不对版、质量问题、货物短装、货物破损、销售假货，如图 5-19 所示。

加入黑名单

客户名称	国家	最后订单号	成交次数	累计成交额	最后评价时间	最后评价得分	最终订单均额	备注
Dieudonné ILBOUDO	BF	8006026799818934	2	227.54			113.77	
Amira Kovcic	US	8005865417395338	1	26.95			26.95	
S Lievense	NL	8005771981424703	1	11.42			11.42	
Akos Osvald	HU	8005588519098534	1	16.99			16.99	
Shaul Akiva	IL	8005340077357659	1	18.88			18.88	

图 5-18　黑名单

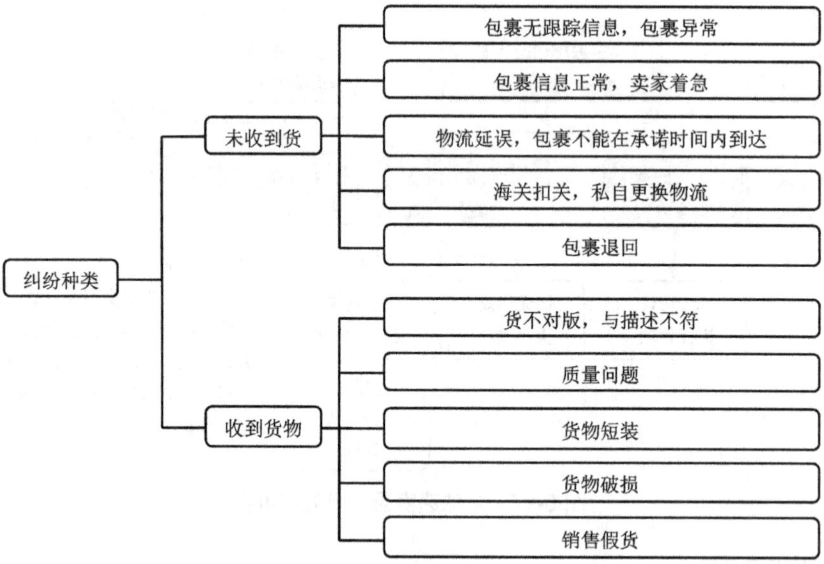

图 5-19　纠纷种类

3. 纠纷的处理办法

买家在交易中提起退款申请时有两类纠纷：一类是因买家未收到货物而产生的纠纷，

俗称未收到货；另一类是买家收到货物，但货物与约定不符导致的纠纷，俗称货不对版。

下面以全球速卖通为例，介绍跨境电子商务纠纷处理办法。

（1）买家未收到货类纠纷及解决办法如表 5-1 所示。

表 5-1　未收到货类纠纷及解决办法

未收到货类纠纷		卖家举证（全球速卖通通知举证 3 个自然日内）	处理原则	建议
查无物流信息		有效运单号	若卖家在规定的时间内未提供有效的运单号，全球速卖通将全额退款	（1）卖家在货物发出后填写正确的运单号； （2）关注物流状态，若有转单号及时更新； （3）遇异常情况及时主动与买家和物流公司沟通并尽快解决
物流显示已妥投	物流妥投地址与买家下单地址匹配		若物流妥投地址与买家下单地址匹配，全球速卖通将放款给卖家	
	物流妥投地址与买家下单地址不匹配	若买家要求修改地址，卖家需提供沟通记录	若卖家逾期未提供有效证明，全球速卖通将全额退款给买家	若卖家使用线上发货且填写地址无误，卖家可发起线上发货的投诉
物流显示货物未妥投	货物在海关	若是因卖家原因造成的扣关，卖家需积极配合，提供清关所需材料，包括但不限于品牌授权证书、商业发票等	（1）买家举证扣关文件，若显示是由卖家的原因造成扣关，且买家无法取回货物的，全球速卖通将退款给买家； （2）若文件显示是由买家的原因造成扣关的，买家有清关义务，全球速卖通将放款给卖家	卖家在选择货品及发货之前要充分了解海关相关政策
	货物在途中		（1）若限时达超期，全球速卖通将退款给买家； （2）若限时达未到期，卖家应积极与买家沟通	（1）卖家尽量使用可追踪信息强、时效性高的物流方式，如商业快递、线上发货； （2）卖家应设置合理的限时达时间
物流显示货物原件退回		因买家原因导致货物不能正常妥投的证明，如物流公司的查单结果、物流公司内部发出的邮件证明、卖家与买家的聊天记录等	货物的款项将由全球速卖通退回给买家，发货和退回的运费根据订单的具体情况和买卖家的原因进行判责	（1）卖家货物发出前核查收货信息，确保信息准确； （2）货物发出后及时关注物流状态，遇异常情况及时主动与买家和物流公司沟通并尽快解决
卖家私自更改物流方式		发货前买家要求或同意更改物流方式的举证，如卖家与买家的沟通记录等	（1）卖家承担相应责任； （2）若产生物流费用差价，由卖家承担	（1）未经买家同意，不要私自更改物流方式； （2）若买家要求或同意更改，卖家应保留相关证据

（2）买家收到货物与约定不符类纠纷及解决办法如表 5-2 所示。

表 5-2　货不对版类纠纷及解决办法

货不对版类纠纷	卖家举证	处理原则	建　议
货物与描述不符	如果在买家下订单之前卖家已经明确提示买家产品可能存在颜色的偏差，或产品可能存在一定误差，并明确了误差大小，自全球速卖通发出通知起 3 天内卖家需提供有关提示的沟通记录作为证明	（1）如果卖家产品标题、图片、描述中明确写明产品型号，默认为该产品具有该型号的所有功能，如果买家投诉缺少某功能，卖家将承担全部责任； （2）根据买卖双方的证明，如果有货物与描述不符的情况，则属于卖家责任，买家对于处理方式有最终选择权利，买家可选择退款方案或者退货方案； （3）若产品页面有多种型号多种颜色，但是买家下单时无法选择型号和颜色，在下单时留言表示需要选择其中某一种，后期发错型号、颜色的，卖家将承担全部责任	若买卖双方在纠纷结案前达成退货退款的协议，平台将支持双方的协议，要求买家退货。对于产品的确存在货不对版问题的纠纷，建议卖家承担运费退回
质量问题		根据买卖双方的证明，若货物有质量问题，则属于卖家责任，买家对于处理方式有最终选择权利，买家可选择部分退款或者退款退货	建议卖家保证货物质量，并与买家保持沟通及时解决问题
销售假货	自全球速卖通通知卖家举证开始 7 天内卖家需提供授权许可证明和销售许可证明等	（1）根据买卖双方的证明，卖家产品为侵权产品的，卖家将承担全部风险，平台会先将订单金额全额退款给买家，卖家需自行联系买家取回货物； （2）同时阿里巴巴有权根据全球速卖通发布的侵权产品管理规则及其他适用平台规则对卖家进行处罚	切勿在平台销售假冒侵权产品，若买家投诉产品为假冒侵权产品，卖家将承担全部风险，即使买家在知情的情况下购买，也将由卖家承担所有责任
虚拟产品		（1）一旦买家投诉卖家销售的产品为虚拟产品，订单将被取消，并将全额退款给买家； （2）阿里巴巴有权根据全球速卖通发布的不适宜本平台的产品管理规则及其他适用平台规则对卖家进行处罚	切勿在平台销售虚拟产品，若买家投诉产品为虚拟产品，卖家将承担全部风险，即使买家在知情的情况下购买，也将由卖家承担所有责任
货物短装	从全球速卖通通知卖家提交相关证明材料时开始计算 3 天内，提供发货底单以及重量说明，如下所示： （1）单件产品重量照片； （2）整件产品加上包裹重量照片； （3）发货底单和物流出具的包裹重量证明	根据买卖双方提供的证明，货物短装的，或者卖家逾期不提供无短装的证明的，按未发货的产品数量所占该订单总金额的份额，将部分退款给买家，即退还该订单短装件数所对应的金额	（1）卖家应保留发货时的重量证明，如称重拍照或视频记录等； （2）发布产品时注意销售方式，切勿混淆 Piece 和 Lot

续表

货不对版类纠纷	卖 家 举 证	处 理 原 则	建 议
货物破损		若买家或者物流公司提供了有效证据证明是卖家责任导致的货物破损，则订单金额将全额退款给买家	建议卖家发货之前充分检查货物状态及包装，交易过程中及时与买家沟通并且解决问题
买家收到货物后退货	（1）卖家需及时与全球速卖通确认是否收到退货； （2）如果买家退货到达中国海关，由于清关是收件方的责任，所以卖家需要积极清关，或者提供由于买家原因导致无法清关的扣关文件，否则订单将按照买家要求操作退款； （3）若货物到达卖家城市后又退回买家，需要卖家提供相应的邮局说明，证明非自身原因导致货物退回，否则订单将按照买家要求退款； （4）若买家未与卖家协商自行退货，全球速卖通会要求买家提供退货原因及相关证明，若买家无法提供，则卖家有权拒收买家退货，全球速卖通亦可拒绝向买家退款	若由于卖家原因致使买家退货无法正常妥投，订单金额会全额退给买家。所以建议在买家提供退货单号后，卖家能实时跟踪物流信息	建议卖家在全球速卖通账号中及发货单上留下有效退货地址和信息，确保在退货的时候自己能够收到货物，避免损失
卖家私自更改物流方式	卖家需要提供在更改物流方式前，征得买家同意的聊天记录截图	（1）若卖家私自更改物流方式，货物到达买家国海关时，买家无法清关，属于卖家责任，全球速卖通会按照买家要求操作退款； （2）若订单已收取物流费用，卖家私自改变方式，则订单的运费金额将退款给买家； （3）若卖家更改了物流方式，导致货物未能在指定地点妥投，买家需要到很远的地方取货，属于卖家责任，卖家需要补偿买家额外运费； （4）若卖家私自更改物流方式，导致买家延迟收到货物，亦属于卖家责任，全球速卖通将按照具体的延迟日期计算退款金额	
卖家强行发货（违约）	提供物流单号，证明在买家取消订单之前已经发货，且有物流信息	卖家强行发货后，若包裹在物流运输过程中出现海关扣关、买家拒签等情况，均属于卖家责任	

相关链接 5-1：买家不良体验订单率（Order Defect Rate，ODR）

如果纠纷私下解决不了，那么提交至全球速卖通，全球速卖通会根据双方提供的证据进行一次性裁决。全球速卖通会把 ODR 作为一个重要指标，把卖家分为不及格、及格、良好和优秀。其中，ODR=买家不良体验订单数/所有考核订单，如表 5-3、图 5-20 所示。

表 5-3　买家不良体验订单率指标

买家不良体验	指 标 详 解
成交不卖	买家对订单付款后，卖家逾期未发货，由于卖家原因导致付款订单未发货的行为
仲裁提起	买卖双方对于买家提起的纠纷处理无法达成一致意见，最终提交至全球速卖通进行裁决的行为
5 天不回应纠纷	买家提起或修改纠纷后，卖家在 5 天之内未对纠纷订单做出回应导致纠纷结束的行为
中差评	在订单交易结束后，买家对卖家该笔订单总评给予 3 星及以下的评价
DSR 商品描述中低分	在订单交易结束后，买家匿名给予分项评价——商品描述的准确性（Item Described）3 星及以下的评价
DSR 卖家沟通中低分	在订单交易结束后，买家匿名给予分项评价——沟通质量及回应速度（Communication）3 星及以下的评价
DSR 物流服务 1 分	在订单交易结束后，买家匿名给予分项评价——物品运送时间合理性（Shipping Speed）3 星及以下的评价

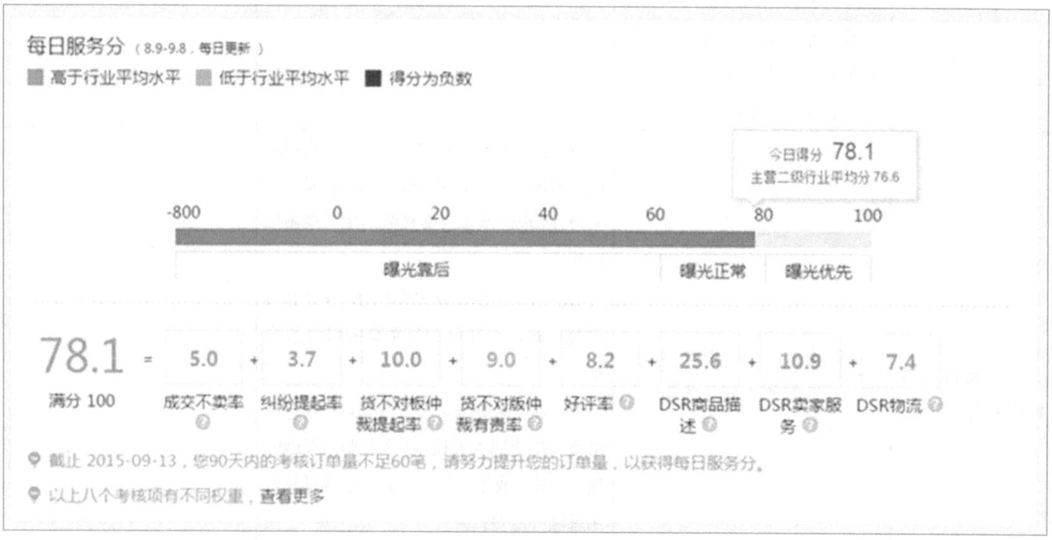

图 5-20　后台买家不良体验订单率

表 5-4 所示为不及格、及格、良好和优秀卖家分类标准。

表 5-4 不及格、及格、良好和优秀卖家分类标准

评 级	优 秀	良 好	及 格	不 及 格
新标准	符合以下所有条件： （1）考核订单量≥90 笔； （2）ODR<3.5%； （3）卖家责任裁决率<0.8%（手机、平板类目<1%）； （4）90 天好评率≥97%	符合以下所有条件： （1）考核订单量多 30 笔； （2）ORD<6%； （3）卖家责任裁决率<0.8%（手机、平板类目<1%）； （4）90 天好评率≥95%	符合以下所有条件： （1）ODR<12%； （2）卖家责任裁决率<0.8%（手机、平板类目<1%）； （3）90 天好评率≥90%	符合以下任一条件： （1）ORD≥12%； （2）卖家责任裁决率≥0.8%（手机、平板类目≥1%）
旧标准	符合以下所有条件： （1）考核期内结束的已支付订单数≥90 笔； （2）ODR<2.5%； （3）卖家责任裁决率<0.8%； （4）90 天好评率≥7%	符合以下所有条件： （1）ODR<4%； （2）卖家责任裁决率<0.8%；	符合以下所有条件： （1）4%≤ODR<8%； （2）卖家责任裁决率<0.8%	符合以下任一条件： （1）ODR>8%； （2）卖家责任裁决率≥0.8%
历史累计结束的已支付订单小于 30 笔的卖家，属于成长期卖家，不参与卖家服务等级考核				

二、管理评价

（一）评价体系

卖家非常看重买家的好评，可是顾客有可能因为产品质量、客服水平、物流等因素给卖家一个差评，差评对于店铺信用等级的影响很大。这时候售后客服不能坐以待毙，要积极响应中、差评，找出顾客不满意的原因，积极改进，用优惠返现、下次折扣等方式让客户尽可能修改中、差评。全球速卖通的评价分为信用评价（Seller Summary）及卖家分项评分（Detailed Seller Ratings）两类，如图 5-22 所示。

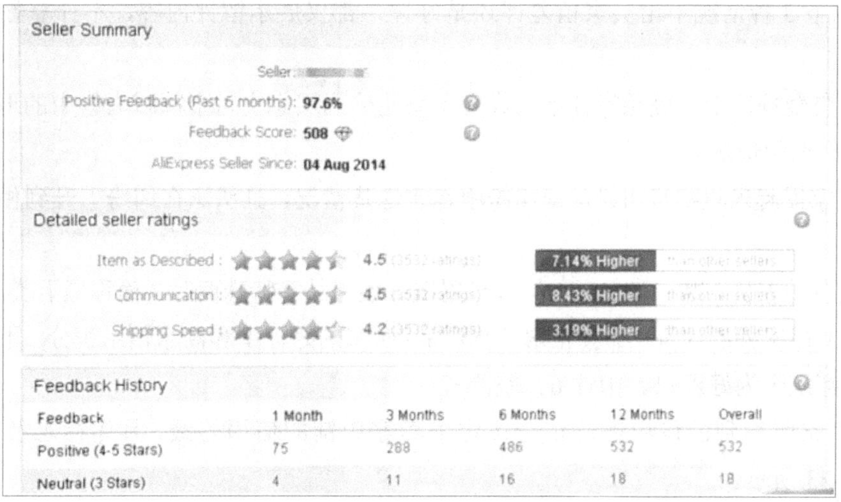

图 5-22 全球速卖通的评价

信用评价，是指交易的买卖双方在订单交易结束后对对方信用状况的评价。信用评价包括五分制评分和评论两部分。

卖家分项评分，是指买家在订单交易结束后以匿名的方式对卖家在交易中提供的商品描述的准确性（Items Described）、沟通质量及回应速度（Communication）、物品运送时间合理性（Shipping Speed）3 方面服务做出的评价，是买家对卖家的单向评分。

信用评价是由买卖双方对对方做出的评价，但卖家分项评分只能由买家对卖家做出。

（1）所有卖家已全部发货的订单，在交易结束 30 天内买卖双方均可评价。

（2）对于信用评价，如果买卖双方都未给出评价，则该订单不会有任何评价记录；如果一方在评价期间内做出评价，而另一方在评价期间内未做出评价，则系统不会给评价方默认评价（卖家分项评分也无默认评价）。

（3）商品/商家好评率（Positive Feedback Ratings）和商家信用积分（Feedback Score）的计算规则如下。

① 相同买家在同一个自然旬（自然旬即为每月 1—10 号、11—20 号、21—31 号）内对同一个卖家只做出一个评价的，该买家订单的评价星级则为当笔评价的星级（自然旬按美国时间统计）。

② 相同买家在同一个自然旬内对同一个卖家做出多个评价的，按照评价类型（好评、中评、差评）分别汇总计算，即好、中、差评数都只各计 1 次（包括 1 个订单里有多个产品的情况）。

③ 在卖家分项评分中，同一买家在一个自然旬内对同一卖家的商品描述的准确性、沟通质量及回应速度、物品运送时间合理性 3 项中某一项的多次评分只算一个，该买家在该自然旬对某一项的评分计算方法为

平均评分=买家对该分项评分总和/评价次数（四舍五入）

④ 以下 3 种情况不论买家留差评还是好评，都仅展示留评内容，不计算好评率及评价积分。

a. 成交金额低于 5 美元的订单（成交金额明确为买家支付金额减去售中的退款金额，不包括售后退款情况）。

b. 买家提起未收到货纠纷，或纠纷中包含退货情况，且买家在纠纷上升到仲裁前未主动取消。

c. 运费补差价、赠品、定金、结账专用链、预售品等特殊商品（简称黑五类）的评价。

除以上情况外的评价，都会正常计算商品/商家的好评率和商家信用积分。不论订单金额大小，都统一为好评+1、中评 0、差评-1。

⑤ 卖家所得到的信用评价积分决定了卖家店铺的信用等级，具体标志及对应的积分如图 5-23 所示。

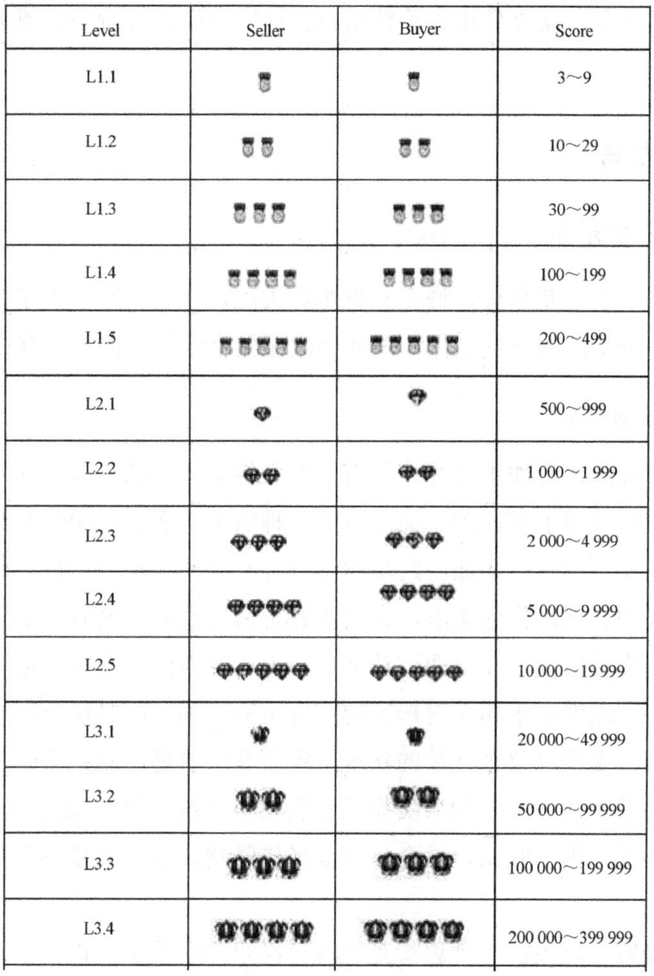

Level	Seller	Buyer	Score
L1.1			3～9
L1.2			10～29
L1.3			30～99
L1.4			100～199
L1.5			200～499
L2.1			500～999
L2.2			1 000～1 999
L2.3			2 000～4 999
L2.4			5 000～9 999
L2.5			10 000～19 999
L3.1			20 000～49 999
L3.2			50 000～99 999
L3.3			100 000～199 999
L3.4			200 000～399 999

图 5-23　店铺的信用等级

（4）评价档案包括近期评价摘要（会员公司名、近 6 个月好评率、近 6 个月评价数量、信用度和会员起始日期），评价历史（过去 1 个月、3 个月、6 个月、12 个月及历史累计的时间跨度内的好评率、中评率、差评率、评价数量和平均星级等指标）和评价记录（会员得到的所有评价记录、给出的所有评价记录，以及在指定时间段内的指定评价记录）。

好评率=6 个月内好评数量/（6 个月内好评数量+6 个月内差评数量）

差评率=6 个月内差评数量/（6 个月内好评数量+6 个月内差评数量）

平均星级=所有评价的星级总分/评价数量

卖家分项评分中各单项平均评分=买家对该分项评分总和/评价次数（四舍五入）

（5）对于信用评价，买卖双方均可以针对自己收到的差评进行回复解释。

（6）全球速卖通有权删除评价内容中包括人身攻击或者含有其他不当言论的评价。若买家信用评价被删除，则对应的卖家分项评分也将随之被删除。

（7）全球速卖通保留变更信用评价体系包括评价方法、评价率计算方法、各种评价率等的权利。

三、处理差评

（一）处理差评的步骤

评价是店铺的一个重要指标，许多买家都会关注，在整个跨境电子商务销售中，客户差评处理一直都是绕不开的一项工作，差评修改在整个账号维护中占有相当大的步骤。

1. 及时主动联系买家

收到差评的情况通常有如下几种：没有沟通直接留差评的，因沟通不畅、彼此误解而留差评的，退款后依然留了差评的。面对以上几种情况，卖家要做出有针对性的、全面的分析，有的放矢地和买家进行沟通。跨境电子商务不提倡卖家因差评问题多次联系买家进行沟通。基于这样的原则，作为卖家，在收到评价后去联系买家时一定要充分考虑整个订单的情况和之前的沟通情况，在全面评估之后写出礼貌得体、有理有据，同时能用真情实感打动对方的邮件，这就要求卖家对语言的把握足够准确。同时也一定要记得，为了修改差评去联系买家时，卖家对整个订单的状况一定要非常清楚，联系修改差评的邮件，一般以间隔两天最多联系 3 次为宜。如果卖家已经联系了 3 次，但买家依然没有回复，那么卖家基本上可以放弃了，再多联系，就会被买家当作骚扰，进而被投诉到平台，那就得不偿失了。

另外，卖家最容易出现的一种思想是“我已经给你退款了，你为什么要给我差评？”在这里要提醒的是，无论退款与否，只要交易引起了买家的不满意，卖家都需要从买家不满意的角度进行考虑，即便卖家为买家退了款，买家不满意，卖家依然要表示歉意，用真诚的语言换取买家态度的转变。因为，客服的第一要务不是辩论，而是平息事态。

案例：

下面是卖家与客户沟通的邮件。邮件中的卖家遭遇的情况是，客户对产品不满意，留了一星的“Feedback”。卖家给客户发了如下的邮件，希望客户能够修改差评，结果，客户不仅没有修改差评，反而又补加了一条新的“Review”。卖家说“我瞬间觉得太残忍了”，但实际上呢，很大程度上问题出在卖家的这封邮件上，这封邮件在无意中造成了客户进一步的不满。卖家发出的邮件如下所示。

Dear Savanna,

Merry Christmas! Have you try other iPhone? Maybe there is some wrong with your iPhone, please try other iPhone. And if you confirm other iPhone doesn't work all the way, I can send you new items or refund you, maybe you got one item which doesn't work, but its can't show all of our product can't be worked, please understand me.we will provide our best service and best solution for you .thank you so much.

这封邮件是从解释和辩论的角度出发的。客户之所以留差评，就是因为已经遭遇了问题，在这个时候，卖家给客户提供的自己的产品如何好及应该如何使用产品的数据，其实在很大程度上就是在为自己辩解，就是在告诉客户“你无知，你不懂，你应该怎样怎样”。没有任何人会觉得自己不行，而这封邮件恰恰把客户置于“我不行”的位置，所以，客户在收到邮件之后进一步留差评也是理所当然的事情。尽管卖家认真地写了邮件，但是卖家在联系客户中没有站在顾客的立场上看问题，导致整个状况向更糟糕的方向发展。所以卖家在处理差评修改和申诉的时候，一定要学会换位思考。

（二）确定差评原因

出现差评时一定要做记录，把一个月所产生差评的产品列出来，包括差评的内容、客户的订单、留评价客户的地址信息和客户历史留评价记录等，通过分析，可以大概知道客户对产品的不满是由商品品质或客户服务不好而引起的，还是属于竞争对手挖坑留下的恶意差评。分析总结问题出在哪里，提出有针对性的解决方案，如下所示。

（1）商品图片与实物的差异：商品图片要美观，但不要误导买家，修图时要注意保持产品的真实展现。

（2）标题写了“Free Shipping”，为什么收到货物之后还要收费：有些国家海关会征收关税，遇到此类情况建议卖家和买家沟通先把货物清关，等买家拿到货物后再协商由谁承担关税。

（3）信用卡账户有额外的扣款显示：咨询买家的信用卡银行是否有手续费。

（三）提出处理办法

公司根据自身产品提前做预案，总结差评处理办法（见表 5-5），规定业务员可以索赔的额度是多少，最好每一个差评都由主管审查，并且设有相应的差评监督机制。

表 5-5 差评处理办法

产生差评的原因	处 理 办 法
质量问题造成的差评	（1）如果是质量问题，请买家提供照片，通过照片判断是产品本身的缺陷，还是物流造成的损坏，或者是买家使用不当造成的损坏； （2）当出现产品质量问题时，建议卖家及时赔付买家，取得买家谅解； （3）当出现物流造成产品损坏时，如果产品可以轻易修复，卖家可以和买家商量给予一定补偿，如果完全损坏，卖家应积极赔付买家； （4）当出现买家使用不当造成的损坏时，是否赔付视卖家的意愿和双方的沟通情况

续表

产生差评的原因	处 理 办 法
发货问题造成的差评	（1）国际快递是按克计算运费，当买家提出少发货时，卖家可以查询发货信息的重量是否和产品数量总和相符，以判断是否漏发； （2）当买家提出发错货品，卖家可以要求买家提供照片以判断是否发错，如果是货值高的商品，建议发货时一定要用视频记录整个发货过程，以备在产生纠纷时有有力的证据
买家心理造成的差评	（1）不同的买家对商品的心理预期不同，如德国买家对商品的包装要求很高，包装质量一定要符合商品的销售价格，而美国客户就相对不看重包装，更关注商品本身的质量； （2）当卖家判断买家对商品的心理期待比较高时，应尽量满足买家的期待，在商品质检、包装上多花些成本，以避免售后产生纠纷

（四）与买家协商删除差评

经过详细的沟通后，卖家应态度诚恳地请求买家删除差评，并告知其操作方法；如果买家不愿意删除差评，卖家可以采取退还部分费用给买家作为补偿的方法，请其及时删掉差评（差评对卖家的影响特别大，尤其是新手卖家）。

亚马逊买家删除差评的步骤如下（以美国站为例）。

（1）登录亚马逊官网，单击页面上方的“Your Account”按钮。

（2）在弹出的下拉列表中选择“Your Orders”选项。

（3）在弹出的页面中选择订单日期，然后单击“GO”按钮。

（4）找到您的订单位置，在左侧“Order Placed”日期下单击“View Order Details”按钮查看订单详情。

（5）下拉页面到“Your Seller Feedback”，单击“Remove”按钮。买家将有 90 天的评价期限和 60 天的移除期限。如果评论旁边没有“Remove”（删除）按钮，说明 60 天的移除期限已过。

（6）选择一个移除评价的原因，然后单击“Remove Feedback”按钮移除评价。

（五）向平台申诉移除差评

由于跨境电子商务买家一般回应比较慢，有些买家甚至不会回应卖家。为了更快地移除差评，卖家在联系买家的同时，要根据对评价内容和买家本身的分析，从评价中找出漏洞和有违跨境电子商务平台政策的内容，向平台提起申诉，申请由平台协助移除差评，如时效问题、买家在评价中有侮辱性语言、买家在评价中有夸大问题的嫌疑、买家给每个卖家都留差评等。

如果买家无理差评或者恶意差评，在沟通无果后，卖家也可以提供运单号、发货信息等让平台帮助删除差评。

（六）亚马逊删除差评的情况

（1）评价含有粗俗语言。

（2）评价含有卖家私人身份信息，包括邮箱地址、姓名和电话号码。

（3）评价全部是关于亚马逊物流或订单服务的。

以上几方面是一个解决方案的不同侧面，只有把各个侧面结合运用，才会形成一个立体的解决方案，从而解决问题，千万不要因单纯用了某一方法没有达到预期就停止解决问题并抱怨。卖家能够很好地演绎并在实践中总结出适合自己的处理方法，才能确保店铺在运营中走得更好、更远。

亚马逊后台处理差评流程

第五节　本模块小结

跨境电子商务客服工作主要分为售前、售中和售后 3 个流程，每个工作流程分工不同但有着紧密的联系。售前客服要有丰富的知识储备、能了解客户需求、推荐产品、进行销售；售中客服要跟踪商品发货，进行订单处理；售后客服要主动联系顾客，处理退换货、差评投诉等。纠纷、评价与客户管理主要包括在工作过程中熟练运用各类技巧进行反欺诈与纠纷处理。管理评价，特别是积极响应中差评，找出顾客不满意的原因，积极改进，用优惠返现、下次折扣等方式尽可能地让客户修改中差评。与此同时，卖家在提供客服服务的同时也可以顺便对客户进行开发与维护，努力把在店内有过消费的客户培养成不断光顾店铺的老客户，提高店铺产品销量。

知识闯关

一、选择题

1．以下观点哪一项是错误的。（　　）

A．售前客服的主要任务是销售产品

B．售中客服的主要任务是对订单进行追踪与反馈

C．售后客服的主要任务是售后服务

D．售中客服要对还未付款的订单进行催付

2．以下哪一项不属于客服工作技巧。（　　）

A．快速回复　　B．规范化回应内容

C．擅用表情和符号　　D．替客户做决定

3．如果卖家和买家达成退款又退货的协议，买家必须要在（　　）天内将货物发出（否则货款会自动打给卖家）。

A．10　　B．15　　C．20　　D．5

4．根据下面的函电内容进行选择。（　　）

Hello Sir/Madam,

It's a pleasure to tell that the postman just picked up your item from our warehouse. It's by EMS, 5～7 working days to arrive.

Tracking number is: ×××

Tracking web is: ×××

You can view its updated shipment on the web, which will be shown in 1～2 business days. Also our after sales service will keep tracking it and send message to you when there is any delay in shipping.

We warmly welcome your feedback.

A．在产品发货后，告知买家相关货运信息

B．货物到达海关后，提醒货运相关进展

C．货物到达邮局，提醒买家给予好评

D．感谢评价，为此后二次交易作铺垫

5．全球速卖通的好评率计算公式为（　　）。

A．3 个月内好评数量/（3 个月内好评数量+3 个月内差评数量）

B．6 个月内好评数量/（6 个月内好评数量+6 个月内差评数量）

C．9 个月内好评数量/（9 个月内好评数量+9 个月内差评数量）

D．12 个月内好评数量/（12 个月内好评数量+12 个月内差评数量）

6．卖家分项评分，是指买家在订单交易结束后以匿名的方式对卖家在交易过程中（　　）方面的服务做出的评价，是买家对卖家的单向评分。

A．提供的商品描述的准确性　　B．沟通质量及回应速度

C．物品运送时间合理性　　D．海关清关速度

7．以下属于全球速卖通客服可利用的实时沟通工具有（　　）。

A．国际版阿里旺旺　　B．全球速卖通的站内信

C．Facebook　　D．Skype

8．全球速卖通把买家不良体验订单率作为一个重要指标，把卖家分为（　　）卖家。

A．不及格　　B．及格　　C．良好　　D．优秀

9．成功解决纠纷的技巧有（　　）。

A．产品保证

B．及时有效的沟通

C．重视买家的抱怨

D．处理纠纷后应跟踪买家对处理意见的反馈

10. 下列属于因未收到货物而引发纠纷的有（　　）。

A. 物流延误　　B. 海关扣关　　C. 货不对版　　D. 质量问题

二、判断题

1. 箱纸板物理强度高、防潮性能好、外观质量好，适用于运输包装。（　　）

2. 全球速卖通的好评率指的是 12 个月内好评数量/（12 个月内好评数量+12 个月内差评数量）。（　　）

3. DSR 商品描述中低分指的是在订单交易结束后，买家匿名给予分项评价——商品描述的准确性（Item Described）2 星及以下的评价。（　　）

4. 全球速卖通采用线上发货的订单，因物流问题产生的纠纷（如妥投地址错误，但卖家填写地址无误的情况），卖家可发起线上发货投诉。（　　）

5. 在全球速卖通卖家后台的店铺运营能力综合得分详情中，不仅可以看到自己店铺的数据，还能同时查看其他品类、其他店铺的具体运营数据。（　　）

三、案例分析

一个买家在购买物品后留下如下评价：I suggest finding a better place to buy a ×××。客户之所以留下如此评价，是因为其在该店铺里面买的产品有点小，所以客户在抱怨尺码小的同时留了上述评价。但卖家在产品描述中已经清楚地说明尺寸，且提供了产品对比图。请分析以上案例的差评应该如何解决。（提示：收集产品、客户、物流等相关信息资料，包括产品信息，客户交际风格等。）

技能实训

技能实训 5-1：B2C 跨境电子商务海外客户常见问题调研

请从首饰、3C 数码、服装、玩具中任选一类商品，调研该商品 B2C 跨境电子商务海外客户中的常见问题，并列出解答技巧及例句，完成表 5-6。

表 5-6　B2C 跨境电子商务海外客户中的常见问题

国　家	常 见 问 题	问题类型（产品或服务）	解 答 技 巧	例　句
美国				
巴西				
俄罗斯				
西班牙				
印度				
韩国				

技能实训 5-2：扮演全球速卖通客服处理纠纷

请扮演一次全球速卖通客服来处理纠纷，以文字配截图的形式记录操作过程，并回答下列问题。

（1）用流程图描述本次纠纷处理流程。

（2）作为客服，确定自己遇到的是什么类型的纠纷，应该选择怎样的处理方法。

（3）在此次交易中，你是否体会到客服在纠纷处理中起到了积极作用？如有，请举例说明。

参考文献

[1] 阿里学院．外贸营销实务[M]．北京：电子工业出版社，2013.

[2] Freeman Yam．网上开店赚外汇 eBay 外贸全攻略[M]．北京：电子工业出版社，2008.

[3] 方玲玉，李念．电子商务基础与应用[M]．2 版．北京：电子工业出版社，2012.

[4] 翁晋阳，Mark，管鹏，文丹枫．再战跨境电子商务——颠覆性商业时代下的“野蛮探路者”[M]．北京：人民邮电出版社，2015.

[5] 李鹏博．揭秘跨境电子商务[M]．北京：电子工业出版社，2015.

[6] 陈明，许辉．跨境电子商务操作实务[M]．北京：中国商务出版社，2015.

[7] 刁建东．跨境电子商务业务交流与沟通[M]．北京：中国商务出版社，2015.

[8] 周安宁，戈雪梅．跨境电子商务网络营销[M]．北京：中国商务出版社，2015.

[9] 肖旭．跨境电子商务实务[M]．北京：中国人民大学出版社，2015.

[10] 谭磊．数据掘金——电子商务运营突围[M]．北京：电子工业出版社，2013.

[11] 吴元轼．淘宝网店大数据营销——数据分析、挖掘、高效转化[M]．北京：人民邮电出版社，2015.

[12] 丁晖．跨境电子商务多平台运营[M]．北京：电子工业出版社，2015.

[13] 速卖通大学．跨境电子商务数据化管理——阿里巴巴速卖通宝典[M]．北京：电子工业出版社，2016.

[14] 王健．跨境电子商务基础[M]．北京：中国商务出版社，2015.

[15] 速卖通大学．跨境电子商务——阿里巴巴速卖通宝典[M]．北京：电子工业出版社，2015.

[16] 中国国际贸易学会专业培训考试办公室．跨境电子商务操作实务[M]．北京：中国商务出版社，2015.

[17] 速途网[EB/OL]．http://www.sootoo.com/content/648592.html.

[18] 雨果网[EB/OL]．http://www.cifnews.com.

[19] 安迪物流[EB/OL]．http://www.andywl.com/service-detail.asp?id=750.

[20] 商友圈[EB/OL]．https://club.1688.com/threadview/46993627.htm.

[21] 中国电子商务研究中心[EB/OL]．http://b2b.toocle.com.

[22] 全球速卖通卖家网[EB/OL]．http://seller.aliexpress.com.

[23] 全球速卖通买家网[EB/OL]．http://www.aliexpress.com.

[24] 阿里巴巴外贸圈[EB/OL]．http://waimaoquan.alibaba.com.

[25] 敦煌网卖家网[EB/OL]. http://seller.dhgate.com.
[26] 敦煌网买家网[EB/OL]. http://www.dhgate.com.
[27] 福步外贸论坛[EB/OL]. http://bbs.fobshanghai.com.
[28] eBay 卖家网[EB/OL]. http://www.ebay.cn.
[29] 比邻互动[EB/OL]. http://www.bilinhudong.com.
[30] 刘敏，高田歌. 跨境电子商务沟通与客服[M]. 北京：电子工业出版社，2017.